O LIVRO DA LUA

SARAH FAITH GOTTESDIENER

O LIVRO DA LUA

Magia lunar para mudar a sua vida

TRADUÇÃO DE LÍGIA AZEVEDO

ROCCO

Título original
THE MOON BOOK
Lunar Magic to Change your Life

Primeira publicação nos EUA por St. Martin's Essentials,
um selo da St. Martin's Publishing Group

Copyright © 2020 by Sarah Faith Gottesdiener
Todos os direitos reservados.

Agradecimentos são feitos pela autorização de reproduzir:
"Who Am I to Feel So Free" letra de música escrita por Every Ocean Hughes.
Canção escrita por JD Sampson e Every Ocean Hughes.
Álbum: *Talk About Body*. Ano: 2011. Gravadora: IAMSOUND Records.

Edição brasileira publicada mediante acordo com St. Martin's Publishing Group.
Todos os direitos reservados.

Direitos para a língua portuguesa reservados
com exclusividade para o Brasil à
EDITORA ROCCO LTDA.
Rua Evaristo da Veiga, 65 – 11º andar
Passeio Corporate – Torre 1
20031-040 – Rio de Janeiro – RJ
Tel.: (21) 3525-2000 – Fax: (21) 3525-2001
rocco@rocco.com.br
www.rocco.com.br

Printed in Brazil/Impresso no Brasil

Preparação de originais
GISELLE BRITO

Revisão técnica
MARÍLIA CHAVES

As informações contidas neste livro não têm intenção de substituir as orientações médicas ou de outro profissional da área da saúde. É responsabilidade exclusiva do leitor os cuidados com sua saúde. A editora e a autora não se responsabilizam por qualquer reação adversa que o indivíduo possa alegar ter experimentado, direta ou indiretamente, a partir das informações contidas neste livro.

CIP-Brasil. Catalogação na publicação.
Sindicato Nacional dos Editores de Livros, RJ.

G718L

Gottesdiener, Sarah Faith
    O livro da lua : magia lunar para mudar a sua vida / Sarah Faith Gottesdiener ; tradução Lígia Azevedo. – 1. ed. – Rio de Janeiro : Rocco, 2022.

    Tradução de: The moon book : lunar magic to change your life.
    ISBN 978-65-5532-249-1
    ISBN 978-65-5595-124-0 (e-book)

    1. Esoterismo. 2. Feitiçaria. 3. Magia. I. Azevedo, Lígia. II. Título.

22-77223   CDD: 133.43
                                                                                                                          CDU: 133.4

Gabriela Faray Ferreira Lopes – Bibliotecária – CRB-7/6643

O texto deste livro obedece às normas do
Acordo Ortográfico da Língua Portuguesa.

Para as avós das minhas avós,
queridas desconhecidas que carrego dentro de mim.

Para minhas avós, Eleonor e Shirley,
que me mostraram o que era mais importante.

Para minha mãe, Marsha:
tudo o que sou, tudo de importante que eu faço, é por sua causa.

Sumário

Por que a Lua?	9
O que é a Lua?	15
Bruxas, magia e a Lua	31
Vivendo no tempo da Lua	49
Maneiras de trabalhar com a Lua	71
A Lua nova: A semente e o espaço	101
Magia da Lua nova	123
A Lua crescente: Trabalhando e seguindo o curso	135
Magia da Lua crescente	161
A Lua cheia: A alquimia da consciência	173
Magia da Lua cheia	193
A Lua minguante: O portal para o desconhecido	211
Magia da Lua minguante	241
A Lua escura: Transformação no vazio	253
Magia da Lua escura	275
Erudição e conhecimento lunar básico: Eclipses, Luas azuis e mais	289
Juntando tudo: O trabalho do amor	313
Epílogo: Escrevendo uma carta de amor para a Lua	335
Agradecimentos	341
Notas	345

Por que a Lua?

Porque ela é a âncora celestial do mundo. Sua gravidade estabiliza a Terra em seu eixo. Porque ela é ao mesmo tempo previsível e indomável. Tem um ritmo só dela que espelha as estações, e por que encontramos nosso próprio ritmo quando a temos como guia. Porque a sentimos dentro de nós, persuadindo-nos a nos conectar, forçando-nos a recordar. Os primeiros povos obedeciam a sua órbita, e essa linhagem continua dentro de nós. Ela espelha nossos ritmos e ciclos, nossa energia, nossas emoções. Essas observações nos lembram de nossa humanidade e de nossa própria natureza.

Porque ela representa nosso interior: o oculto, a receptividade, as habilidades físicas. O poder da nossa água. A vitalidade de nosso amor. Todas as nossas complexidades, que não podem ser embaladas e vendidas. Porque La Luna ilumina a noite, ilumina a escuridão do subconsciente, o lugar em que vive a mente profunda. Na astrologia, na psicologia e em algumas tradições mágicas, a Lua representa o subconsciente. O subconsciente é uma fonte de anseios e medos, é onde as histórias e as motivações por trás de nosso comportamento consciente se revelam. Quando decidimos programar nosso subconsciente, nossas crenças mudam. Quando nossas crenças mudam, nosso comportamento muda. Quando nosso comportamento muda, nossa vida muda.

O trabalho lunar nos ajuda a acessar nossos padrões mais profundos, a refletir a respeito deles e a nos libertar deles. É uma ferramenta que nos ajuda a descobrir nossas verdades e necessidades específicas. Que nos ajuda a entrar em contato e desencadear a sabedoria única que possuímos.

No passado, o planeta vivia de acordo com a Lua. Nossos calendários eram lunares. Plantávamos de acordo com a Lua, tomávamos decisões em harmonia com as estações e as constelações. Com o tempo, por causa das guerras, da violência e da colonização, a vida sol/sombra — produtiva, binária, externamente focada, competitiva — se tornou dominante. A industrialização afastou muitos humanos da natureza. A vida lunar se enfraqueceu. Em vez de valorizar a nossa intuição, o desconhecido, os ciclos e os mistérios, passamos a considerar tudo isso assustador e, portanto, inexistente. Não se podia controlar o que não se podia explicar, e o que não se podia controlar era demonizado, explorado, removido, trancafiado, morto. Indígenas. Negros. Pessoas queer. Pessoas trans. O feminino. A mulher selvagem. A bruxa.

Mas ela está de volta. Aquela maldita, aquela bruxa, está de volta. É o tempo das bruxas de novo, e a Lua sempre foi nosso emblema: desde a coroa de Hator, desde os poemas de Safo, desde os primeiros templos de pedra que construímos para venerar a feitiçaria de Hécate. A bruxa na vassoura, voando diante da Lua cheia. O caldeirão na clareira, as sombras da noite dançando, as poções para a cura. Porque a Lua está aqui para nos lembrar de que o sagrado sempre retorna. (Porque nunca se vai de fato.)

Porque estamos aqui para desmantelar o patriarcado supremacista branco — e precisamos fazer isso juntos. Com nossa mentalidade, nossas conversas, nossas ações e nossas colaborações, uma nova onda de um poder suave, de transformação e magia, vem à tona. Para todas as pessoas que conhecem e desejam um caminho diferente, calcado na compaixão, para todas as pessoas que já se sentiram excluídas, punidas, policiadas, para aquelas que já foram maltratadas ou marginalizadas simplesmente por serem quem são.

A Lua é uma carta de amor à nossa liberdade. É um lembrete da nossa resiliência diante da subjugação. É uma promessa de reconhecimento do poder inerente da coletividade feminina. De nosso poder suave: um poder coletivo, um poder interno, não um poder sobre alguém. Desenvolver e definir nossa própria magia é uma arte feminista. Acessar nosso poder pessoal e canalizá-lo para o bem de todos é uma arte feminista. Ajudar outros a lidar com seus próprios dons, apoiar-se mutuamente, refletir a beleza alheia é uma arte feminista. A Lua reflete e transforma a luz solar. Nós refletimos uns aos outros e contemplamos nossa transformação coletiva.

Desde os primórdios, artistas tentaram traduzir sua luz particular em uma linguagem compreensível. De alguma forma, a Lua ainda nos chama à página em branco, ao instrumento, ao cavalete. Ela inspira, talvez porque seu ciclo funcione como um projeto para o processo criativo. Há sonhos, visões, inspiração; estamos na fase da Lua nova. Uma faísca se transforma em chama; arregaçamos as mangas, tiramos material do nada; ganhamos impulso, produzimos; abraçamos a energia da Lua crescente. Com a prática e esforços contínuos vêm o auge e a materialização. Celebramos, compartilhamos, reluzimos com força. Outros testemunham nosso brilho. Estamos sob os efeitos da Lua cheia.

Porque a magia é real. A magia da Lua é poderosa. Quando seguimos seus ciclos, isso ajuda nossos objetivos e sonhos. Nosso poder é canalizado de forma efetiva quando espelhamos os processos da natureza. Ciclos de repouso e ciclos de colheita levam a momentos de materialização, que se transformam em tempo de limpeza e reflexão. Quando experimentamos nossas próprias definições de sucesso e respeitamos nosso fluxo, ficamos agradavelmente surpresos com os resultados.

Porque o tempo não é linear, tampouco nossas vidas. Seguir a luz da Lua vai contra o conceito binário de "isso ou aquilo". Vai além da dualidade. Encapsula a espiral, reconhece a morte que precede o renascimento. Quando estamos conectados a esse processo natural e somos capazes de navegar por nossos próprios processos corretamente, conseguimos enfrentar as mudanças com maestria.

O trabalho lunar resulta na exploração de diferentes paradigmas, opções infinitamente produtivas e maior integração e compreensão dos níveis e das camadas dos estados de consciência. Este livro ensinará como utilizar todo o ciclo lunar holisticamente. Você será convidado a explorar as principais fases da Lua e receberá sugestões de como trabalhar com cada uma. Também apresentaremos maneiras de se relacionar com seus próprios ciclos — seja o energético, pessoal ou emocional — através das fases da Lua. Incentivo todos a trabalharem nisso por um tempo, sozinhos, sem muita contribuição ou influência externa. Deem tempo e espaço a si mesmos para entrar em sintonia com seus padrões de fluxo e energia. Criem um relacionamento pessoal com a Lua.

Este livro foi escrito a partir da minha perspectiva, que é feminista e queer. Sou incapaz de separar minhas crenças políticas das espirituais. O que compartilho aqui vem de minhas experiências ao longo de vinte anos como praticante de magia, professora, aluna, clarividente, leitora de tarô e artista. Minha perspectiva reflete minha formação como mulher cis branca, e todos os privilégios conscientes e inconscientes que essa identidade envolve. Não escrevo pensando que os leitores vão concordar com cada ideia ou frase apresentadas. Parte do trabalho mais importante que podemos realizar é pensar criticamente e explorar o que faz sentido e funciona para nós. Aproveite o que gostar e deixe o resto de lado.

Este livro foi escrito na esperança de ajudar as pessoas a se lembrarem exatamente de quem são e do que querem, e de mostrar como chegar lá. Minha intenção é fornecer uma variedade de ferramentas para auxiliar você a percorrer com confiança seu precioso caminho. Você tem um poder incrível. Você tem muito valor. Pretendo lhe oferecer um guia lunar para demonstrar o quanto já estamos conectados a nossos ciclos, dons, intuição, ao mundo mágico e à rede do cosmos.

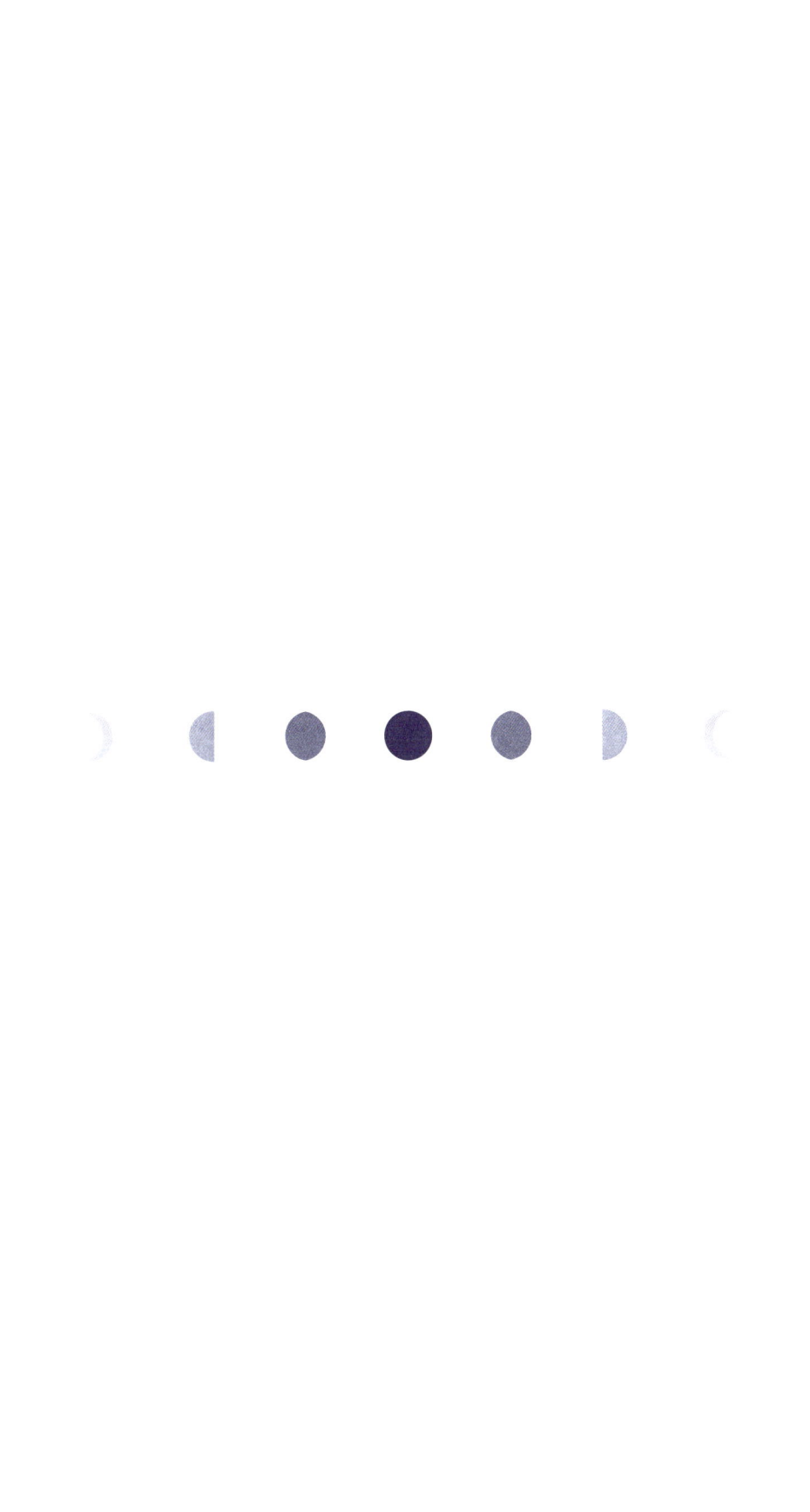

O que é a Lua?

A LUA É UM SATÉLITE

Por milênios, as pessoas olharam para o céu noturno e se fizeram a mesma pergunta. O que é a Lua? As respostas variavam. Às vezes, eram literais; outras, metafóricas e, muitas vezes, espirituais. Com frequência, levavam a mais perguntas.

A Lua é o único satélite natural da Terra. Johannes Kepler cunhou o termo "satélite" no começo do século XVII a partir da palavra latina *satelles*, que significa "companheiro" ou "guarda". Com pelo menos 4,5 bilhões de anos, a Lua tem mais ou menos a mesma idade da Terra. As teorias gerais de como ela foi criada envolvem impactos, embora cientistas ainda estejam tentando compreender a gênese exata de nossa companheira cósmica. A teoria do grande impacto supõe que a Lua foi formada quando um objeto se chocou com a terra. Com o tempo, a matéria que se desprendeu tornou-se o que hoje chamamos de Lua.[1]

A Lua é o corpo celestial mais próximo de nós. É sempre o mesmo lado dela que encara a Terra. Isso talvez explique o porquê de nos parecer tão familiar, já que sua face constante foi se gravando lentamente em nossa mente. A Lua dá uma volta ao redor da Terra em aproximadamente 27,3 dias, o que chamamos de mês sideral. Como a Terra se move em torno do Sol, acaba levando mais tempo para a Lua completar uma fase e se realinhar a ele, de uma Lua nova até outra. Chamamos isso de mês sinódico, que para nós na Terra parece durar 29,5 dias, aproximadamente a duração do mês do calendário. A órbita elíptica da Lua é percorrida no sentido anti-horário. Às vezes, ela está bastante próxima de nós, outras vezes está mais distante. É por isso que temos "superluas" e "microluas". Um mês, a Lua cheia parece enorme. No outro, parece tão distante quanto um amor que foi embora.

A Lua é feita de uma variedade de elementos, alguns que têm em comum com nosso planeta. Rochas ígneas, feldspato e ferro podem ser encontrados em sua superfície e em seu interior. Olivina, um mineral presente na Lua, também pode ser encontrado tanto na cauda de cometas quanto no manto superior da Terra.

A Lua não tem atmosfera. A não ser por lunamotos intermitentes, trata-se de um lugar tranquilo e calmo. As pegadas deixadas por astronautas mais de cinquenta anos atrás permanecerão ali para sempre. A Lua é sensível, igual a você.

Humanos projetaram diferentes imagens na superfície do satélite, que se transformaram em histórias, mitos e divindades. Seus inúmeros picos e vales dão a aparência de um rosto nebuloso, com um sorriso de Mona Lisa. Alguns interpretaram tais marcas como um coelho, um búfalo, um sapo ou um homem. Elas foram criadas por asteroides e meteoroides que atingiram a poeirenta superfície lunar ao longo de bilhões de anos. Os fenômenos geográficos lunares têm nomenclatura própria, criada por Giovanni Battista Riccioli em 1651.[2] As bacias e planícies da superfície lunar de aparência mais escura são os *maria*, palavra latina para "mares" cujo singular é *mare*. (Os primeiros observadores da Lua acreditavam que essas planícies mais baixas eram de fato mares, mas, até onde sabemos, não há água na superfície da Lua.) Seus nomes são sedutores e evocativos: mar das Serpentes, ou *Mare Anguis*, mar do Engenho, ou *Mare Ingenii*, mar Marginal, mar da Serenidade, mar das Crises.

Os *lacus*, planícies basálticas menores, são similares aos *maria*. (*Lacus* é o termo latino para "lago".) Há o lago da Luxúria, próximo ao lago do Esquecimento. O lago do Ódio, ou *Lacus Odii*, fica na mesma latitude que o lago da Felicidade, ou *Lacus Felicitatis*. Dramas intensos lado a lado com piscinas de contentamento: assim é a vida no reino lunar.

Há pontos semelhantes, mas menores, chamados *sinus* (latim para "baía") e *palus* (latim para "pântano"). Há uma baía Fervente e uma baía do Arco-Íris, assim como um pântano do Sono e um pântano da Podridão.

A Lua não é uma esfera. Como a Terra, tem a forma de um ovo. O ovo cósmico figura em muitos mitos da criação. A Lua é cerca de 33% menor que a Terra. Seu diâmetro é ligeiramente menor que a distância entre Los Angeles e Nova York.[3]

O que estamos vendo quando olhamos para a Lua? Um reflexo do Sol que atravessa o universo. A Lua não tem luz própria. É de um cinza bem escuro, com um toque de verde, por causa da olivina. Ela aparece com um branco brilhante, prateada, amarela, vermelha, às vezes ligeiramente azul, devido ao modo com que a luz se transforma ao atravessar nossa atmosfera. A maioria das pessoas tem lembranças especiais da Lua: uma Lua cheia que pareceu segui-las até em casa numa caminhada solitária em uma noite fria de inverno; olhar para a Lua pela janela do quarto enquanto tentavam dormir, sem sucesso; uma Lua cheia que foi o pano de fundo de uma festa perfeita no verão. Ângulos, reflexos, temperatura, atmosfera, estação e condições climáticas tornam cada aparição única, aprimorando nossa experiência com o elemento-surpresa.

A Lua é responsável pela força gravitacional da água na Terra. Afeta todas as marés — não apenas dos mares, mas dos lagos e rios também. E não afeta só a água da superfície do globo. Afeta toda a água *sobre* e *dentro* da Terra. Isso inclui toda a água contida em plantas e animais, incluindo seres humanos. Somos 60% água, e a Lua influencia toda a água dentro de nós.

A força gravitacional do Sol também tem efeito sobre as marés, mas a Lua está mais próxima da Terra, de modo que sua influência é muito maior. Sua gravidade afeta tanto a Terra que o próprio planeta pode subir até 30 cm quando a Lua está diretamente acima dele.[4] A Lua estabiliza o eixo da Terra. Sem ela, o planeta oscilaria mais e seu eixo mudaria de maneira imprevisível. Essa relação gravitacional regula as estações. Se a Lua não existisse, as estações seriam irregulares e o clima seria mais extremo. Os dias seriam mais curtos e a vida na Terra seria muito diferente. A única companheira da Terra nos é muito útil.⁵

A Lua ajuda as plantações a crescerem. Originalmente, a humanidade plantava e cultivava de acordo com a Lua. Muitos ainda fazem isso. A jardinagem lunar usa as fases da Lua, seu trajeto e os signos para semear, plantar e colher. Esse sistema foi desenvolvido milhares de anos atrás e ainda é usado. Há vários "dias elementares", que correspondem ao signo do zodíaco em que a Lua está: terra corresponde a raízes, água corresponde a folhas, ar corresponde a flores e fogo corresponde a frutos/semeadura. Os calendários lunares para jardinagem são baseados na astronomia, e não na astrologia. Usam um zodíaco sideral para determinar os melhores momentos de plantar, colher, propagar e semear.⁶

A evolução humana está parcialmente ligada à Lua. O satélite reluzente ajudou os humanos a enxergarem à noite enquanto viajavam, trabalhavam e cultuavam. A Lua ajudou os humanos a manterem o registro do tempo, o que levou ao desenvolvimento da agricultura, que, por sua vez, levou à formação de sociedades organizadas.

Reconhecer a Lua como tudo isso nos leva de volta a nosso corpo, a nossa linhagem, a nossa vida. Lembra-nos da inteligência natural de nosso corpo, do ciclo circadiano e de outras respostas e ritmos. Observamos a luz cambiante da Lua refletida nas estações e nos jardins, e nos conectamos às marés dentro de nós.

A LUA É PARA TODOS

Ninguém é dono da Lua. No entanto, este mundo é tão extrativista que é uma questão de tempo até ela se tornar apenas mais um lugar para pilhar e destruir. O Space Act (da sigla em inglês para Ato de Estímulo ao Empreendedorismo e à Competitividade Privados no Aeroespaço) de 2015 permite que cidadãos e indústrias americanos "se envolvam na exploração comercial dos recursos espaciais". Em outras palavras, qualquer corporação pode extrair os minerais de um planeta, asteroide ou satélite. Qualquer corporação pode perfurar Marte ou drenar os lendários depósitos de água subterrânea da Lua, pois o lucro está acima de tudo.

Nosso planeta mal é capaz de conter o vazio disfarçado de ganância que o atravessa. Até os homens que pousaram na Lua deixaram lixo nela. Sua superfície continua sendo depredada, com o envio constante de sondas de missões exploratórias não tripuladas. Ao todo, deixamos mais de 180 toneladas de detritos na Lua. Há doze pares de botas que foram jogados no Mar da Tranquilidade e espalhados pelos vários *maria* lunares, além de câmeras Hasselblad, uma placa assinada por Richard Nixon, mais de quarenta litros de urina, excremento e vômito, inúmeros martelos, cinco bandeiras americanas e muito, muito mais. Como a Lua não tem atmosfera, esses objetos nunca vão se decompor ou se destruir.[7] Hoje, com o turismo lunar no horizonte, não é absurdo imaginar um universo cheio de embalagens de doces, garrafas plásticas e fraldas flutuando do lado de fora da janela de uma espaçonave.

Esse é o lixo que deixamos na face sagrada do cosmos. É dessa maneira extrativista que somos ensinados a tratar a natureza e a nossa natureza sagradas. É dessa maneira extrativista que somos ensinados a lidar com os relacionamentos. As maneiras extrativistas como tentamos usar e vender magia. A Lua tem nos observado esse tempo todo. Estava lá em cima enquanto Alexandre, o Grande, pilhava; seguia em sua órbita durante os protestos na Praça da Paz Celestial. Sempre foi uma musa, irradiando inspiração sobre poetas, de Rumi a Rilke e Audre Lorde. Viu os búfalos serem abatidos e quase dizimados das planícies da ilha Tartaruga; viu o Caminho das Lágrimas deixar um território praticamente sem seus moradores originais. Uma Lua cheia brilhou sobre os últimos momentos da Rebelião de Stonewall, enquanto garrafas de cerveja voavam como mísseis, cintilando na noite. A Lua ainda brilha sobre nós enquanto os recifes de corais se desintegram, enquanto protestamos infinitamente contra as injustiças, enquanto continuamos atrás de maneiras de amar uns aos outros sem nos destruir. Ela continuará brilhando mesmo em nossa ausência. A grande Lua, mãe dos céus, não pertence a nós. Existe além do tempo humano. Ela não se importa, o que não significa que não devamos nos importar com ela.

Quem está envolvido em qualquer trabalho espiritual ou relacionado à justiça sabe: fazemos isso por um futuro que não conseguimos vislumbrar. Por um futuro que, sinceramente, talvez *nunca* vejamos. Sabemos que não devemos subestimar o poder das intenções e das ações de uma pessoa. É uma estrada longa, de partir o coração, mas que também pode ser agradável, bonita e plena em conexões. Parte de nossa responsabilidade é curar as feridas daqueles que vieram antes de nós. Amar uma coisa é querer protegê-la, salvá-la, compartilhá-la. O amor nos oferece uma maneira de continuar vivendo depois que nossos corpos se forem.

A Lua não pertence a ninguém e pertence a todos nós. Para cada um de nós, é uma bola de cristal cósmica, que nos ajuda a ver, encoraja a fazer uma pausa e convida ao maravilhamento. Mesmo nesta era dos efeitos especiais ultrafuturistas e de simulações excepcionais, a Lua brilhando no céu ainda nos faz perder o fôlego como se tivéssemos nos deparado com nossa celebridade preferida. Ela nos leva a apontar para o céu, deslumbrados, parar o carro, mudar de planos, ficar em casa, sair, reunir desconhecidos e amigos que pensam como nós. Por milênios, a Lua inspirou e guiou os humanos — pirâmides, esculturas, músicas, coleções de moda, religiões e cultos antigos inteiros foram criados para venerar e prestar homenagem à nossa guardiã da noite. A Lua não pertence a ninguém. A Lua é de todos.

A LUA É NOSSOS ANCESTRAIS

Estudar a Lua é estudar toda a história da humanidade. Como nos comportávamos e o que valorizávamos está refletido nas várias maneiras como interpretamos a Lua. Através dos tempos, seus poderes foram reverenciados, depois rejeitados, depois utilizados de novo. A passagem dos meses e anos foi registrada por meio de sua observação. Ela foi uma parceira de nossa fertilidade e da fertilidade da terra: nosso alimento, o que nos manteve ancorados à própria vida. Mais tarde, a Lua se tornou uma força maligna, a fonte do poder das bruxas e das mulheres selvagens, instigadora de histeria, algo a ser temido. A história da Lua se sobrepôs à própria história da Lua. Seu conhecimento se tornou popular, transmitido ao longo dos séculos principalmente pela tradição oral, informações disfarçadas de mitos, contos fantásticos, músicas e receitas. Mas a deusa nunca se foi, só ficou na clandestinidade. De modo que só aparece para aqueles que mais precisavam dela.

Toda a humanidade sempre olhou para a mesma Lua e se fez perguntas: sobre o significado da vida, o amor, o mistério e tudo relacionado à existência. De Cleópatra a Cher. A Lua cheia foi observada pelas avós das avós de nossas avós, e todas as ancestrais cujos nomes nunca saberemos. Elas se sentavam sob a Lua e choravam, assim como nós. A assimilação pode ter extinguido algumas ou todas as nossas conexões ancestrais: o acesso a nossas línguas maternas, nossos rituais antigos, algumas receitas. A escravidão e a colonização apagaram linhagens, tradições mágicas, a medicina popular e linguagens. A Lua é uma ferramenta que podemos usar para descobrir mais sobre nossa ancestralidade, para resgatar tradições, rituais e outras práticas que nossos ancestrais podem ter utilizado.

O modo como eles compreendiam a Lua reside na linguagem usada para nomeá-la. A palavra "menstruação" vem de *mensis* — "mês" em latim. A raiz protoindo-europeia de *moon* [Lua] e *measurement* [medição] — *me, ma, men* — também inclui *to measure* [medir], *mind* [mente] e *mental* [mental].

Muitas culturas dão nome à Lua cheia, nomes relacionados a um lugar, uma estação, o que era cultivado, o clima e muito mais. Por exemplo, na América do Norte, os algonquinos chamavam a Lua cheia do equinócio de outono de "Lua de milho" e a Lua cheia de janeiro de "Lua do lobo". Mais tarde, *The Farmer's Almanac* [*O almanaque do fazendeiro*], de forma imprecisa e problemática, popularizou os nomes das Luas cheias dos algonquinos como o nome das Luas cheias de todos os povos nativo-americanos. No entanto, há mais de 573 tribos indígenas na América do Norte. Muitas delas têm nomes diferentes para cada Lua cheia e mês do ano.[8]

Os nomes das Luas cheias são como cápsulas do tempo do que se considerava precioso na época. Descrevem períodos, lugares e rituais específicos, além de marcar atividades e tradições. Para os cheroquis, março era "o mês da Lua do vento", ou *a nu yi*. Maio era "o mês da Lua do plantio", ou *a na a gv ti*. Ao ler essas descrições, sabemos o que estava acontecendo no sudeste americano. Os nomes dos meses lunares gaélicos eram principalmente nomes de árvores, uma vez que a espiritualidade celta acreditava que elas tinham poderes curativos e mágicos. Janeiro era a Lua da bétula, fevereiro era a Lua da sorveira-brava, março era a Lua do freixo. Algumas Luas cheias chinesas recebem o nome de flores sagradas e reverenciadas: abril é a Lua da peônia, junho é a Lua do lótus, setembro é a Lua do crisântemo. Os nomes podem ser poesia, lembretes de rituais, uma espécie de lar.

Há infinitos mitos, parábolas e histórias envolvendo a Lua. Um conto iídiche narra a tentativa de dois irmãos de roubar a Lua usando um balde. Eles são malsucedidos e aprendem que não se deve pegar o que não é seu, principalmente considerando que eles já têm sua própria luz.[9] Alguns mitos explicam por que a Lua tem a aparência que tem. No *Jataka* — que reúne histórias da literatura indiana sobre as vidas passadas de Buda —, Buda é uma lebre que se oferece de maneira altruísta como alimento ao faminto Indra, o rei dos deuses. A bondosa lebre é eternizada no rosto da Lua.[10] Outras histórias dão conta da origem da Terra e das estações. Deméter/Ceres, a deusa dos grãos e da fertilidade para os gregos e romanos, usava uma foice em forma de Lua em suas colheitas. Tlazolteotl, a deusa da Lua asteca, dá à luz si mesma.[11]

Se você conhece a região geográfica de onde vêm seus ancestrais, pode fazer uma pesquisa. Quais eram suas histórias relacionadas à Lua? Como eles a honravam? Que nomes lhe davam? Tente descobrir o que comiam, que ervas usavam e quaisquer outras tradições ou folclores, caso se sinta tentado a isso. Tradições associadas à Lua são um bom ponto de partida para reunir informações, uma vez que quase todas as culturas tinham um relacionamento com a Lua.

Isso não quer dizer que você não possa inventar seus próprios nomes e suas próprias histórias.

Nossos ancestrais vivem dentro de nós. São nossos ossos, cabelos, sangue, talentos e nossa resiliência. Ao honrar a Lua segundo os costumes antigos e modernos, honramos a nós mesmos e a nossos ancestrais.

A LUA É UM ESPELHO

A Lua é um espelho. O Sol lança luz sobre ela, que reflete essa luz para nós, iluminando nossa intimidade, nossas sombras e nossos segredos. A Lua é um símbolo que nos ajuda a encontrar significado pessoal e coletivo. E o símbolo que ela vem a se tornar, independentemente de qual seja, descreve apenas a pessoa que lhe atribui tal sentido. O modo como falamos da Lua, o que vemos na Lua, como trabalhamos com a Lua, revela muito sobre nós mesmos. Ela nos livra de qualquer fingimento e nos devolve a nós mesmos, enquanto olhamos para nosso próprio reflexo.

A Lua espelha nossos processos espirais naturais. Nossa vida não é estática, mesmo que nos preocupemos que possa ser. Entramos e saímos de diferentes fases, contraindo e expandindo, ganhando e perdendo. A Lua morre constantemente. Lança sua sombra para renascer. Às vezes, também precisamos renascer para chegar a uma versão mais verdadeira de nós mesmos. Conforme nos sintonizamos com nossos padrões energéticos, que tantas vezes espelham os da Lua, o autoconhecimento adquirido facilita a transformação. Aceitar todas as coisas impossíveis, desafiadoras e incríveis em nós mesmos constitui a cola dourada da técnica kintsugi quando se trata de abraçar as complexidades imperfeitas da vida. Somos muitas coisas ao mesmo tempo. Nossa dor nos leva ao prazer, nossos erros nos tornam humildes. Essa é uma maneira de buscar a plenitude: conviver com os variados reflexos da Lua.

Observações são mágicas. Como o Talmude diz: *não vemos as coisas como elas são, mas como nós somos.* Somos todos espelhos. Quem são os outros, se não espelhos de nossos próprios medos, percepções, esperanças e sonhos? A Lua ilumina nossa necessidade de receber amor. Isso nos força a pensar em como oferecer carinho e compaixão aos outros. Somos convidados a *refletir sobre* as necessidades alheias, a linguagem que usam para o amor, seus desejos e o que precisam para se sentir seguros.

A habilidade de refletir é mágica. Em um mundo que enfatiza o poder *sobre*, refletir é um dom. Pensar antes de falar é sempre uma ideia genial. Reservar um tempo uma vez por dia ou por semana, para refletir, para voltar a nós mesmos, é uma prática que não tem preço. Esse intervalo se torna um lugar para enxergar de verdade.

Parte da vida lunar é permanecer em constante estado de limpeza dos espelhos de nossa psique, nossas emoções, nossa paisagem interior. Encarar um espelho limpo implica estar no momento presente, livre do pó das histórias distorcidas do passado. Limpar o espelho é ser tão honesto quanto possível: projeções e ilusões devem ser eliminadas. Limpar o espelho é tentar manter nossa perspectiva amorosa e nossas reflexões a serviço da nossa evolução.

A LUA É NOSSA ÁGUA

A Lua dita nossas marés internas. Ela atrai toda a água que contemos: nosso sangue, nosso suor, nossas lágrimas; nosso líquido amniótico, nossa saliva, nosso leite. Na bruxaria e no tarô, a água tradicionalmente se relaciona com habilidade psíquica, fluxo, intuição, emoções, espiritualidade, nostalgia e lembranças. Na Antiguidade, sacerdotisas construíam santuários lunares na foz de nascentes, na margem de rios e em cavernas que abrigavam piscinas secretas para proteger e acessar suas águas curativas.[12]

A água é uma força poderosa em sua versatilidade. Ela afunda navios enormes, acaricia cavalos-marinhos em suas profundezas cerúleas e desce através do solo para oferecer sustento às raízes que se espalham pelo tecido da terra. Muitas pessoas ficam desconfortáveis com a fluidez. Para elas, tudo deve ser preto no branco e esse modo é o único possível. A rigidez é confundida com segurança. A água nos lembra de que somos fluidos. Somos espelhos do oceano, dos rios, da chuva. Quando nos apoderamos da fluidez e a praticamos, a experiência do espectro da nossa existência ganha novas cores.

Quando ignoramos nossas emoções, quando elas se desequilibram, nossas ações se tornam perigosas. Quando fria demais, a água congela e fica totalmente impenetrável. Quando quente demais, ela escalda. Um suave chuviscar logo se torna uma tempestade, uma fonte morna se transforma em uma caverna fervendo. Quando nossa água tem apoio, fica livre para fluir. Segurança, limites e outros receptáculos apropriadamente escolhidos nos permitem flutuar com tranquilidade sobre os rios de nossa vida. Não desprezamos nossas habilidades psíquicas: agimos em relação a elas da mesma maneira que faríamos com respostas "tangíveis" ou baseadas na lógica. Atos de cuidado, amor, prazer e beleza que curam outros e a nós mesmos são reverenciados. Os mistérios do mundo são apreciados tanto quanto os mistérios internos.

Abaixo da superfície está o subconsciente, oferecendo padrões que seguimos e repetimos. No porão do subconsciente há sistemas de crenças antigos, que construímos para nossa própria segurança: nosso ego, repetindo as mesmas histórias reconfortantes. Quando fazemos o trabalho transformador da Lua, enfrentamos as partes de nosso ego que são prejudiciais. São as partes que nos punem na escassez e que nos fazem ter um baixo desempenho. Reencontramos partes de nosso ser forjadas muito tempo antes, talvez nem mesmo por nós. Elas precisam ser examinadas, integradas e, em alguns casos, libertadas.

Carl Jung afirmou que "até que se torne consciente, o inconsciente vai dirigir sua vida, e você vai chamá-lo de destino". Nossos padrões emocionais podem nos apontar o que exatamente precisa ser curado. Através da prática, podemos aprender a nos relacionar com nossas emoções sem permitir que elas nos dominem. Fazendo isso, elas se tornam fonte de informações. Compreendemos que não somos nossas emoções, assim como não somos definidos por um breve momento. Nossa intuição também se relaciona com o subconsciente — nosso entendimento que está sob a linguagem, sob o pensamento crítico ou analítico. No reino de nosso subconsciente também reside o passado: as crenças e experiências que influenciam nossas reações e nossos comportamentos no presente. A Lua é uma ponte entre o subconsciente enquanto passado e a corporificação do presente. O trabalho lunar nos oferece a chave para abrir a porta tanto do subconsciente quanto do consciente. Esse trabalho nos permite compreender nossas respostas, onde a raiz da resposta teve início, e o que precisamos fazer para transformar os padrões dessa resposta que acabam nos levando por rotas indesejadas.

Perceber nossos principais padrões e ciclos nos ajuda a integrar diferentes facetas de nossa consciência. Com a prática, acessamos facilmente a linha direta entre a consciência e o subconsciente. Isso gera confiança e maior intimidade. Fomenta nossa crença em nossa habilidade inata de transformar.

A LUA É ARTE FEMINISTA

A Lua é arte feminista. Suas fases nos tiram do binário; ela é, ao mesmo tempo, escuridão e luz e brinca com nossas percepções. Como a Lua, passamos naturalmente de um estado a outro. Nossa alma continua fluindo enquanto nossos comportamentos mudam e nossa identidade descobre novos reinos onde brincar. Nós nos desdobramos até não conseguir mais contar os desdobramentos. Não há limites para nosso devir.

A produção de arte é alquímica. A arte salva vidas. A natureza é arte. Ambas curam em múltiplas dimensões.

Na vasta tela do céu noturno, a Lua é o símbolo mais próximo do divino feminino. Podemos utilizá-la para examinar o que o feminino compreende e como isso pode ser expandido e evoluir. (A Vênus, o único outro corpo cósmico que parece ter fases, também foi designado um gênero feminino pelos povos e astrólogos antigos.) Com o tempo, muitas suposições foram feitas em relação ao feminino e à Lua.

Você pode usar os pronomes que quiser para se referir à Lua, que não é exigente, tampouco apegada. Há deusas e deuses lunares, e energias lunares grandiosas que existem além do gênero. A Lua é de todos os gêneros: trans, cis, não binária ou com o que escolha se identificar. Quem menstrua tem a Lua a seu lado. Quem não menstrua também.

Dito isso, há uma conexão inegável entre a Lua e o ciclo menstrual. Além da similaridade dos 29 dias do ciclo lunar e do ciclo menstrual humano, há teorias de que a Lua ajuda a regular esse ciclo. Essa procriação assistida nos ajudou a proliferar no planeta. A menstruação da maioria das pessoas não acompanha consistentemente uma fase lunar: é flutuante.[13] Eletricidade, exposição a telas, medicação e estresse podem afetar os hormônios e a glândula pineal como não ocorria milhares de anos atrás.

A ligação entre menstruação/procriação e o ciclo lunar levou a uma ampla correlação entre a Lua e o feminino. Isso também contribuiu para a percepção da Lua como uma força maligna, ligada a bruxas, emoções tempestuosas, selvageria psíquica e capacidade de parir, a que tantas mulheres têm acesso naturalmente. Em muitas sociedades neolíticas, a Lua-mãe — a deusa ou as deusas que simbolizavam a Lua — era a divindade central ou a mais importante. Com o tempo, a maior parte das sociedades matrilineares foi conquistada por sociedades patrilineares. Assim, as divindades matriarcais foram subjugadas. Os deuses são reflexos de nós, humanos diminutos, dos poderes que almejamos e dos medos que temos.

Com a ascensão do colonialismo e do patriarcado, veio também a ascensão do binarismo. Com a ascensão do binarismo, veio a dominação sobre mulheres e pessoas femme (que se apresentam com características culturalmente conhecidas como femininas), estabelecida por meio da violência, do estupro, da vergonha da menstruação e de outras conspurcações. O patriarcado destruiu a Lua-mãe e a substituiu pelo deus-Sol, que depois se tornou o Deus cristão. Resquícios de nossas práticas matriarcais lunares antigas permanecem escondidos a plena vista. A trindade do Pai, do Filho e do Espírito Santo se refere às três fases da Lua, às três cabeças de Hécate, ao triunvirato sagrado que atravessa uma ampla gama de culturas com deusas.

Praticantes de magia de todo o mundo continuaram venerando a Lua. Vimos isso mais recentemente com a ascensão de religiões pagãs centradas em deusas, desde os anos 1960 até os dias de hoje. Um pouco disso é visível na cultura popular, em textos na internet sobre por que certa Lua nova é particularmente importante, em tuítes lamentando as emoções poderosas relacionadas a uma Lua cheia. *A culpa é da Lua*. Essa popularidade digital tem origem na veneração religiosa, nos conciliábulos, no culto à Lua que existe desde o início dos tempos. Muitas pessoas continuam despertando para seus interesses espirituais, dando as costas para os dogmas religiosos induzidos e prescritos pelo patriarcado supremacista branco. Praticar a atenção plena lunar baseada na natureza e conduzida pela intuição faz parte desse resgate espiritual.

Algumas das ideias e práticas da cultura da deusa da Nova Era que emergiram nos anos 1960 e ainda influenciam certos espaços eram transfóbicas. É difícil imaginar membros de grupos oprimidos (mulheres cis e lésbicas cis) oprimindo outros, mas é compreensível. Grupos oprimidos e traumatizados muitas vezes tentam obter qualquer controle possível e muitas vezes praticam violência contra um "outro" projetado. É um sintoma do abuso internalizado. Pessoas guiadas pelo ódio definindo o que é uma "mulher" — com base na determinação do gênero ao nascimento e na genitália — é uma prática que precisa terminar. Esse tipo de pensamento é tão patriarcal quanto a ideia de que a identidade mágica da mulher é baseada no estágio da vida em que se encontra (donzela, mãe, velha) ou em sua capacidade de parir. Uma retórica essencialista de gênero é prejudicial e falsa. Ter um útero biológico não torna uma pessoa mais conectada à Lua do que uma que não tem. Como a doula, escritora e ativista Latham Thomas diz: "Seu valor intrínseco não tem nada a ver com sua capacidade de sangrar ou dar à luz."

A Lua nos afeta independentemente de nosso corpo. Somos todos feitos de água, temos todos sombras e luz. Todos sentimos a Lua, desfrutamos de seu brilho prateado na pele, carregamos suas canções dentro de nós. Quando falo na Lua como feminina ou femme, isso vai além do gênero. Estou me referindo a uma energia, a uma qualidade, a uma filosofia e a uma estrutura relacional que valoriza o cuidado mútuo, o auxílio, a segurança e as interações não hierárquicas e não violentas.

A ligação entre a Lua e o divino feminino está em constante evolução. O divino feminino não é um gênero. O divino feminino engloba todas as raças, habilidades e tipos físicos. Homens e pessoas não binárias podem personificar o divino feminino. Nem toda mulher se sente confortável com o divino feminino. O divino feminino é um lugar de fertilidade e fecundidade, o lugar nas profundezas da alma onde criamos, o lugar onde expressões fluem livremente. É o que amamos e como amamos. É a energia da Imperatriz. O divino feminino pode ser corajoso e destemido, executar dez tarefas em um dia, mas no dia seguinte ir à terapia e chorar por causa de um problema no delivery. O divino feminino é vulnerável, alegre, atencioso, sexy, doce e leva outros consigo. Quer fazer o melhor que pode, não por medo, mas por uma vocação espiritual nascida do encontro com o transcendente.

O feminismo é parte de reimaginar o divino. Conforme evoluímos, nosso feminismo evolui também. Um feminismo que exclui pessoas não brancas, trabalhadoras sexuais, pessoas trans, pessoas não binárias, pessoas com deficiência, pessoas doentes, pessoas pobres e da classe trabalhadora, pessoas em situação de imigração clandestina e pessoas de todas as origens não é feminismo. O divino feminismo evoca uma forma de feminismo que é radical, que não está interessada em perpetuar a luta pela busca de igualdade com os homens.

O divino feminismo busca a desprogramação do abuso. Não queremos imitar o patriarcado, não queremos preservar a violência dos supremacistas brancos e do capitalismo. Há algo completamente diferente a se buscar. O cultivo de comunidades baseadas na confiança, no respeito mútuo e na escuta profunda. O prazer acima da produtividade robótica, a generosidade acima da competição. Jardins onde todos podem prosperar, lugares onde todos são levados em conta. Espaços onde comemorar as conquistas uns dos outros, porque as conquistas de uma pessoa não diminuem as oportunidades da outra. É uma questão de desenvolver uma mentalidade de abundância. Queremos encontrar o caminho de volta a nossos estados naturais. Queremos criar outros modos de existir no mundo, complexos, atabalhoados, pessoais e interseccionais. Queremos nos deleitar com a generosidade do poder interior que pode ser encontrada na nossa bruxaria e espiritualidade. Queremos recordar, nos conectar, criar e adaptar nossas formas únicas de magia e crença.

Bruxas, magia e a Lua

BRUXAS

A Lua e as bruxas estiveram ligadas ao longo da história. As bruxas se guiam pela Lua de diferentes maneiras. Muitas só fazem feitiços seguindo suas interpretações da fase lunar. As que produzem remédios à base de ervas com frequência as colhem e processam de acordo com os ciclos da Lua. A expressão em inglês *drawing down the moon* [puxando a Lua para baixo] se refere à antiga prática em que uma sacerdotisa ou bruxa erguia os braços para a Lua para atrair energia para seu corpo. Ela se tornava a Lua, ou canalizava sua energia, iluminada por sua carga mágica.[1]

Uma bruxa é muitas coisas diferentes. É indomável, selvagem, cheia de fúria, está sempre pronta para chorar em público, é generosa com suas ofertas, é capaz de se comunicar com a natureza e os espíritos, é capaz de curar com agulhas de acupuntura. Uma bruxa se tranca num quarto com uma caneta e sai dele doze horas depois com uma obra-prima indescritível. Uma bruxa carregada de frutos de sabugueiro tem uma epifania e é capaz de criar um elixir fortificante. Uma bruxa faz sexo como quer, com quem quer, quando quer. Ela pode ser encontrada procurando alimentos na floresta, acariciando pedras ou cristais em cavernas, subindo em árvores para ver melhor as garças, segurando o ar por períodos prolongados sob as ondas que quebram contra o horizonte. Há bruxas nas salas de aula, ensinando matemática às crianças; em supermercados, empilhando os produtos com cuidado; medindo temperaturas em clínicas movimentadas; em sets de filmagem, usando óculos escuros gigantes com strass; em clínicas de aborto, segurando mãos suadas; em estacionamentos, matando o tempo no celular; seduzindo o público de casas de strip-tease; embaralhando as cartas do tarô diante de pessoas cheias de perguntas. Aonde quer que você vá, há uma bruxa.

As bruxas nomeiam a si mesmas. Bruxas verdes, bruxas da cozinha, bruxas do glamour, bruxas errantes, bruxas das cores, bruxas-fadas, bruxas da arte, bruxas do sexo, bruxas da Lua, bruxas-doulas, bruxas das palavras, bruxas dos astros, bruxas queer, bruxas da moda, bruxas das ervas — essas são apenas algumas das maneiras que já ouvi bruxas descrevendo a si mesmas. Bruxas são feiticeiras, sacerdotisas, videntes, curandeiras, magas. Bruxas são muçulmanas, judias, budistas, cristãs e wiccas questionadoras. A bruxaria é um sistema de crenças vasto e extenso em que há espaço para todas as ideologias. Bruxas não precisam insistir que estão certas, não precisam diminuir formas de bruxaria diferentes da delas. Não há jeitos errados, ou um único jeito, de ser bruxa.

O patriarcado fica aterrorizado com elas. Pessoas mágicas inventam e personificam suas próprias definições de poder. É por isso que o patriarcado as teme. Esse medo levou e continua levando a controle, punição e violência. Ainda hoje, bruxas são perseguidas. As caças às bruxas foram e são usadas para controlar o corpo, o conhecimento, o trabalho e a terra de pessoas marginalizadas. Indígenas, negros, pardos e não brancos em geral, mulheres e pessoas com não conformidade de gênero têm sido os alvos predominantes de campanhas violentas e são os que mais sofreram com a colonização.[2] A guerra contra as bruxas foi e é um ataque a todos aqueles que não se encaixam e não se submetem.

Somente nós mesmos podemos reivindicar o poder de nossa magia. Como bruxas, devemos nos livrar dos estigmas que tornaram nossos superpoderes vergonhosos. Ter empatia e ser sensível, gentil, atencioso, corajoso, mediúnico e intuitivo é maravilhoso. Sentir as coisas profundamente, se relacionar com animais, plantas, os elementos, guias, fadas, espíritos, o mundo espiritual e certos ancestrais é uma bênção. Possuir tais dons tem um motivo. Não há nada de errado com você por ser um canal, um meio — independentemente do que pareça. Você é como deveria ser.

Ao reivindicar nossa identidade, devemos tomar o cuidado de avaliar nossas práticas mágicas. Questione se não está roubando ou se apropriando, e, se for o caso, pare. Questione o tipo de linguagem e enquadramento que está sendo usado em sua comunidade e considere atualizá-lo (por exemplo, se você usa "branco" para descrever o bem e "negro" para descrever o mal). A espiritualidade às vezes é uma desculpa para não examinar nossos próprios valores e práticas no que se refere a racismo, classicismo, capacitismo, transfobia, misoginia e outras opressões sistêmicas que sobrecarregam injustamente inúmeros membros do coletivo. Se você é escritor ou professor: está citando e fornecendo a referência da fonte de suas ideias e de seus conceitos, como deve ser? Dá o crédito a quem é de direito?

Esteja consciente do papel da comodificação em sua prática. O capitalismo tem o costume de confundir o que é acessório com a coisa em si. Neste caso, a coisa é a magia. Ela não tem preço, não pode ser comprada e vendida, apenas compartilhada e vivida.

MAGIA

Magia é feitiçaria. Poder. A capacidade de mudar o curso dos eventos usando forças sobrenaturais, de mudar a consciência de alguém como se quer. Magia é a arte do bem viver. É uma sensação e uma ação. Um substantivo e um verbo. É algo delicioso, intenso, intrigante, encantador. Uma qualidade flamejante, algo extraordinário. Um estado de alinhamento e aterramento. A arte da maestria energética.

Inúmeros tipos de magia são praticados. A magia que apresento neste livro é não denominacional, o que significa que não envolve acreditar em uma divindade específica. Pode-se criar seus próprios costumes, práticas e filosofias seguindo as sugestões fornecidas. Só é preciso acreditar em energia, natureza, movimento, mudança, beleza, conectividade, relacionamentos e nos princípios básicos de causa e efeito. E acreditar em si mesmo.

A prática mágica é tão variada e única quanto quem a pratica. Algumas bruxas são muito estritas em relação ao momento e correspondência. Outras são bastante disciplinadas no que se refere à estrutura das cerimônias e dos feitiços. Há bruxas cujo trabalho é altamente influenciado por sua linhagem ancestral. Como nem todo mundo tem acesso a isso, há bruxas que criam sua própria linhagem, derivada do que aprenderam ao longo da vida. Algumas trabalham com divindades; outras, não. Há aquelas que só fazem feitiços para seu próprio benefício, enquanto há aquelas que os fazem apenas para servir aos outros e ao coletivo. Algumas fazem um pouco de cada. Muitas bruxas trabalham sozinhas. Outras se envolvem em comunidades com magia, por meio de um conciliábulo, um templo ou outro tipo de organização.

Manter uma prática espiritual diária e consistente em conjunto com a prática mágica ajuda na disciplina. Quanto mais disciplinada você for — em termos de mente, emoções e comportamento —, mais eficazes serão seus feitiços. A disciplina é usada para trazer sensibilidades, talentos e desejos essenciais do éter dos sonhos para o material. Sua disciplina é resultante do retorno à fonte de seus valores, amores, interesses, sua intuição e seus sonhos.

Uma prática complementar consistente pela manhã e/ou à noite faz você retornar a si e cria um espaço no qual processar e refletir. Você pode começar com uma rotina mínima, mas poderosa: reservando cinco minutos para focar o presente. Pegue uma carta de tarô e escreva a respeito dela. Acrescente uma meditação para aterramento ou um exercício de respiração focada. Adapte sua prática conforme necessário: às vezes, você só vai ter alguns minutos; às vezes, pode querer passar uma hora ou mais consigo mesmo. A improvisação é parte fundamental de qualquer prática de magia. Provavelmente, em muitos dias sua prática espiritual vai se misturar com a sua vida, porque a prática espiritual é uma prática de vida. Você usa as ferramentas e os hábitos que cultivou para manter o alinhamento, foco e a concentração nos momentos difíceis.

Bruxas experientes sabem que a magia é o controle da mente e da energia. Ambos são necessários. Ambos exigem um desenvolvimento consistente. Treine manter o controle da mente e da energia enquanto se move. Depois treine manter o controle de ambas enquanto se move sem reagir às situações externas com base em crenças limitantes e feridas abertas. Então note a correlação entre mente, emoções e reações internas, ao mesmo tempo que cultiva uma linha de base interior de autoconsciência e compaixão. É uma magia de alto nível, mas não exige uma pedra, um cristal ou uma vela. Só requer compromisso, disposição, paciência e disciplina.

É isso que eu chamo de alinhamento. Seus pensamentos estarem diretamente conectados às palavras que usa. Suas palavras estarem conectadas a suas ações. Suas ações refletirem seus ideais de autorrealização. Parece simples, mas é bem difícil. Quando estamos alinhados de maneira consciente e consistente, vivemos espiritualmente. Isso também é magia.

Devemos nos sentir vistos e apoiados na prática mágica. Se certa prática mágica não transmite isso a você, não se envolva com ela. Sempre se pode ampliar e revisar feitiços e filosofias que você encontra, incluindo os deste livro. Uma parte inerente da magia — e da vida — é inventar tudo! Uma prática espiritual envolve criar algo íntimo e específico para você, suas crenças, suas necessidades e sua perspectiva.

Na proteção da sua prática, você pode experimentar tipos diferentes de arte, descobrir suas próprias interpretações das cartas do tarô, passar um tempo aprendendo a produzir suas próprias ferramentas mágicas, conhecer seu corpo de maneira amorosa e sensual e trabalhar no refinamento de sua maestria energética. Você pode mudar suas ideias, seus objetivos e seus desejos. Conforme você experimenta e evolui, algumas práticas serão mantidas e outras, abandonadas.

A prática mágica deve ser uma troca. Muitos feitiços envolvem ingredientes como pedras, cristais, plantas, ervas e velas. Pessoalmente, prefiro práticas em que com pouco se faz muito. Tenho uma trança de erva-doce americana que uma amiga me deu e que venho usando há cinco anos. Queimo um pouco por vez. Faço feitiços só com uma velinha, uma tigela de água, papel, caneta e um pouco de terra. Um feitiço não precisa de ingredientes para ser eficaz. Invocar os elementos já é poderoso o bastante. Invocar a energia de divindades, anjos, guias e outros ajudantes celestiais não exige nada além de fogo. Vá para a floresta. Torne o rio parte de seu feitiço. Inclua as estrelas em seus desejos sussurrados.

A prática mágica abre uma porta para o reino das possibilidades infinitas, um lugar de que quase tínhamos nos esquecido, mas que ainda pulsa em nossas veias. A magia nos oferece a oportunidade de retornar à parte mais essencial de nós mesmos, a nossas esperanças dormentes, a anseios sinceros que embrulhamos em jornal e jogamos no fundo de nosso armário psíquico. A magia fornece um caminho de volta aos desejos que o mundo externo raras vezes nos permite ter e que certamente não nos parabeniza por expressar.

Quando praticamos magia, andamos pelos caminhos de nossa imaginação. Antes, tínhamos amigos imaginários com quem brincávamos por horas. Antes, um galho se tornava uma varinha imbuída dos volts elétricos do fogo de um dragão. Em muitos de nós, essa parte vital, fértil e imaginativa foi destruída pela necessidade de sobreviver, pelas decepções, pelas obrigações, pelo trauma. A magia é um lugar onde podemos ressuscitar a paisagem inovadora de nossos sonhos e reencontrar a pura maravilha da vida desperta.

Na prática mágica, a única falha é não tentar.

A PRÁTICA MÁGICA E A LUA

Ensino a magia lunar como uma magia cocriada especificamente em um ciclo lunar inteiro. Trabalha-se com as energias das diferentes fases da Lua de maneira consciente e intencional. Nos feitiços, nos rituais e no mundo externo, com mudanças nas ações e no comportamento. Embora a maioria dos praticantes use o tempo lunar, nem sempre trabalham com e fazem magia durante todo o ciclo lunar. Talvez só façam um feitiço e pronto. A magia lunar que eu uso e ensino envolve trabalhar com todas as fases da Lua por pelo menos um ciclo em relação a um objetivo ou desejo. Posso fazer apenas dois feitiços em momentos opostos da lunação. Entre eles, observo e trabalho com minha energia, adoto medidas para mudar meu comportamento, identifico meus bloqueios e transformo minha relação com eles, e muito mais. Tudo isso funciona em conjunto com as energias de cada fase, e com minhas próprias energias.

A magia lunar é a ferramenta mais eficaz que encontrei para obter resultados reais e duradouros. Ela é holística e nos pede para usar uma abordagem de 360 graus em nossos objetivos. Cada fase lunar pede que nos dediquemos ao nosso desejo de uma maneira diferente. Tanto o externo quanto o interno são abordados. Nossa mentalidade muda; reprogramamos nosso subconsciente; nossas ações são energética e magicamente ampliadas. Mesmo se tomarmos uma única atitude diferente, se abandonarmos uma única crença limitante ou se mudarmos um único comportamento para cada fase lunar, haverá resultados. Ao longo de um ciclo completo da Lua, nos comprometemos com nosso objetivo — e com nosso eu — repetidamente.

Isso acaba gerando uma transformação fundamental dentro de nós, que leva a mudanças profundas e duradouras.

Alguns praticantes tratam a Lua como uma divindade. Pensam nela e a consideram um ser divino e sobrenatural. A veneração da Lua pode incluir preces, homenagens, oferendas e agradecimentos. Também é possível perguntar à Lua, como a qualquer outra divindade, o que ela quer ou do que gostaria. Faça isso como símbolo de sua devoção.

Outros trabalham sua energia de maneira elemental. A Lua se torna um ingrediente em sua magia. Como discutido anteriormente, a Lua corresponde tradicionalmente ao feminino — a dons psíquicos e intuitivos, ao lar etc. Alguns praticantes usam a energia lunar como uma força a mais em seus feitiços. Podem fazer um feitiço externo numa segunda-feira, o dia da Lua, ou quando ela está em casa, nos signos astrologicamente favorecidos de câncer e touro, para recorrer à potência de sua energia.

Na prática mágica lunar, você pode preferir focar apenas as correspondências tradicionais da Lua para o altar. Tratam-se de itens do mar: corais, cascas de siri, areia, conchas, água do mar e pérolas. Também há seres marinhos: baleias, golfinhos, leões-marinhos, lontras, sereias, pelicanos, enguias, cavalos-marinhos, selkies, pinguins e sua criatura aquática preferida. Algumas pedras e cristais que correspondem à Lua são: selenita, prata, quartzo transparente, lápis-lazúli, celestina e pedra da lua (com os diferentes tipos de pedra da lua correspondendo a fases da Lua em particular: a preta para a Lua escura, a rosa para a Lua nova e a branca para a Lua cheia).

Algumas plantas que correspondem à Lua são: algas, artemísia, agripalma, passiflora, papoula, dólar-de-prata e verbena azul. Qualquer planta que cresça na água, como lótus ou nenúfar, também corresponde. Da mesma forma, as flores que abrem à noite, assim como plantas brancas e prateadas: dama-da-noite, datura, jasmim, prímula, lavanda e sálvia. Frutas e vegetais suculentos, como melões, babosa e pepino também correspondem.

As cores que correspondem à Lua são: prata, branco, todos os tons de azul, cinza e preto.

A Lua corresponde a toda a água, claro. Rios, lagoas, riachos, cachoeiras, fontes termais, lagos, chuva, granizo; H_2O em todas as suas formas. Isso também inclui registros de sons relacionados à água: o canto das baleias, ondas do mar quebrando, riachos borbulhando. Também correspondem à Lua todos os nossos fluidos, lágrimas, sangue e demais fluidos corporais, além dos sistemas linfático e reprodutivo.

Cada fase lunar terá uma energia específica para você. É uma oportunidade de explorar suas próprias correspondências, relacionadas a suas energias ou intenções. Parte da prática mágica é criar suas próprias correspondências. Talvez um perfume lembre você da Lua crescente, com tons terrosos e olíbano. Você pode fazer uma playlist que transmita a sensação da Lua escura, com sons de fúria feminina e futuros distantes. Sugeri correspondências nos capítulos específicos de cada fase lunar. Experimente segui-las, ou use-as para se inspirar a criar seu próprio banco de dados simbólico.

Você pode querer recorrer à Lua como uma ajudante ou guia espiritual nos momentos de sua vida em que gostaria de aprimorar uma qualidade em particular a que ela tradicionalmente corresponde. Domínio espiritual, saúde emocional e bem-estar, espiritualidade, fluidez, vitalidade, habilidades psíquicas, intuição, dar e receber amor, o divino feminino, o divino femme, viajar, paternidade, a criança interior, a magia de todos os tipos, plenitude e práticas de corporeidade são alguns temas a que a Lua se relaciona. A Lua pode ser uma das suas divindades soberanas durante toda a vida, ou você pode dedicar um período específico a trabalhar com ela.

FEITIÇOS

Um feitiço é um ato intencional utilizado para promover uma mudança.

O ato em si é um ritual criativo que pode incluir elementos, símbolos e comunhão com fonte, espírito, ancestrais ou divindades específicas. Quando lança um feitiço, a pessoa declara um desejo e recorre conscientemente a diferentes energias para fornecer apoio e dar impulso a seu foco.

Um feitiço é intenção + energia + ação. No trabalho com feitiços, sua própria energia é transformada de maneira fundamental. Um feitiço é uma iniciação em outra maneira de ser, outra maneira de se comportar e outra maneira de acreditar.

Durante um feitiço, você se programa para estar energeticamente alinhado com o que deseja. Está reprogramando sua mentalidade: as crenças e palavras que usa e seus objetivos. Está usando o pensamento emocional para criar um poderoso campo de motivação e atração. O pensamento emocional é uma mistura de emoções positivas e fortes com seus pensamentos e sua energia, para lhe dar força. Quando conectamos o coração ao sistema nervoso e ao subconsciente, de maneira consciente e intencional, nossos paradigmas pessoais mudam. Um feitiço precisa de algum tipo de aspecto transformativo, movimento energético ou mudança de mentalidade. Isso é vital, pois reorganiza sua marca de referência.

Um aspecto importante do trabalho com feitiços é a mudança que ocorre no processo de lançar o feitiço em si. O trabalho com feitiços é um trabalho de transformação. Quando você decide fazer um feitiço, está se comprometendo com a mudança, e deve se transformar adequadamente. Ao decidir fazer um feitiço, você aceita que obterá uma mudança imprevisível como resultado. A decisão de fazer um feitiço também é um compromisso com o desconhecido.

Parte da arte de fazer feitiços tem a ver com prestar atenção em suas mensagens internas e em sua disposição para crescer. Um feitiço vai impulsionar ou aprimorar ações que você já estava realizando no reino material. Um feitiço também pode ativar um desejo específico. Ele age como um início, uma rosa se abrindo de dentro para fora. Às vezes, é preciso se deixar guiar pela intuição. Você pode se sentir levado a fazer um feitiço que vem lá do fundo, sem entender muito bem por quê.

Registre o que você faz em um diário. Algumas bruxas chamam isso de grimório, ou livro das sombras: o lugar onde se anota todos os detalhes de seus trabalhos mágicos. Inclua data e horário, ingredientes, poemas ou encantamentos e outras informações pertinentes, além de revelações ou mensagens que chegaram para você durante ou depois do feitiço. Deixe algumas páginas em branco a seguir, para que você possa escrever o que aconteceu semanas ou meses depois.

Feitiço e intenção

Antes de fazer um feitiço, no entanto, é preciso ter uma crença inabalável de que o que queremos vai acontecer. A intenção é transferida para conhecimento sólido e ação clara. É por isso que passamos por uma reflexão sincera em relação ao nosso desejo antes de nos comprometermos com um feitiço.

Antes de fazer um feitiço, passe algum tempo pensando e deixando clara sua intenção. O que você quer, e por quê? O feitiço é um símbolo de um desejo mais profundo, de uma cura interior verdadeira. Questionar honestamente nossos motivos antes de fazer um feitiço possibilita um melhor envolvimento com nossos desejos. Se nosso primeiro impulso é fazer um feitiço para ter mais dinheiro, precisamos nos perguntar qual o motivo disso. É porque relacionamos dinheiro a liberdade? Talvez seja porque ansiamos por segurança. Talvez relacionemos o quanto ganhamos com nosso valor enquanto pessoas. Questionar nossos motivos deixa nossas intenções mais claras. Antes de fazer seu feitiço, descubra seus motivos. Esclareça quais são as crenças relacionadas a eles e o que você precisa mudar para gerar um maior alinhamento com o seu desejo. Isso vai ajudar você na programação e reprogramação subconsciente que é parte integral do trabalho com feitiços.

No começo de sua prática mágica, talvez faça mais sentido experimentar feitiços que terão um resultado tangível. Não é uma hierarquia de tipos de feitiço: mudar de casa, mudar de emprego ou receber um aumento são todos pedidos dignos. Assim como não sentir mais vergonha, manter relacionamentos saudáveis ou demonstrar mais coragem. Talvez você prefira ter suas necessidades materiais atendidas primeiro, depois se concentrar em feitiços curativos ou em resolver outras áreas da vida. Fazer feitiços que sirvam para ambos e que afetarão sua vida de maneira incomensurável pode ser uma boa estratégia. Feitiços por paz, graça, fluxo, proteção, amor e coragem sempre contribuem para uma vida melhor no geral.

A seguir, algumas maneiras de esclarecer as motivações do seu trabalho com feitiços. Se conseguir responder às perguntas de maneira objetiva e sincera, obterá bons resultados.

Seu feitiço se dirige à raiz dos seus desejos?
Se estiver trabalhando com feitiços de solução rápida, as chances de chegar ao fundo do que precisa fazer acontecer são pequenas. É uma boa ideia se concentrar em criar estruturas duradouras, hábitos e bases que servirão por anos, e não medidas tapa-buraco, nascidas do desespero.

Qual é sua resistência a seu desejo? Tem sentido fazer um feitiço para resolver essas questões primeiro? Seu tempo seria mais bem empreendido numa reprogramação subconsciente focada?
Às vezes, temos que começar com o trabalho invisível. Feitiços de limpeza e de desbloqueio são sempre um bom lugar por onde começar. Saber o que faz mais sentido é a chave.

Seu desejo é fruto de ansiedade ou desespero? É uma reação ou tentativa de obter controle?
Se for, antes de tudo, se acalme. A prioridade deve ser sua saúde mental. Tenha certeza de que seu feitiço não está vindo de motivações obscuras. Seu trabalho com feitiços não deveria ser uma tentativa de controlar os outros ou se vingar. Faça feitiços apenas com tudo às claras.

Você acha que o feitiço vai resolver todos os seus problemas?
Se acha que seu feitiço vai levar a algo do tipo "felizes para sempre", suas intenções estão equivocadas. Feitiços não consertam tudo para sempre. Feitiços não nos livram do trabalho interno e externo.

Como você vai reunir ou transformar energia?
Tenha clareza em relação ao modo como você vai transformar ou reunir energia com o feitiço. Tenha clareza quanto a como sua própria energia vai mudar de várias maneiras em sua vida diária.

Você já fez tudo o que pôde para que seus desejos se realizem?
Um feitiço não pode fazer todo o trabalho pesado. Comece trabalhando por seu objetivo tanto quanto possível. A crença é fundamental para um feitiço. Comece em um lugar um pouco diferente de onde se encontra agora. Um feitiço pode iniciar a realização do trabalho no reino do tangível por um tempo. Também pode dar impulso ao trabalho que você já vinha fazendo. Mas nada vai acontecer se você ficar sentado em casa, assistindo à TV seis horas por dia em vez de batalhar pelos seus sonhos.

Você está mesmo pronto para encarar os resultados do feitiço?
Esteja pronto para mudar. Esteja pronto para assumir a responsabilidade de sua grandeza. Esteja pronto para receber. Esteja pronto para colaborar com o universo e com o que ele pode trazer. Isso pode significar o fim de certos hábitos ou relacionamentos que nos deixam ou confortáveis ou infelizes.

Você será capaz de ver que seu feitiço está funcionando?
Resultados podem ser bastante sutis. Pequenas mudanças conotam a ativação de um feitiço. Às vezes, estamos tão envolvidos em nossa rotina que nem percebemos. Faça uma promessa a si mesmo para notar como o feitiço está se saindo. Você pode fazer um feitiço de amor e acabar recebendo muitos convites, por meio dos quais talvez venha a encontrar alguém! Pequenos sinais podem aparecer na sua visão periférica, por isso não se esqueça de virar a cabeça. Comprometa-se a perceber os aspectos positivos e as sincronicidades que acenam para você do outro lado do feitiço.

Como você vai saber que seu feitiço foi bem-sucedido?
Seja tão claro quanto possível em suas expectativas, mas também aberto a resultados que você não tem como antecipar. Sempre uso a seguinte analogia: quando você planta sementes de girassol, espera que girassóis cresçam, mas não é muito exigente em relação a quantos serão, à altura que vão chegar ou a de que cor exatamente serão. Entre em sintonia com as sensações e a energia do que deseja. Livre-se de expectativas tóxicas em relação à forma de realização de seus desejos, pois elas podem impedir que você receba belos resultados, ainda que inesperados.

De que maneira seu feitiço é para o bem de todos?
Em última instância, seu feitiço beneficia toda a coletividade. Pessoas com sentimentos abundantes espalham abundância. Quando temos autoconfiança e agimos, inspiramos outros a fazerem o mesmo. Mesmo quando se está fazendo um feitiço de amarração ou de banimento, ser claro quanto a um resultado positivo é importante.

Um feitiço é uma promessa entre você e o universo.
Um feitiço é uma declaração da alma.

Ingredientes de feitiços

A maioria dos feitiços inclui ingredientes similares. Há representações dos elementos: fogo, terra, água e ar. Velas, pedras, cristais, plantas, extratos, água, sinos, incenso, arte, meditação, reiki, visualização, respiração, cantos, movimento intencional, papel e caneta são alguns materiais utilizados. Certos feitiços também requerem ingredientes únicos e específicos: um altar ancestral, por exemplo, poderia incluir fotos de antepassados falecidos, itens que pertenceram a eles, símbolos que fazem com que você se lembre deles ou oferendas das comidas de que gostavam. Também há os ingredientes da energia emocional, das afirmações e do desejo.

Coloque tantas qualidades quanto forem necessárias no seu caldeirão energético.

As estruturas dos feitiços costumam seguir uma fórmula básica. Há a preparação, que envolve a construção do feitiço: limpar e preparar o espaço, às vezes tomar um banho ritual ou meditar. É preciso se aterrar e invocar os elementos. O círculo de proteção é lançado. Então, dentro do círculo, o trabalho começa. Isso costuma envolver acender velas e declarar intenções. É dentro do círculo que o trabalho energético se dá — como reunir poder, meditar, adivinhar ou qualquer outra atividade que será realizada. A energia é reunida e transformada, e a mudança é sentida por dentro. Depois, a energia se dispersa e você volta a se aterrar e agradece. O círculo é aberto. A limpeza necessária é feita. Caso se trate de um feitiço que leve vários dias, o altar é mantido. Se você vai se afastar, é preciso apagar a vela. Dependendo do tipo de feitiço, os ingredientes vão para o lixo de casa ou da rua. Alguns ingredientes podem ser guardados como talismãs ou recordações.

Sacrifício e entrega

Sempre há aspectos de sacrifício na realização de um feitiço. O sacrifício é necessário para transformar a energia. Quando você faz um feitiço para ter mais foco, deve sacrificar certas coisas para obter resultados. Talvez tenha que abrir mão da crença de que não consegue focar. Talvez tenha que abrir mão de hábitos que tiram seu foco. Parte desses sacrifícios deve estar claramente definida. Trabalhe para mudar a energia do seu corpo — para que, quando pensar em todos os benefícios de cultivar uma mentalidade focada, seu corpo formigue e associe foco com recompensa ou com uma nova identidade. Se quiser trabalhar com divindades, invoque alguma com que se sinta confortável para receber ajuda. Pode ser Saturno, o planeta dos limites e da disciplina. Caso invoque uma energia ou divindade específica, vai ter que honrá-la fazendo o que é pedido ou com oferendas.

Antes do feitiço, é preciso esclarecer o que exatamente você considera um bom resultado. Vai começar com cinco minutos de meditação por dia? Prepare-se para o sucesso. Talvez você tenha que colocar o celular no modo avião ou instalar um aplicativo que te impeça de entrar na internet, se esse é o tipo de distração que atrapalha o seu foco. Depois do feitiço, traga sua intenção para o mundo real, pelas suas ações. Seja claro quanto a que crenças e comportamentos sacrificará e transformará.

Feitiços também envolvem certa entrega. É preciso ser específico, mas não específico demais. Por exemplo, quando se busca amor, sempre aconselho a invocar alguém que te veja exatamente como você precisa ser visto, que te ame exatamente como você precisa ser amado. Isso funciona melhor do que focar uma pessoa em especial, ou um determinado tipo. A entrega também é importante durante a espera. Abra mão da necessidade de controle. Invoque paciência, confiança e alegria. Enquanto esperamos que nossos feitiços deem resultado, devemos seguir com a vida e nos dirigir rumo às intenções deles, como se já tivéssemos recebido a confirmação de que estão a caminho. Devemos receber nosso futuro com ações, fé e alinhamento energético.

Como saber se o feitiço foi bem-sucedido

Há maneiras diferentes de definir o sucesso de um feitiço. Uma delas é verificando que a consciência e a energia foram reunidas e postas em circulação, criando movimento e atração em torno do desejo. Os bloqueios foram eliminados e a determinação foi solidificada. Uma crença foi plantada com firmeza. Você se sente diferente: mental, somática ou emocionalmente. Ao fim do feitiço, você já está diferente.

Outro modo de confirmar o sucesso de um feitiço é se, durante o processo ou logo depois, informações poderosas se manifestarem no mundo dos sonhos ou no mundo desperto. Memórias esquecidas podem vir à consciência. Imagens podem adentrar sua mente. Sensações podem percorrer seu corpo. Espíritos ou ancestrais podem guiar você. Talvez você sinta uma emoção intensa ou uma gratidão profunda. Podem ocorrer revelações que te ajudem a avançar. Mais informações podem se tornar aparentes, como o motivo da imobilidade anterior, de sua resistência, ou o que deve fazer a seguir. Soluções podem se apresentar: a pessoa certa com quem entrar em contato pode lhe vir à mente, o próximo passo talvez fique claro.

Um indicador geral de que um feitiço está funcionando é algo mudar de alguma maneira. É comum que leve alguns dias, semanas ou meses. Se o feitiço é bastante ambicioso, pode demorar mais: já fiz feitiços que levaram anos para se concretizar de fato.

Se você realmente sente que seu feitiço não funcionou, o grimório ou diário pode ser bastante útil. Dê uma olhada nos ingredientes e nas palavras que usou, e no que aconteceu durante o feitiço. Pense no que pode mudar ou ajustar. Sinta-se livre para fazer outro feitiço. Altere ou seja mais claro nas palavras, nos ingredientes, no tempo, ou se aproxime mais da raiz do seu desejo. Certifique-se de esperar um pouco. Dê a seu feitiço tempo para se concretizar. Procure por padrões. Você deseja sempre a mesma coisa, sem parar, mas nunca acontece? Talvez seja o caso de fazer terapia, ou de se dedicar a descobrir bloqueios, crenças ou comportamentos que impeçam certos desejos de se tornar realidade.

Quando começamos a praticar magia, pode ser chocante fazer um feitiço bem-sucedido. Às vezes nem conseguimos acreditar, e consideramos que trata-se de uma coincidência. Não faça isso! Seja grato por sua magia. Reconheça que foi você quem fez isso. A magia é algo absolutamente real, que funciona. Esteja aberto a isso! Se o feitiço e a magia são relacionados a uma mudança interna, você talvez hesite ou duvide de si mesmo quanto às alterações sutis, mas irrefutáveis que ocorrem. Se vai fazer um feitiço, pelo amor da deusa, acredite que vai funcionar! Não é acaso. *Você* é responsável pela transformação ocorrendo na sua vida.

Um feitiço bem-sucedido é motivo de comemoração! Aproveite. Agradeça a todos os elementos que ajudaram. Faça oferendas. Pratique a gratidão. Faça algo significativo, que possa implicar maior apoio. Envie mais ondas de bondade ao mundo.

Reveses de melhoria são muito reais

Você fez um feitiço e conseguiu o que queria. É hora de se integrar. Reconhecer os resultados. Celebrar os desejos. Ajustar-se à beleza da mudança. Também é a hora em que se vivencia um fenômeno que gosto de chamar de "reveses de melhoria". Às vezes, quando conseguimos aquilo que queríamos, podemos nos surpreender com sentimentos estranhamente negativos na esteira do sucesso. Podemos sentir culpa, vergonha, descrença ou um vazio. Trata-se de uma manifestação semelhante à depressão pós-parto. É um revés positivo.

Por que acontece? Fomos ensinados a temer a mudança. Nosso sistema nervoso às vezes interpreta qualquer mudança, inclusive as boas, como uma ameaça. Nosso sistema límbico pode interpretar o território desconhecido como uma crise. E, em tempos de crise, a primeira coisa que a mente, o sistema nervoso e o ego querem fazer é retornar à familiaridade. Onde se sentem seguros. O conhecido, por mais que doa, ainda parece mais seguro ao ego que o desconhecido.

Identifique alguns dos principais padrões de negatividade que emergem em consequência do sucesso. Dê um nome a eles: síndrome do impostor, não merecimento, medo do fracasso, medo do sucesso. Como essa nova identidade e o nível de desenvolvimento em que se encontra desafiam diretamente qualquer uma dessas coisas? Procure se livrar dos velhos medos, deixá-los para trás como uma cobra que abandona a pele à beira de uma estrada longa e deserta.

Também há a escada hedonista em que todos queremos continuar subindo. Depois que obtemos algo que queremos, passamos a querer outra coisa. (Há inúmeras músicas pop a esse respeito!) Relaxe e desfrute de sua sorte. Descanse. Treine a aceitação e a crença por algum tempo.

Feitiços menores e a vida com magia

Feitiços menores são magia cotidiana, magia que se cria em qualquer momento. Acrescentar um pouco de mel ao chá para se recordar da doçura. Encontrar as palavras certas para um e-mail que acaba se transformando em um feitiço de agradecimento. Momentos que se passa visualizando, criando, meditando. Fazer algo todos os dias para retornar à sua energia central. Conectar-se à sua intuição, à sua respiração. Notar os sinais e símbolos que surgirem em seu mundo.

A magia cotidiana pode incluir fazer limpeza, rearranjar os móveis ou pendurar arte simbólica nas paredes. Pode incluir usar certas cores e se prover de certos aromas. A magia cotidiana inclui fazer algo generoso e bondoso para outra pessoa, sem motivo. Pergunte-se o máximo possível: como posso fazer o dia dessa pessoa um pouco melhor? Como posso fazer meu mundo um reflexo mais preciso de meus sonhos? Então faça isso. É compreender que estamos todos aqui, como parte de uma teia intrincada, juntos.

Feitiços, magia e a vida mágica estão a serviço da sua cura, do seu crescimento, da sua evolução. O objetivo final do trabalho espiritual e de desenvolvimento pessoal é se tornar capaz de ajudar outros. Ajudar o planeta, a terra, a água, o ar, o céu. Criaturas e outros seres que estão tão vivos quanto nós. Curar a dor profunda e os danos que nossos ancestrais sem saber nos impuseram, na esperança de que nosso prejuízo aos outros seja mínimo. Apoiar e ajudar o meio ambiente, que sofre com a ganância e a ignorância. Juntarmo-nos para superar a injustiça em toda parte. Tornarmo-nos exemplo e inspiração para todos à nossa volta, com nossos comportamentos, nosso discurso e nossas ações. É nossa responsabilidade como bruxas, sonhadores, artistas, curadores e criadores. Como seres humanos conscientes de que este é o único planeta ao qual pertencemos, e esta é a única vida com que fomos abençoados.

"No fim das contas, a magia é um estilo de vida", Robin Rose Bennett nos lembra.[3] Só você pode definir o que viver com magia significa para você. Alinhe suas ações aos seus valores. Preencha seus dias com atividades e sensações que te lembrem das possibilidades, da serenidade, da conexão e do que você valoriza. Reconheça as bênçãos que recebeu, e elas vão se multiplicar. A magia é um direito seu de nascença, e você é mágico.

Vivendo no tempo da Lua

Embora as primeiras civilizações adotassem o calendário lunar e algumas culturas ainda façam isso, hoje seguimos o calendário gregoriano. A Lua e nossos meses quase nunca estão em sincronia. A Lua nova pode aparecer no fim do mês e a Lua cheia, no começo.[1] O calendário gregoriano se tornou um relógio estrito, que dita quando ligar e desligar, quando dormir e quando ser ativo. Essa programação rígida e mecânica não é saudável ou natural. O ciclo lunar é menos prescritivo, mais pessoal. É o modo como muitos de nós vivenciam o tempo. Alternando entre picos e vales, mergulhando no que sentimos e no que precisamos.

O calendário gregoriano prioriza a produtividade acima de tudo. Como resultado, estamos sempre "atrasados". Exaustos. Não damos conta. Nós nos sentimos culpados por tirar uma soneca, por parar de trabalhar mais cedo. O tempo solar é binário; fomos treinados para ligar e desligar. Quando nos conectamos e observamos nossa inteligência e nossos ciclos naturais, o reflexo na qualidade de vida e em nosso tempo é enorme. O tempo se torna abundante e holográfico, curativo e reconciliador. Por exemplo, uma meditação de três minutos pode parecer uma hora.

A Lua é ao mesmo tempo um temporizador interno e externo. Ela nos ajuda a identificar a espiral temporal. Nossos corpos energéticos, processos criativos e ciclos de cura correspondem ao ciclo lunar. A Lua pode servir como um rastreador de nossos sonhos, nosso desenvolvimento pessoal, e muito mais.

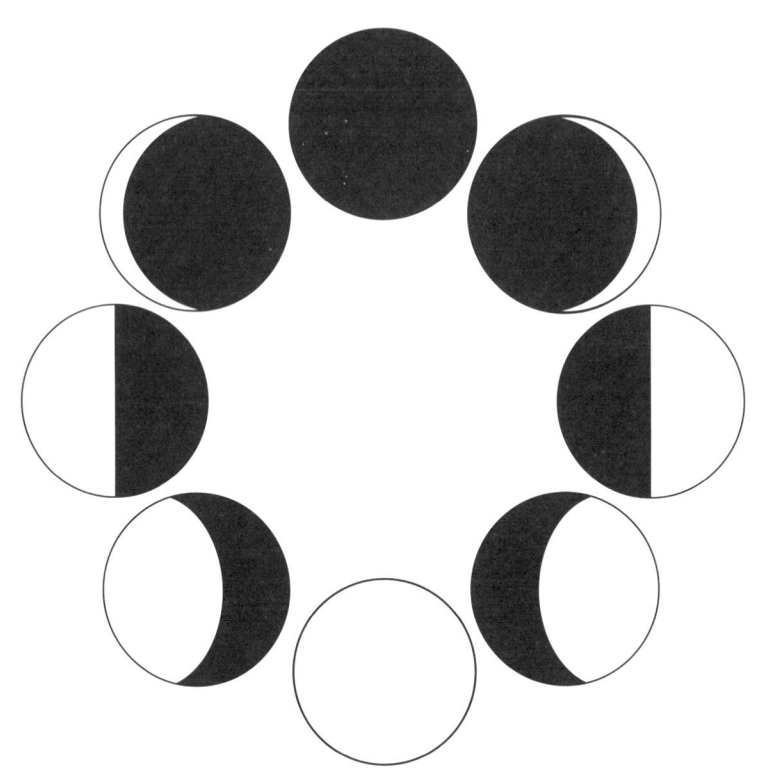

A Lua orbita no sentido anti-horário, e não no sentido horário, como aqui. Este diagrama reflete a perspectiva do hemisfério norte.

Veja o diagrama do ciclo lunar. É a ilustração do maior corpo celestial do nosso sistema — o Sol — dialogando e se relacionando com o corpo celestial mais próximo da Terra — a Lua. A imagem representa movimento, tempo, percepções, interpretações, energia e relações. O passado, o presente e o futuro estão interligados. O luar é a luz do Sol refletida, que chega do passado, oito minutos depois. A terra — nós — é a ponte de percepção que conecta a interação desses luminares. Preste atenção ao que está visível no diagrama do ciclo lunar. Há simetria e flutuação. Equilíbrio e movimento. Expansão e perda de luz. Ondas se formando e quebrando. Inspiração e expiração.

A astrologia evolutiva acredita que os arquétipos zodiacais se desenvolvem através de seu signo oposto. A integração é encontrada por intermédio da incorporação e do envolvimento mais distantes do estado natural. Olhe para o ciclo lunar. Por qual fase se sente mais atraído neste momento? Agora olhe para a fase diretamente oposta. O que ela tem a lhe ensinar? Como trabalhar com os temas dessa fase poderia ajudar a incorporar seu ser mais intuitivo?

A astronomia ocidental reconhece oito fases distintas da Lua. Outras culturas têm interpretações diferentes. Os havaianos compreendem os cerca de trinta dias do calendário lunar como diferentes entre si, com trinta nomes de Luas divididos em três períodos de dez dias.[2]

As nove fases que discuto aqui são: Lua nova, Lua crescente, quarto crescente, crescente gibosa, Lua cheia, minguante gibosa, quarto minguante, Lua minguante e a Lua escura, também conhecida como Lua balsâmica.[3]

Lua nova
Marca o primeiro dia do ciclo lunar. Para muita gente, a Lua nova ainda é a Lua escura. A iluminação é de 0%. É a fase de semear e se concentrar no subterrâneo, nas intenções, nos novos ciclos, imaginar, iniciar, sonhar, conceber, esperar, descansar, renovar e recarregar.

Lua crescente
Aproximadamente entre os dias dois e seis. Tem entre 1% e 49% de luminosidade. Essa fase corresponde ao começo, ao otimismo, à criação de hábitos melhores, à tangibilidade, ação, ao rompimento da superfície, a uma vida nova visível e ao início de um novo processo.

Quarto crescente
Acontece entre os dias seis e nove. Tem 50% de luminosidade. (O dia antes e o dia depois ainda podem parecer e corresponder ao quarto crescente em termos de energia e temas, embora tecnicamente o quarto crescente esteja bem no meio do ciclo lunar.) Fase propícia a escolhas, mudanças de curso, aprimoramento, equilíbrio, superação de obstáculos e bloqueios, disciplina, disposição, hábitos saudáveis e limites.

Crescente gibosa

Dias seis a treze. Tem entre 51% e 99% de luminosidade. Pode facilitar a saúde, a cura, a energia, a fertilidade, a sorte, a abundância, a expansão, o crescimento — particularmente no mundo tangível —, a sensualidade, o autocuidado e a conquista.

Lua cheia

Entre os dias treze e quinze. Tem 100% de luminosidade. O dia antes e o dia depois também podem ser sentidos e aproveitados como Lua cheia. Corresponde à colheita, maturidade, ao florescimento, à celebração, ao sexo, à criatividade, corporeidade, amplificação, descarga emocional, às informações emocionais, ao trabalho consciente, às habilidades psíquicas, ao trabalho intuitivo, à adivinhação, ao trabalho de ancestralidade, a quaisquer esforços que exijam um pouco mais de magia.

Minguante gibosa

Aproximadamente entre os dias quinze e 22. Tem entre 99% e 51% de luminosidade. No hemisfério norte, a luz agora está do lado esquerdo. É o momento da segunda colheita, das revelações, da epifania, da disseminação, da liberação e do compartilhamento da sabedoria interior.

Quarto minguante

Aproximadamente entre os dias 21 e 23. Tem 50% de luminosidade. É a contraparte do quarto crescente. Associada ao equilíbrio, encruzilhadas, descruzamento, renovação de compromisso, entrega, trabalho nos bastidores, trabalho subconsciente ou extra, organização, pesquisa e processos internos.

Lua minguante

Entre os dias 22 e 27. A luz fica entre 45% e 1% de luminosidade. Momento para limpar, abrir espaço, banir, mergulhar fundo. Essa fase facilita todo o crescimento relacionado ao trabalho interno. Quando a luz da Lua enfraquece, muitas pessoas conseguem processar e se conectar consigo mesmas mais profundamente. É então que a sabedoria interna aumenta.

Lua escura

É o tradicional encerramento do ciclo, quando a Lua está em seus últimos três dias, entre o 27 e o 29,5. Costuma ser um momento de descanso profundo, liberação, voltar-se para dentro, momento do vazio, da destruição que precede a criação, de se conectar a outros mundos e a outros estados de consciência, da paz, aceitação, do banimento, de cortar laços, morte, encerramentos, visões ousadas e admiráveis mundos novos.[4]

Volte a olhar para o diagrama do ciclo lunar. O que salta aos seus olhos agora? O que te deixa intrigado? Você vê as coisas de uma maneira diferente?

O ciclo lunar e as estações

O ciclo lunar é uma metáfora visual para as estações das nossas vidas. Olhando o ciclo todo, podemos dizer intuitivamente que nosso tempo de descanso deveria ser do quarto minguante à Lua nova. No entanto, talvez você sinta que é nesse período que tem mais energia. Escreverei isto repetidamente, porque vale a pena repetir em um mundo de restrições e prescrições, onde tudo se aplica a todos e cheio de "deve-se": faça o que lhe parece certo e o que funciona para você. Torne-se sua própria autoridade. Descubra seus próprios padrões. Assine suas próprias permissões. O trabalho lunar tem a ver com se sintonizar com seus padrões e necessidades, e atendê-los.

O ciclo lunar é uma metáfora visual das estações. Sempre uso o hemisfério norte como referência, portanto, se você estiver no hemisfério sul, é o inverso, como no caso das fases da Lua. A Lua nova vai do finzinho do inverno ao começo da primavera: quando a luz fica muito mais aparente, mas a Terra ainda não está totalmente quente. A primavera, quando brotos verdes começam a pontilhar a terra e surgem pequenos botões nas árvores, ao mesmo tempo verdejantes, vívidos e muito frágeis, é o tempo da Lua crescente. No quarto crescente, não há volta: o aroma das flores nos seduz. As abelhas polinizam, de maneira fastidiosa e focada, e queremos acompanhá-las. Isso ocorre mais ou menos no fim da primavera, preparando o solstício de verão.

A Lua cheia se situa mais ou menos no solstício de verão e vai até o meio dele. É o momento da primeira colheita. A abundância é evidente e é hora de recebê-la. As pessoas são levadas a sair de casa, socializar e celebrar a vida. No entanto, talvez seu humor não combine com a estação. Muita gente acha o verão triste. Enquanto o mundo fervilha à nossa volta, podemos nos sentir desamparados. Não tem problema. O que você sente pode ser útil para a aquisição de recursos e informações.

A estação correlacionada à minguante gibosa vai do fim do verão até o equinócio de outono. É o momento da segunda colheita, um período de desaceleração e preparação ao mesmo tempo. Nosso olhar começa a se voltar ao fim do ano: aquilo que fomos treinados a considerar a linha de chegada coletiva. Em alguns de nós, a chama interna volta a acender, lembrando-nos do que gostaríamos de curar, produzir ou realizar.

O período que corresponde à fase do quarto minguante vai do equinócio de outono ao Halloween. Pode parecer o momento de acerto de contas e virada de página. De dedicação. Nossa energia nos instiga a voltar para dentro, a refletir sobre o passado e analisá-lo.

A Lua minguante está relacionada ao momento imediatamente antes do solstício de inverno. Passamos a maior parte do dia dentro de casa, de modo que nossa atenção fica voltada para o interior. Fazemos uma limpeza. Fazemos um balanço diante da promessa de outro ciclo. À noite, vemos as estrelas com maior facilidade. O infinito acena para nós. Tornamo-nos cósmicos.

A Lua escura vai do solstício até os primeiros meses do calendário gregoriano. Tecnicamente não é a morte do inverno, mas a sensação que dá é essa. A primavera está chegando e os dias são cada vez mais longos, mesmo que nossos corpos ainda não acreditem nisso. A estação nos pede para sonhar no escuro. Podemos nos sentir incitados a planejar, bolar estratégias e idealizar o futuro.

São ciclos de nascimento e morte, destruição e ressurreição. Eles espelham as espirais do tempo que todos vivenciamos: sonhos, incubação, começos, aprendizados, tentativas, execução, construção, fruição, iluminação, tornar-se, compartilhar, reconciliar, derramar, decair, morrer, transformar, curar e vislumbrar o além.

Não existem fases "boas" ou "ruins" da Lua. Cada momento nos ensina algo importante quando estamos prestando atenção.

O calendário lunar e a roda do ano

Vamos comparar o ciclo lunar à roda do ano, uma série de celebrações sazonais que lembra os equinócios, os solstícios e os momentos entre eles. A roda do ano é uma invenção neopagã. Foi introduzida à consciência moderna da massa por Jacob Grimm em 1835, em seu livro *Mitologia teutônica*. Nos anos 1950 e 1960, wiccas e outros neopagãos a adaptaram à sua religião.[5]

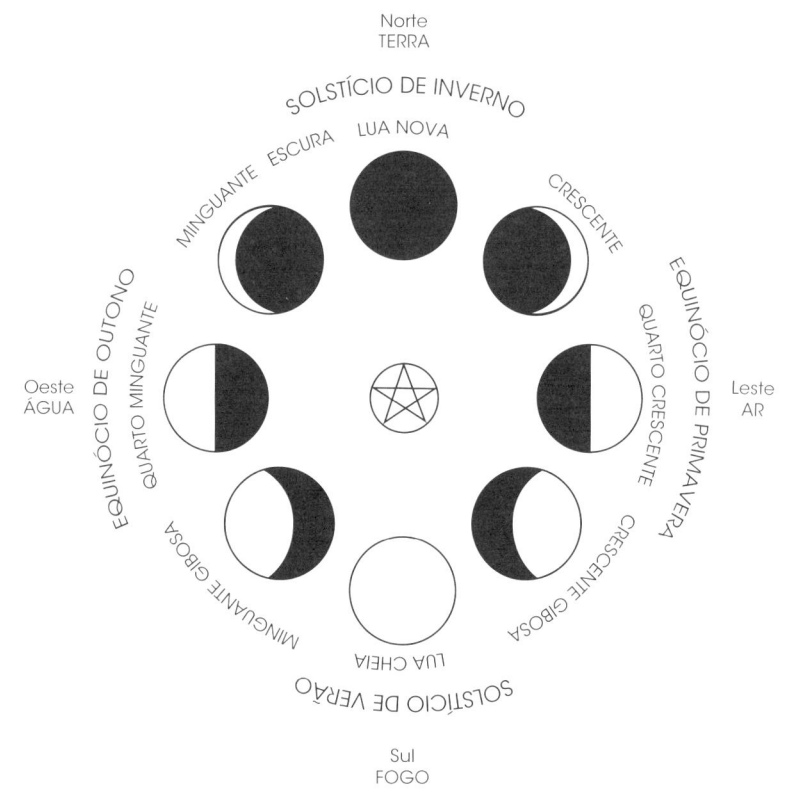

Note que a Lua orbita no sentido anti-horário, e não horário, como aqui.

Há evidências de que, no mundo todo, culturas honraram os ciclos da Terra, do Sol e da Lua. Antes, e até depois, da introdução do monoteísmo, a vida e o culto baseados na natureza eram o que guiava a maioria dos povos indígenas. Era um estilo de vida, uma prática espiritual e uma religião.

Há resquícios de práticas indígenas em festas cristãs. Os dias sagrados que alguns povos celebravam foram colonizados e cristianizados. O Samhain deu origem ao Dia de Finados. O Jól, ao Natal. Ostara, à Páscoa. Quase todos os feriados cristãos têm raízes pagãs ou indígenas. É claro que há bruxas cristãs e católicas que combinam lindamente práticas e crenças variadas. Com o tempo, no Ocidente, a comunhão com a terra, com múltiplas divindades e com diferentes aspectos da natureza foi superada pela teoria patriarcal de que há apenas um Deus, a quem todos respondemos. A ideia de diferentes aspectos de divindades e estados naturais e diferentes relacionamentos com eles implicava um envolvimento, um diálogo. Viver em uma relação com a natureza, com os elementos, as estações, o zodíaco, as fases da Lua é uma maneira de regenerar a própria intuição e se reconectar com um ritmo muito antigo e muito humano. Adaptar-se e acrescentar a essas práticas cria futuros ancestrais.

Na roda do ano do hemisfério norte, as tradições ocidentais pagãs e wiccas celebram oito datas:

Samhain
31 de outubro a 1º de novembro. Lua escura. Trabalho ancestral, interno, e intuitivo, trabalho de sombra, luto, banimento, liberação, amarração e proteção.

Jól
20 a 23 de dezembro. Em geral corresponde ao solstício. Lua nova. (Lua escura em algumas práticas e tradições.) Renascimento, consciência cósmica, intuição, prática divinatória, esperança, otimismo.

Imbolc
2 de fevereiro. Lua crescente. (Lua nova em algumas tradições.) Germinar, curar, recomeçar, renascer, descongelar, plantar, sonhar.

Ostara
19 a 22 de março. Corresponde ao equinócio. Quarto crescente. Renovação, crescimento, abundância, página virada, saúde, geração.

Beltane

1º de maio. Corresponde à crescente gibosa. Sexo, amor, fogo, criatividade, celebração, conexão, comunidade.

Litha

19 a 23 de junho. Relacionado ao solstício de verão e à Lua cheia. Realização, celebração, gratidão, alegria, florescimento, ensino, empoderamento pessoal.

Lammas/Lughnasadh

1º de agosto. Relacionado à Lua escura. Segunda colheita, abundância, uniões, trabalho, investimentos, recompensa, relacionamentos.

Mabon

21 a 24 de setembro. Relacionado ao equinócio e ao quarto minguante. Gratidão, colheita, equilíbrio, disciplina, mudanças e limpeza.[6]

Talvez a roda do ano não faça sentido para você. Não faz sentido para mim, porque não pertenço à cultura celta, tampouco sou praticante de wicca. Não faz sentido aderir a um sistema com o qual, por uma série de motivos, você não se identifica. Utilizo os solstícios e equinócios, assim como feriados de meus próprios ancestrais e da minha prática. Procure orientação em sua própria cultura, ou observe as datas que se sentir compelido a celebrar. Incluí a roda do ano neste livro porque gosto da maneira como foca certas energias e temas que fluem com a natureza. Há uma semelhança entre os rituais e as atividades da roda do ano e uma lunação completa. Incorporar práticas sazonais e baseadas na terra em sua prática é viver em harmonia com o cosmo. Essas datas refletem a qualidade da luz a que somos expostos, a temperatura, o que está crescendo e o que está morrendo. Pode ser produtivo desenvolver uma roda do ano mais local, baseada nos ciclos naturais de onde você mora e no que valoriza. Encontre um sistema que funcione para você. Crie seus próprios rituais e suas próprias tradições. No fim das contas, é nisso que consistem as datas comemorativas.

Trabalhando com as estações: Construindo sua própria prática

Muitas pessoas tomam decisões de Ano-Novo. Alguns anos atrás, comecei a tomar "decisões de estação". As decisões de Ano-Novo me pareciam amplas e opressoras demais; era difícil escolher uma coisa. No começo de cada estação, comecei a listar intenções para aquele período mais curto.

Isso mudou minha vida. Ao me sintonizar com meus níveis de energia e seguir meu foco sazonalmente, minha vida se tornou muito mais administrável e agradável. Eu não estava mais lutando contra mim mesma, estava ouvindo minhas necessidades. Três meses é um prazo menos assustador que um ano. Fica mais fácil assumir e manter compromissos. Se a estação passar e você desejar manter seus hábitos e objetivos, é só fazer isso.

É claro que não podemos pedir demissão, abandonar nossas obrigações e passar o inverno todo enfiados debaixo das cobertas, com uma sopinha. Fazemos o que podemos. Talvez devamos assumir menos coisas durante o inverno: sair menos, conservar nossa energia, ir para a cama uma hora mais cedo. Se estamos doentes, temos algum tipo de deficiência ou sofremos de um mal crônico, centralizamos nossas necessidades, independentemente da estação.

Se estamos trabalhando com a Lua para fazer magia, alinhamo-nos à fase lunar relacionada com a estação. Nosso trabalho na Lua escura e na Lua nova pode ser mais poderoso perto do solstício de inverno. Se estamos interessados em feitiços e ações relacionados a disciplina, estratégia e crescimento, concentramos nossos esforços nesses temas de março a junho, o momento propício para isso. A Lua crescente é um momento particularmente bom para focar esforços mágicos. Segue uma lista de atividades sugeridas para cada estação.

Outono
Colheita, abundância, trabalho, projetos, linhagem, trabalho com árvore genealógica/ancestral, saúde (programe momentos para cuidar da sua saúde, marcando consultas médicas, encontrando companhia para caminhar etc.), estruturar e reestruturar, se organizar, aprendizado/educação, mentoria,

limpeza de outono, amarrar pontas soltas. Vivendo "com a estação": tomar mais sopa e usar mais o forno, gastar menos tempo com telas, ir para a cama mais cedo.

Inverno
Conhecimento interior, adivinhação, escrita em diário, trabalho interior, trabalho de sombra, banimento, trabalho ancestral, destruição/criação, luto, morte, cura emocional, fortalecimento, sonho, visualização, cuidado com a luz interior, práticas espirituais. Vivendo "com a estação": desacelerar, assumir menos coisas, descansar mais, práticas de autocuidado, encontrar pessoas queridas, comer para fortalecer o sistema imunológico.

Primavera
Semear e plantar, amor, fertilidade em todos os sentidos, colaborações, crescimento, novos projetos, novos relacionamentos de todos os tipos, comunhão com a natureza, sexo e vida sexual, riscos e recompensas, nutrição. Vivendo "com a estação": acordar mais cedo, mirar na produtividade, uma estética diferente, hortaliças e alimentos crus, fortalecer o corpo.

Verão
Realizações, contratos, boa sorte, celebração, prosperidade, alegria, viagem, comunidade, cuidar de todos os seus jardins, consciência e trabalho de identidade, nascimento em todos os sentidos, criatividade em todos os sentidos, expansão, cura emocional, exploração de consciência. Vivendo "com a estação": sair mais, se conectar com a natureza, relacionamentos, relaxar, explorar lugares diferentes dentro e fora de você.

Essas são algumas sugestões. Torne o processo seu. Se essa estrutura servir de inspiração, tome algumas "decisões de estação" e as experimente nos próximos meses.

MAPEAMENTO LUNAR

Parte do trabalho com as fases da Lua de maneira holística é o planejamento. Nas aulas que dou sobre a Lua, chamada *Moonbeaming* (brilho da Lua, em inglês), o primeiro passo que aconselho todos a dar antes de começar a trabalhar por uma meta específica é bolar um plano e algumas estratégias. Chamo isso de mapeamento lunar. É onde começamos.

O mapeamento lunar é o processo de alinhamento das ações com a fase da Lua mais apropriada para elas. Anotar bloqueios e desafios, depois fazer planos para encará-los é importante. Antecipar obstáculos, descobrir suas causas e como contorná-los é imperativo. É preciso ir a um lugar tranquilo para estabelecer um plano realista. A prática mágica envolve disciplina, conexão e construção da crença. Devemos nomear o que faremos emocional, mental, física, espiritual e magicamente para apoiar nossos esforços, e nos comprometer com isso. Cada fase lunar corresponde a um giro de 360 graus no processo. Do outro lado do nosso desejo está o que tememos. O mapeamento lunar funciona em todos os aspectos de um objetivo.

O planejamento antecipado é útil para pessoas traumatizadas, porque proporciona uma sensação de segurança. Quando planejamos à frente, preparamos o subconsciente para um estado de aceitação. Qualquer mudança importante é um acúmulo de pensamentos, ações, hábitos e crenças repetidos. O pulso constante do ciclo lunar nos mantém motivados, no caminho certo e alinhados.

Vamos discutir o exemplo de um mapa que fiz com um antigo cliente, que queria transformar seu relacionamento com a abundância, passando da perspectiva da escassez a uma perspectiva expansiva. O primeiro passo é escrever todos os seus objetivos claramente relacionados. "Criar um relacionamento com a abundância no qual sinto que tenho o bastante. Isso incluiria ter seis meses de economias no banco, trabalhar menos e passar mais tempo fazendo coisas que me trazem alegria."

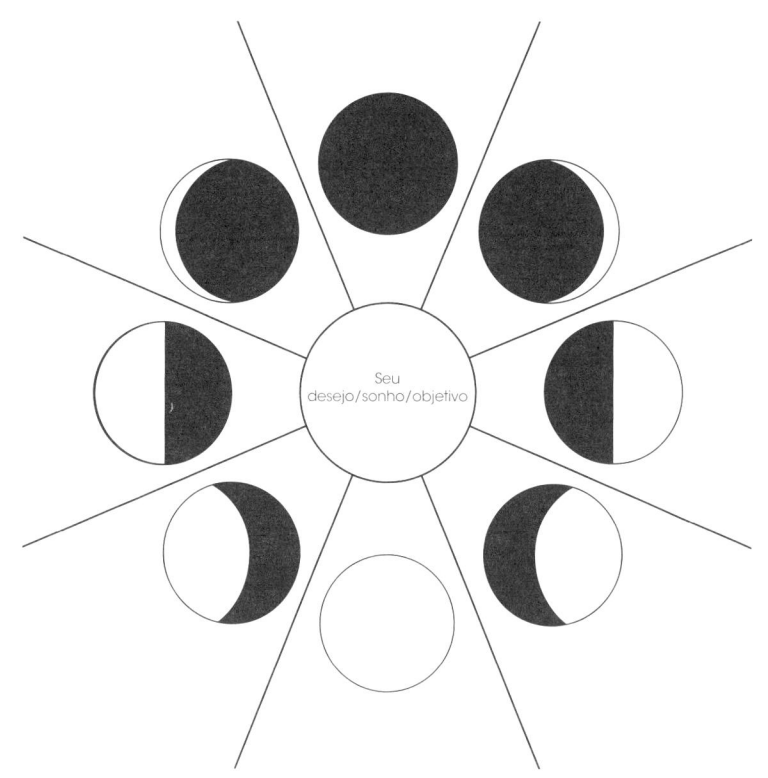

Este é um exemplo do mapa lunar que uso. Para baixar o seu, acesse themoonbook.com

Em seguida, nomear os medos e bloqueios envolvidos. "Tenho medo de ficar pobre se trabalhar menos. Tenho medo de não conseguir me permitir experimentar alegria sem motivo. Seis meses de economia me parece bastante assustador. Não sei como fazer isso."

Depois, ir além dos bloqueios e medos e entrar nas crenças e nos comportamentos subconscientes que estão por trás deles. "Tenho que ser impecável, e como não sou impecável, não mereço ganhar dinheiro. Desperdiço tanto como uma forma de me punir quanto como um mecanismo anestesiante/tranquilizante. Tenho medo da alegria frequente."

Então, hábitos são abordados. "A indisciplina tomou conta. Me acostumei com uma vida monótona, sem graça e repetitiva. Preciso explorar minha motivação e resgatar minha disciplina." Peço sempre que a pessoa explique exatamente como vai colocar isso em prática.

Depois visualizamos o melhor cenário possível. Em seguida, somos ainda *mais* específicos. A pessoa começa a trabalhar rumo ao objetivo. Como melhorar sua disciplina e autoestima? Que crenças subconscientes devem ser transformadas, e como? Uma tendência que costuma se revelar é as pessoas não se sentirem merecedoras de alegria, felicidade e abundância. Elas descobrem que têm que abordar isso de diferentes maneiras, inclusive com terapia.

Muita coisa surge durante o processo de mapeamento lunar. Emoções dolorosas vêm à tona. Isso é normal. Também é muito normal mirar em um objetivo, ver todas as peças que precisam ser alinhadas em um efeito dominó e se sentir sobrecarregado. A pessoa começa a pensar em valor próprio, disciplina, força de vontade. Também pensa em alegria, prazer, lazer, criatividade e como isso se relaciona com seus valores e dinheiro. Qualquer um que passe por esses temas provavelmente não espera ver todo o resultado desejado em um único ciclo lunar. Pode ser um processo de algumas estações ou até mesmo de um ano.

Depois de tudo isso, talvez você queira descansar por algumas horas, ou alguns dias. Esse tipo de trabalho é mental e fisicamente exaustivo! O mapeamento lunar precisa ser feito quando se está tranquilo e descansado. Você planeja suas ações para cada fase da Lua, com base em seus objetivos. Por exemplo:

Lua nova: Fazer um feitiço de expansão saudável, definir e cultivar abundância e alegria. Procurar fazer terapia.

Lua crescente: Reunião com um amigo que entenda de planejamento financeiro ou um profissional especializado para chegar a um orçamento que inclua uma poupança. Reservar meia hora três vezes por semana para se divertir com algo que não esteja relacionado a dinheiro. Analisar onde e por que se gasta tanto dinheiro a mais. Escolher um terapeuta.

Lua cheia: Fazer um feitiço que lhe permita se dedicar ao prazer e se aceitar como é.

Lua minguante: Congelar o cartão de crédito, eliminar gastos extras e desnecessários, como TV a cabo e delivery de comida, fazer um ritual para se despedir da sua parte que acredita que não pode se sentir seguro e abundante ao mesmo tempo, permitir-se produzir "arte ruim" com alegria. Fazer sua primeira sessão de terapia.

Lua escura: Começar a praticar a meditação do perdão, abrir espaço para o luto, descansar.

Próxima Lua nova: Trabalhar em uma prática criativa mais expansiva, descobrir como negociar um aumento salarial e/ou começar a procurar um novo emprego que valorize sua criatividade e pague mais.

Nosso amigo faria um plano que implicaria responsabilidades diárias ou semanais. Uma parte importante do mapeamento lunar é identificar o que precisa ser mudado no cotidiano. Muitas de nossas ações reforçam nossas crenças limitantes. Muitas delas são hábitos que a princípio temos medo de mudar, mas que com o tempo e repetição podemos substituir por hábitos melhores. A maioria dessas reações se originam no subconsciente, a partir de histórias limitantes que contamos a nós mesmos. Parte desse trabalho envolve escrever novas histórias, imaginando resultados diferentes. Isso precisa acontecer diariamente. Mesmo poucos minutos são um início fantástico.

Quando fazemos um mapeamento lunar, inevitavelmente teremos que revisá-lo. Muitas vezes a vida rabisca nossos melhores planos. Quanto mais envolvidos com esse processo, podemos querer ir mais fundo em uma crença limitante específica, ou sermos compelidos a seguir outro caminho. Revise e ajuste suas ações e seu trabalho com feitiços conforme necessário.

Muitas vezes me perguntam por onde começar. Verifique isso consigo mesmo. Às vezes, você vai focar algo bem pequeno, mas é aí mesmo que precisa começar. Por exemplo, com uma prática matinal ou limpando e organizando a casa. Outras vezes, você vai estar pronto para uma transformação mais profunda para permitir que grandes mudanças ocorram. Dar a volta por cima depois de um término doloroso, decidir ter um filho, abandonar um culto do qual fez parte e se recuperar, concentrar-se em lidar com a ansiedade ou um trauma, sair do armário, passar por uma transição de gênero, mudar para a outra ponta do país, receber o diagnóstico de uma doença crônica e aceitar e aprender a lidar com isso ou começar um novo negócio são exemplos do tipo de processos gigantescos que talvez não tenham um fim definitivo. Quando damos início a um deles, precisamos compreender que é o começo de um ciclo mais longo e sinuoso. Podemos levar meses ou até mesmo anos de diligência e devoção para testemunhar os resultados de nossos esforços.

Incentivo buscar apoio adicional, com um grupo, terapia, um amigo, um coach ou outro profissional experiente. Comparecer às reuniões de grupos de apoio, inscrever-se para aconselhamento gratuito ou fazer oficinas a preços acessíveis em lugares confiáveis podem ser alternativas. Você também pode acrescentar atividades de baixo custo a sua rotina, encontrando e lendo livros, conversando com amigos, ouvindo podcasts e escrevendo sobre o assunto. É tudo grátis, e funciona melhor para quem prefere se virar sozinho.

O exemplo do mapeamento lunar compartilhado começa na Lua nova, mas lembre-se de que o ciclo lunar é como uma brincadeira de pular corda na qual você pode entrar a qualquer momento. Em qualquer sistema espiritual, o objetivo é evoluir; não há começo nem fim. Incentivo todos os interessados a experimentar iniciar seu processo em diferentes fases. Começar na Lua cheia ou na minguante já se provou extremamente útil para mim e para outras pessoas. (Na verdade, até prefiro começar nessas fases.) Uma prática recorrente na magia e no coaching é começar com os bloqueios. Isso significaria começar na Lua minguante, no quarto minguante ou no quarto crescente: os momentos de fazer uma limpeza e os momentos do ciclo lunar que costumam marcar uma crise de consciência ou de fé, uma virada ou a habilidade de enxergar todos os desafios e pontos positivos de certa situação. Comece quando você se sentir melhor ou no momento que tiver maior relação com o que precisa. Siga sua intuição e seus instintos.

VIVENDO NO TEMPO DA LUA

Viver no tempo da Lua significa rejeitar o imperativo solar tóxico. Ficar a maior parte do tempo "ligado" — produzindo, esforçando-se, competindo — não é natural. Vivemos em uma sociedade capitalista que não vai passar por uma revolução em breve. (Não que não possamos trabalhar para isso.) Temos que cumprir um horário no trabalho e pagar nossas contas. Viver de acordo com o tempo da Lua não significa necessariamente se livrar das amarras e partir para a floresta. Trata-se de prestar atenção em nossos próprios ciclos, compreender quais são nossas necessidades e atendê-las. Comprar menos dentro de um sistema que quer que você consuma sem pensar, e que se desapegue de sua intuição e de seu corpo ou que se sinta como se não fosse seu próprio dono. Viver no tempo da Lua é se conhecer bem o bastante para se adaptar à vida, aceitar as mudanças e desenvolver e usar seu próprio conjunto de recursos.

Ciclos da Lua, ciclos da vida

Os mesmos padrões e temas se apresentam muitas vezes em nossa vida. Eles retornam continuamente. Nascimento, crescimento, morte, renascimento. O que precisamos curar, que dons precisamos trazer à tona. Essas espirais constituem a trajetória de nossa vida inteira.

Nossa disposição de evoluir transforma ciclos de repetição monótonos em espirais livres. Nossa mente, hábitos e vidas podem acabar no piloto automático. A Lua sobre nossa cabeça é um lembrete de que lições se repetem até que as aprendamos. Sem consciência, os padrões se repetem automaticamente. Então nos perguntamos por que nossa vida parece sempre igual. Por que as mesmas coisas continuam acontecendo. Por que não chegamos aos resultados almejados.

Cada dificuldade e desafio pode ser recebido como uma oportunidade de reivindicar seu poder. Decepções podem ser um lembrete para seguir em frente com o amor. Um lembrete para reconhecer bobagens e compreender feridas, mas não permitir que seus principais objetivos e visões sejam comprometidos. Para manter seu eu, sagrado soberano. Para permanecer sincero e consciente apesar da máquina ameaçando derrubar você. Para se manter conectado a seus ideais mais elevados e a sua intuição mais profunda mesmo quando a sociedade lhe diz o oposto. Isso faz parte de viver em alinhamento.

Há padrões maiores de tempo, espaço e energia, circulares e espirais, fora do ciclo da Lua. Há o movimento dos planetas. Há mudanças energéticas e fluxos menores e mais específicos durante o dia. Há padrões mais amplos em termos de carreira e dinâmica familiar. Há os padrões rítmicos de nossas vidas: os anos em que nos deixamos levar e os anos em que temos que fazer força. Identificar em qual padrão ou fase nos encontramos pode ajudar na adaptação. Se você sente que está numa fase de crescente, talvez possa e consiga trabalhar mais. Se sente que está numa fase de Lua escura, precisa de descanso e introspecção. Se o sentimento corresponde à fase de Lua nova, talvez seja o momento de investir e receber os melhores resultados possíveis, os mais vibrantes e fascinantes.

Viver no tempo da Lua exige recorrer à intuição. Estar atento às mensagens que chegam. Entrar em contato com nossa energia central, tentar entendê-la, ter curiosidade em relação a ela, dar seu devido valor. Viver no tempo da Lua é honrar seu verdadeiro eu: não o esmagar, não o ignorar, não o negligenciar. Parar de tentar fazê-lo se encaixar em modelos definidos por outras pessoas. Viver no tempo da Lua também é considerar o fato de que muitos outros estão tentando viver no tempo da Lua também.

O tempo da Lua é uma espiral, o tempo da Lua é um círculo

Erga a cabeça para olhar para a Lua cheia no céu noturno e perceberá um círculo brilhando no horizonte. Um círculo é uma linha infinita. Um espaço protegido. Bruxas criam círculos para criar um portal protegido de possibilidades. É um ato que invoca nosso próprio centro, o centro que está em todas as coisas, o centro que existe no meio de todos os elementos, a mistura perfeita de equilíbrio e energia. Escuridão e luz, dia e noite. Um centro é um círculo.

Desenhe um círculo mentalmente. Onde você está nele? Precisa se colocar no meio?

Sentamo-nos em círculo para reforçar a ideia de que somos todos iguais, de que toda a sabedoria é valiosa. Sentar-se em círculo parece familiar, vemos todos com quem estamos criando o espaço. Um círculo é ao mesmo tempo uma linha ativa e um laço eterno. Tudo fica equidistante do centro. Caminhamos no labirinto do círculo da vida. Solte o laço e volte pelo círculo. A roda medicinal é um círculo. Círculos conotam plenitude e realização. São infinitos, não têm fim nem começo. Os antigos gregos consideravam o círculo a forma perfeita. O universo não produz formas perfeitas — apenas a matemática pura é capaz disso.

Nossa existência é espiralada. A prova disso está no sangue e nas células das avós de nossas avós, que nos tornam quem somos. Quando algo que fizemos há anos acaba voltando para nos dar uma oportunidade, uma chance que pensávamos estar perdida, somos lembrados do tempo espiral por meio da sincronicidade. Sementes de desejos plantadas há muito tempo se tornam brotos verdes alegres, acenando para nós do futuro do passado — a realização de um desejo do qual quase tínhamos desistido. A cura também é espiralada. Não há um objetivo final. Não há uma linha de chegada a cruzar, determinado número de sessões de terapia às quais comparecer, um momento em que não sentiremos mais desconforto ou dor. Nossa cura deve levar o tempo necessário.

A tecnologia lunar é uma das mais antigas que existem. O calendário gregoriano é apenas uma invenção. Antes dele, o ciclo da Lua *era* o tempo. Nunca houve luas escuras ou azuis; nunca houve necessidade de forçar nossos rituais em uma noite de terça qualquer. As estações *eram* o tempo. Respeitar a estação e ciclos nos coloca novamente em contato com nossa existência e inteligência natural, nossa essência.

O aumento no interesse pela Lua, pela astrologia, pelas formas antigas ou alternativas de cura também dialoga com a não linearidade do tempo. O algoritmo das divindades, das práticas dos ancestrais, encontra seu caminho até nós repetidamente. Lembrar-se, redescobrir, recarregar, ressurgir: esse também é o tempo da Lua.

Viver assim é dobrar o tempo. Curamos o passado a partir do presente. Voltamos ao passado para esclarecer as coisas, pedimos desculpas a nosso antigo eu. Compreendemos que o tempo se expande e encolhe, vai para a frente e para trás, para um lado e para o outro, dá e desfaz nós, se desembaraça. Acelera e desacelera. As escolhas que fazemos hoje podem afetar drasticamente nosso futuro e o futuro de outros. Precisamos fazer o necessário em cada momento. Isso, por si só, já é dobrar o tempo. Portanto, não se apresse. O tempo em espiral pertence a você.

O tempo da Lua é uma práxis feminista. É algo com o que trabalhamos, e não algo que controlamos. Com que colaboramos, e não competimos. Um poder mais profundo, não mais elevado.

O tempo da Lua é diferente. Ele pede que nos aprofundemos para encontrar o caminho de volta. Nos permite adentrar nossa totalidade. Tempos de dor, luto, tristeza e frustração nos preparam para o fluxo, para a alegria, ressurreição e conexão. O descanso nos prepara para a atividade.

Há implicações mais importantes e políticas de viver no tempo da Lua. A vida no modo espiral implica ser capaz de abarcar mais. Reconhecer nossas complexidades amplia nossa compaixão. Amar e aceitar as verdades mais dolorosas sobre nós mesmos abre mais espaços. Separações são dissolvidas. Dizemos às partes congeladas de nós: "Entre, descongele. Vemos você, amamos você. Não é culpa sua. Entre no círculo da aceitação guiada pelo coração." Quando a insegurança, a exclusão e a competição se vão, a violência também se vai.

Viver no tempo da Lua é criar paradigmas mais saudáveis. Viver no "sim", no "e", no "ambos", no "também". Não existimos apenas na oposição. Não se trata de uma corrida, não há motivo para punição. Não há apenas vencedores e perdedores. Estamos aqui para aprender uns com os outros.

Viver no tempo da Lua significa nos lembrar de descansar, porque evoluir é exaustivo.

Cabe a nós reivindicar uma existência espiralada, holográfica, com múltiplas camadas.

Viver no tempo da Lua exige a habilidade de criar e participar de novos paradigmas. Como acontece com as melhores magias.

Como viver no tempo da Lua

Siga as fases da Lua.
Rastreie sua energia.

Aceite seus próprios ritmos como uma realidade.

Decida pegar leve. Respire. Repare. Ouça.

Sua imaginação, sua agitação interna, suas mitologias.

Crie histórias e as compartilhe.

Preste atenção ao que acontece em momentos atemporais.

Abra espaço para a recordação do que você sempre soube.

Faça da sua vida um reflexo preciso do seu coração.

Prometa nunca abandonar a si mesmo: seus sonhos, seus dons, seu luar.

Defina suas âncoras. Apoie-se nelas durante as mudanças.

Permita que novas âncoras entrem em sua vida.

Mantenha um diálogo com coisas interessantes e misteriosas.

Deixe que a experiência com o mistério seja sua professora.

Honre a experiência acima de tudo.

Lembre-se sempre de que você é uma bênção.

Mesmo nos dias mais difíceis e intermináveis. Especialmente nos dias excruciantes.

Sua existência é uma dádiva, e os riscos que assume, o amor que produz, os mundos que protege e salva, as vulnerabilidades e a coragem que demonstra servirão ao coletivo mesmo depois que você se for.

Cante uma música para a Lua.

Permita que a Lua compartilhe músicas com você.

Maneiras de trabalhar com a Lua

PRATIQUE A PRÁTICA

O ponto mais importante de qualquer caminho espiritual é a prática consistente. Isso significa investir um tempo diário em atividades de autocuidado e que melhorem a intuição, o desenvolvimento pessoal e a compaixão. A prática espiritual amplia sua conexão com o espírito, com sua fonte, ou como preferir definir. Nem sempre a prática é glamorosa. Às vezes, é só você, um caderninho e algumas frases rabiscadas logo cedo, antes de escovar os dentes. Em geral, a prática não vai lhe oferecer recompensas imediatas. Alguns dias, ela pode parecer entediante e sem sentido. Você pode estar cansado demais, doente ou sobrecarregado. Mas é recomendado que mantenha seu compromisso com a prática mesmo assim.

Com o tempo, conforme você se conecta, sua prática guiará aspectos de sua vida de maneiras sutis e profundas. Uma prática consistente promove o crescimento. Esforços consistentes se somam. Os riachos de amor acabam fluindo para o oceano do seu coração. O eu iluminado oferece conhecimento que só pode ser encontrado por meio da indagação, da exploração contínua, da decisão de segurar sua própria mão durante a maratona da vida. Pense nessa prática como uma aula sobre a descoberta de seu verdadeiro eu e de sua alma.

A cultura ocidental dominante nem sempre enfatiza os benefícios da prática espiritual. No entanto, praticamos tudo com o que nos importamos. Gastamos o nosso tempo com cada coisinha que acreditamos que poderá trazer recompensas. Os benefícios de uma prática espiritual consistente incluem um enorme investimento no futuro, assim como uma influência positiva no mundo de modo geral. O retorno não tem preço!

A prática lunar é uma prática espiritual. Uma prática espiritual é práxis. É seguir o caminho. Identificar e nomear seus valores, depois viver de acordo com eles. Dar importância aos seus desejos e levar uma vida que os priorize. Fazer a coisa certa, não o que for mais fácil. Sua prática pode ser pessoal. Não existe "errado" na prática lunar.

Começando sua prática lunar: O básico

A primeira sugestão é começar um diário lunar. É só escrever em um caderno a data, a fase da Lua e como você se sente. Observe seu estado emocional, seu estado físico e qualquer outra coisa que sinta necessidade. Você pode anotar padrões ou pensamentos que se apresentem. Anote caso receba mensagens intuitivas, caso se sinta motivado, inspirado, estagnado ou desesperado. Se não conseguir ver a Lua por causa das condições climáticas ou de sua localização, pode usar um aplicativo lunar, procurar na internet ou rastreá-la no próprio caderno. Comece usando seu diário lunar especificamente para rastrear a Lua e seus estados energéticos em cada fase dela. Depois de um tempo, você pode modificá-lo de maneira que atenda suas necessidades.

Faça isso por pelo menos uma lunação, se não mais. Com o tempo, começará a ver padrões. Eles serão diferentes para cada pessoa e podem não estar relacionados ao ciclo lunar tradicional. Por exemplo, você pode costumar se sentir ansioso durante a Lua nova, e mais motivado e renovado na Lua minguante. É importante ter essas informações! Outros fatores determinam nosso humor e nossos níveis energéticos: a menstruação, ter ou não ter uma doença crônica ou problemas de saúde mental, padrões de sono, o que consumimos, nosso nível de estresse, situações externas etc. O melhor de manter um diário lunar é que ele acaba rastreando nossa vida. Podemos voltar no tempo e ver pelo que estávamos passando. Essa visão em retrospectiva nos ajuda a ligar os pontos.

Defina os objetivos de sua prática lunar. Nomeie suas intenções e motivações. Pode ser muito simples: rastrear sua energia, descobrir que fase da Lua é mais agradável ou difícil para você. Suas intenções podem estar voltadas a objetivos ou sonhos.

Depois, faça um altar lunar. Trata-se de um espaço específico para visitar e trabalhar com a energia da Lua. Um altar também é o espaço onde você cria seus feitiços. É onde você se senta para escrever no diário ou meditar. Se não fizer feitiços, esse altar lunar é um espaço seguro onde se conectar consigo mesmo. Você pode decorá-lo com as cores da Lua, acrescentar correspondências lunares tradicionais ou colocar objetos pessoais significativos.

Se você já tem um altar, é bom fazer outro para especificamente honrar a Lua. Experimente isso por pelo menos um ciclo lunar, no início de sua jornada — especialmente se você vai fazer magia durante todo o ciclo. Se decidir manter seu altar lunar, não precisa fazer nada nele, além de limpá-lo de vez em quando e talvez apresentar novas oferendas à Lua. Se quiser, você pode modificá-lo a cada fase.

Depois, passe um tempo focado na Lua. Sente-se sob ela mesmo que não consiga vê-la e se sintonize com sua energia. Medite. Olhe para ela fixamente. Converse com ela, faça perguntas. Preste atenção no que a Lua quer compartilhar, nas mensagens que se apresentam e em como ela deseja se comunicar com você. A linguagem lunar vem de dentro. Feche os olhos e se sintonize com sua própria energia. Preste atenção nos reflexos que a Lua tem a oferecer.

Se for possível, saia para caminhar à noite. Mesmo que não consiga ver a Lua, tente sentir sua energia. Também é ótimo meditar do lado de fora de casa, na varanda ou no jardim. Coloque um pote de vidro cheio de água do lado de fora, para que o luar o carregue.

Talvez você queira se conectar com a Lua de maneira criativa. Pinte-a, escreva cartas de amor ou músicas para ela — como tantos outros artistas fizeram! Ouça músicas que te lembrem da Lua; comece uma playlist lunar. Leia poemas a seu respeito. A pesquisa e a leitura também podem fazer parte de sua prática. Leia material científico, assista a palestras e a documentários sobre astronomia. Crie um relacionamento significativo para você.

Costumam me perguntar com frequência se faço feitiços e crio rituais em todas as fases de todos os ciclos lunares. Claro que não! Levo uma vida movimentada. Como você, provavelmente, não estou sempre tentando conquistar objetivos. No começo da minha prática, eu me comprometi com um ciclo estrito por muitas Luas. Isso foi importante para mim, porque me ensinou a ser disciplinada. Me ensinou sobre minha energia específica e como trabalhar melhor com a energia da Lua. Me ensinou muito sobre mim mesma e minha magia.

Depois de ler esta seção, talvez você deva passar algum tempo refletindo sobre onde gostaria de começar. Consistência é a chave: pode levar muitas semanas ou meses até você construir conexões, ter revelações, ou até que descubra as práticas que fazem sentido para você e trarão benefícios. Mesmo cinco minutos por dia de prática espiritual acabam resultando em mais de trinta horas no ano!

Você e a Lua

Seu relacionamento com a Lua deve ser íntimo. Tudo é relacionamento. E relacionamentos estão sempre evoluindo. Quando abordamos a vida assim, sempre há diferentes opções e escolhas. Você pode começar seu relacionamento com a Lua descobrindo em que fase ela estava quando você nasceu. Isso pode nos ensinar muito sobre nós mesmos. Você só precisa de sua data e horário de nascimento para pesquisar isso na internet.

Depois que descobrir, reflita. Parece fazer sentido? Quando estiver rastreando sua energia e suas emoções, anote qualquer coisa de diferente. Se não sabe suas informações de nascimento, não tem problema. Você pode identificar as fases lunares em que se sente melhor por meio de seu rastreamento lunar.

A fase em que a Lua estava quando você nasceu pode determinar muitas coisas, como o momento do dia em que você se sente mais consciente e produtivo. Cada fase lunar se faz presente em um horário particular.

Sua Lua natal também pode fornecer informações quanto a suas tendências naturais, seus desafios e como explorar todo o potencial de seus dons inerentes. Quem chamou minha atenção para a ideia de personalidades lunares foi o astrólogo Dane Rudhyar. Em seu livro *O ciclo de lunação*, ele apresenta suas interpretações dos diferentes tipos. Desenvolvi minhas próprias definições, que compartilharei com vocês agora.

Se você nasceu durante a Lua nova (no próprio dia ou nos três dias depois), pode ser naturalmente otimista, esperançoso e adorar novos começos. O início nunca é difícil para você, embora o final possa ser. Tome cuidado para não se apegar a resquícios de sonhos que já passaram da data de validade. Pessoas do tipo Lua nova são inovadoras, inventivas e estão sempre tendo ideias. Em geral, mantêm a esperança e a alegria, mas têm dificuldade com disciplina e a natureza prática das coisas. A continuidade pode ser um desafio. Descubra maneiras de incluir pequenas novidades no cotidiano para manter a motivação. Até que uma pessoa da Lua nova encontre o caminho certo, alguns começos podem não dar em nada. Felizmente, esse tipo sacode a poeira e volta a tentar. A Lua cheia pode oferecer equilíbrio a essa personalidade lunar.

Quem nasce durante a Lua crescente pode se sentir em casa no que se refere a buscas — objetivos, relacionamentos, ideias, a próxima novidade, o que quer que seja. Expansão e crescimento precisam estar evidentes na vida das pessoas do tipo Lua crescente, para que se sintam realizadas. Elas podem querer dirigir o barco e ter dificuldade de aceitar a autoridade alheia. Reconhecimento e feedback positivo são importantes para que continuem se sentindo mobilizadas. Ao mesmo tempo, pessoas dessa Lua podem ser presa fácil de elogios e depender fortemente do feedback externo. Elas são do tipo que age e cria soluções. Sentem-se em casa quando estão fazendo algo diferente. Adoram explorar novos espaços internos e externos. Em geral, focam o futuro, mas precisam refletir sobre o passado para aprender com seus erros. A Lua minguante lhes oferece o descanso de que precisam.

Quem nasce durante o quarto crescente pode ficar tenso na tomada de decisões. Quando esse tipo de personalidade se aproveita de sua habilidade notável de ver uma situação por todos os ângulos, sua sabedoria é incomparável. Em geral, essas pessoas veem algum tipo de obstáculo no caminho, que pode ou não ser verdadeiro, para conseguir o que desejam. O quarto crescente é a fase da Lua ligada a encruzilhadas: sombras e luz devem estar em equilíbrio. Lições processadas de maneira construtiva criam uma resolução e resiliência inabaláveis. Se você é do tipo quarto crescente, estrutura e organização podem te ajudar a seguir em frente. Encontre maneiras de se lembrar de que o copo está pela metade. Você sabe mais do que se dá crédito. O equilíbrio pode ser encontrado se sintonizando com as qualidades do quarto minguante.

Quem nasce sob a crescente gibosa provavelmente terá uma vida de realizações externas, porque realizações externas são importantes para essas pessoas. Elas ficam mais felizes quando é fácil ver o fruto de seu trabalho, e a paciência não é seu ponto forte. Parecem possuir reservas infinitas de energia e motivação. Desafios para esse tipo incluem sentir-se verdadeiramente satisfeito e definir o que é o suficiente. Se você nasceu sob a crescente gibosa, procure definir satisfação, sucesso e felicidade, especialmente fora do âmbito externo. Focar o presente e valorizar o que tem são práticas a cultivar. Programe descansos frequentes. Recorra à minguante gibosa e às suas energias e qualidades para obter equilíbrio.

Pessoas do tipo Lua cheia em geral não têm problema em ser vistas e em liderar. Querem compartilhar, brilhar e se conectar. Ser compreendido e ser visto adequadamente é algo importante para elas. Para se sentirem completas, essas pessoas precisam explorar e experimentar a multiplicidade de seus dons. É experimentando a variedade da vida que elas acessam sua integridade. Pessoas do tipo Lua cheia podem investir e doar demais, o que leva ao esgotamento e ao ressentimento. Limites são especialmente importantes para quem nasce sob a Lua cheia. Pode haver uma tendência a espelhar as pessoas a sua volta, às vezes de forma inconsciente, às vezes em busca de aprovação. Se você tem esse tipo de personalidade, temas relacionados à identidade podem ocupar um espaço proeminente na sua vida. Pessoas da Lua cheia tendem a ser empáticas, por isso precisam tomar cuidado com aqueles de quem se cercam e a energia que permitem que adentre seu espaço. Atividades relacionadas à Lua nova e à Lua escura podem ajudar a equilibrar sua energia.

Quem nasce sob a minguante gibosa é incrivelmente observador e muito talentoso quando se trata de comunicar ideias e planos grandiosos. São pessoas que se realizam no aprendizado, que ligam os pontos com uma facilidade natural e chegam a novos conceitos e técnicas. Sua habilidade inata de captar ideias diferentes e combiná-las em novas formas não deve ser desperdiçada. Servir ao coletivo dará significado à sua vida. Priorize suas necessidades, especialmente as relacionadas à abundância e ao reconhecimento, tanto quanto você se doa a uma causa, um grupo ou a amores. Conectar-se com muitas outras pessoas, em um papel mais público, também pode estar no seu caminho. Volte-se ao autocuidado esperançoso da Lua crescente para deixar de lado um pouco do pragmatismo e das decepções que às vezes põem você para baixo.

Se você nasceu sob o quarto minguante, talvez se sinta de maneira parecida com os que nasceram sob o quarto crescente, mas com uma diferença. Em vez de focar os temas do crescimento e da expansão, talvez se preocupe em atualizar sistemas já existentes. Dane Rudhyar se refere a pessoas nascidas no quarto minguante como "reformadoras".[1] Você está aqui para mudar sistemas, quer seja sua constelação familiar, como o mundo enxerga a vocação que você escolheu ou a própria cultura. Você tem discernimento e instinto fortes quanto a como melhorar praticamente tudo e o funcionamento das coisas em geral. Talvez tenha que trabalhar as dúvidas em relação a si mesmo e a ansiedade em relação a sua intuição, seu poder secreto em muito dos seus projetos e de suas jornadas. Permita que outros se aproximem. A fase do quarto crescente pode ser um momento de se conectar com o otimismo.

Se você nasceu sob a Lua minguante, talvez se sinta mais confortável nos bastidores. Pesquisa, educação e estudo intenso podem ser atividades em que se sobressaia. Você pode valorizar sua privacidade e se voltar ao interior, além de precisar de espaço e tempo para compreender seus pensamentos e emoções. O tempo que passa consigo mesmo é revigorante — é quando você se conecta com a natureza e pode ter uma epifania. Você pode influenciar e atingir muitas pessoas em sua carreira, mas a maior parte do trabalho que executa é na solidão. (Pense em escritores, pintores, pesquisadores, programadores e donos de negócios on-line.) Um tema importante talvez seja reconciliar o passado com quem você é hoje. Tenha tanta empatia e compaixão por si mesmo quanto tem pelos outros. A Lua crescente pode ser um momento de equilíbrio para você.

A personalidade da Lua escura se aplica a quem nasceu em um dos três dias que antecedem a Lua nova. Essas pessoas tendem a ser rebeldes e a se interessar em contribuir com o coletivo com ideias inovadoras. Elas muitas vezes se sentem mal compreendidas, porque são visionárias e com frequência respondem a um futuro que os outros ainda não veem. Parte de seu caminho na Terra é criar maneiras radicais de viver e se relacionar. Isso muitas vezes vem acompanhado de desafios, particularmente por parte do status quo. Quando em alinhamento, o tipo Lua escura é brilhante e transborda inspiração. Dê aos projetos com que sonha o foco e a seriedade que merecem. Tome cuidado para não se isolar ou desanimar. Para se ater a seu verdadeiro eu, você talvez tenha que recorrer a práticas espirituais. Cultive alguns relacionamentos próximos com pessoas parecidas e dignas de confiança. A morte e o renascimento serão um tema constante na sua vida, assim como finais e começos intensos e extremos. Você deve se sentir confortável com a mudança. A Lua cheia e a crescente gibosa podem ser o momento de encontrar equilíbrio.

Saber a fase em que a Lua se encontrava quando você nasceu pode ajudar a explorar como certos temas apoiarão seus interesses e padrões. A fase oposta à sua fase lunar natal pode ser extremamente desconfortável para você, ou pode ser aquela em que encontra equilíbrio. Por exemplo, se sua fase lunar natal é a Lua nova, a Lua cheia seria a fase oposta. (Verifique o diagrama do ciclo lunar na p. 40.) Procure aproveitar e expressar a energia oposta à sua.

Você como Lua

Usar as fases da Lua para descrever o ciclo de vida em que você está ajuda a ver melhor as coisas como um todo. Reflita sobre a fase lunar em que você se encontra. Está se sentindo prestes a realizar alguma coisa? Caso esteja se aproximando de seus objetivos, talvez esteja em uma fase crescente gibosa/Lua cheia. Acabou de iniciar uma atividade revigorante que está modificando sua relação consigo mesmo? Talvez esteja numa fase Lua nova. Se estiver se sentindo profundamente desconfortável e prestes a destruir uma área de sua vida em nome de uma reavaliação profunda, provavelmente se encontra na fase Lua escura.

Você pode trabalhar com a fase que faz sentido para você de maneiras variadas: como um arquétipo geral da energia a que está recorrendo, como um reflexo de quem é no momento presente, como um guia de como se aprofundar nos temas dessa fase e encontrar as melhores maneiras de se apoiar. Você pode pesquisar divindades e mitos relacionados aos temas de cada fase. Pode se cercar de amuletos, talismãs, cores e outros símbolos da fase em que se encontra, para se lembrar daquilo em que precisa se manter focado.

Nossas vidas são complexas, pode haver muitas coisas acontecendo que refletem diferentes estados. Um relacionamento pode estar começando (Lua nova) quando um animal de estimação querido morre e você enfrenta o luto (Lua minguante). Meu conselho é: se está interessado em identificar em que "fase" da Lua se encontra, conecte-se com suas emoções, sua energia e com a maneira que se sente *no geral*.

Saber a fase em que você se encontra também ajuda a se manter alerta quanto ao que podemos precisar para equilibrar nossa energia e não chegar a extremos. Se sabemos que estamos em fase de Lua nova, sabemos que vamos precisar de muita energia. Isso pode ser um convite a redobrar nosso trabalho relacionado a limites, focar em dormir o suficiente, nos manter hidratados e descobrir uma maneira de tirar proveito daquilo pelo que estamos trabalhando.

Em geral, as fases de nossas vidas seguem a ordem do ciclo lunar. Se você está na Lua escura, ela provavelmente será seguida por uma fase de Lua nova. Se está na crescente, em seguida virá a Lua cheia. Essas fases energéticas podem durar meses ou anos.

Podemos trabalhar com esse conhecimento *e* com a fase lunar corrente. Se você está numa fase de Lua escura, lidando com um término e abrindo mão de outras coisas, então todo o ciclo da Lua minguante e escura pode te apoiar nesse processo. O foco no ciclo lunar pode estar relacionado ao luto e à cura depois da perda: saber que precisa focar o trabalho interno pode ajudar a programar seus dias. Na Lua escura, você pode criar um ritual de desapego do relacionamento passado. Como essa energia já está potencializada, a

Lua escura pode ser um momento particularmente bom de libertação. Isso pode durar um ciclo lunar ou mais. Quando sentir o chamado para seguir em frente, pode marcar isso conscientemente com um ritual ou um feitiço.

Honrando a Lua

Quando você decide se comprometer com a prática lunar, também se compromete com o modo com que vai honrar a Lua. Como qualquer relacionamento valioso, este deve ser recíproco. Se a Lua vai nos ajudar, temos que dar um jeito de ajudá-la também. Há planos de extrair água da Lua, os quais podemos tentar frustrar. Pense em todas as correspondências da Lua; água, mulheres, femmes, metamorfos, empatas, crianças, fertilidade, lar, coração, direitos reprodutivos, a proteção de todos os vulneráveis na Terra, plantas — todos que são nutridos pela água ou vivem perto dela residem no reino da Lua.

Podemos fazer oferendas para a Lua tanto em nosso trabalho mágico quanto em nosso cotidiano. Escolha atividades que reforcem essa conexão. Você pode fazer doações a instituições de apoio a mulheres e de planejamento familiar. Você pode levantar fundos para uma organização que busque diminuir as taxas de mortalidade de mães e mulheres negras, ou se comprometer a não comprar mais plástico, ou focar iniciativas pelo saneamento em sua região ou em áreas poluídas.

Na minha prática mágica, faço feitiços uma ou duas vezes ao ano para proteger a Lua e agradecer a ela. Faço doações para iniciativas pela limpeza da água e para proteger a vida marinha ameaçada. Também honro a Lua ensinando a seu respeito e utilizando sua energia e suas mensagens para ajudar outras pessoas. Também faço doações a organizações que apoiam a vida dos marginalizados e oprimidos pelo sistema.

A Lua e o ciclo menstrual

O ciclo lunar tem a mesma duração que o ciclo menstrual médio, de aproximadamente 28 dias.[2] A forma da Lua, redonda e visivelmente crescente, nos lembra de uma barriga de grávida. Durante o ciclo menstrual, o nível de estrogênio sobe e desce, uma experiência interior que lembra a maré e nossas elevações e quebras internas naturais, aproximando o útero da Lua.

Há homens que menstruam e mulheres que não menstruam. Há pessoas não binárias que menstruam e que não menstruam. Relacionar a menstruação à feminilidade e ao útero é compreensível, visto que algumas mulheres menstruam e dão à luz. Mas há muitas mulheres que não menstruam, por motivos variados: porque estão grávidas, ou por causa de algum método contraceptivo, ou porque são trans, ou porque fizeram histerectomia, ou passaram pela menopausa. Presumir que todas as mulheres menstruam e que só pessoas que menstruam são mulheres é um equívoco e nada inclusivo.

Não é porque você não menstrua que está menos conectado à Lua. E não é porque não menstrua em sincronia com o ciclo da Lua que tem algo de errado com você. Estudos demonstraram que a maioria das pessoas que menstruam não o faz em sincronia com a Lua nova.[3]

A menstruação é algo lindo e natural. Precisa ser validada, em vez de ser motivo de vergonha. A misoginia é evidente no próprio modo como nossa cultura trata a menstruação. Faltam estudos abrangentes no campo da medicina. Se você menstrua, é fundamental aprender sobre certas partes de seu corpo. Observar o ritmo da sua menstruação e seu nível de estrogênio em comparação com o ciclo lunar é a maneira que muita gente encontra para ter mais sintonia com os ciclos corporais.

Quando estamos menstruadas e nos sentimos mais em sincronia com nossos hormônios do que com o ciclo lunar, é importante levar tudo isso em consideração. Para mais informações sobre a menstruação e maneiras de trabalhar com ela, sugiro ler *Period Power*, de Maisie Hill. No livro, é discutida a ideia do ciclo menstrual como as estações do ano, com o início da menstruação representando o inverno. Se um dos seus objetivos é ter maior consciência de como seu ciclo menstrual impacta você, mergulhe fundo nesse aspecto do seu corpo, usando o rastreamento lunar como parte do processo.

A Lua e a humanifestação

A Lua é um guia natural para todo e qualquer estabelecimento de metas. Ao longo deste livro, destaco vários métodos e técnicas de trabalho nesse sentido.

Às vezes, tanto em minhas aulas quanto neste livro, uso o termo *humanifestação* como uma brincadeira com a palavra *manifestação*, bastante usada. Gosto de usá-la para reunir todos os humanos e fazer uma diferenciação das ideias estereotipadas da Nova Era em torno de "manifestação". (A palavra *manifestação* também me lembra de Destino Manifesto, que é o oposto do processo que defendo.) Também gosto de usar os termos "cocriação" e "criação". A humanifestação lunar estabelece que descansar, confiar, intuir e aceitar ajuda fazem parte do processo. É igualmente importante aprender a flutuar, render-se, trabalhar incrivelmente duro, aceitar a abundância, ser generoso e aprender a amar a si mesmo. Ouvir pode ser tão importante quanto fazer. Todas as atividades que nos guiam para nossa vida rítmica e holística existem dentro do espectro da humanifestação.

Também devemos levar em conta a opressão estrutural e compreender que muitas discussões "amor e luz" sobre "manifestação" não reconhecem o racismo, a transfobia, o classicismo, o capacitismo e outros desafios sistêmicos encarados por tantas pessoas. Algumas partes de nossas condições de vida não são apenas "escolhas" das quais podemos nos livrar por conta do "pensamento positivo". Reconhecer as dificuldades, a discriminação, problemas de saúde mental e a opressão estrutural não "estraga a vibe": é uma questão de encarar a realidade.

A criação lunar também enfatiza os desejos que não são necessariamente considerados valiosos por nossa cultura dominante. Trata-se de um crescimento que nem sempre parece com o crescimento estereotipado, como recusar oportunidades que parecem incríveis, mas não estão alinhadas com sua integridade ou intuição. Concentrar-se na cura emocional, priorizar a saúde, descobrir os motivos da automutilação. Mergulhar no amor-próprio corporificado, criar e manter limites apropriados e recuperar-se de vícios são exemplos de trabalho valioso. Abra-se às maneiras pelas quais o crescimento interno promove o florescimento interno.

A cocriação com o universo exige comprometimento e devoção. Através dos ciclos, aprendemos a sonhar, ousar, tentar aceitar, confiar e nos render. Temos tudo do que precisamos dentro de nós. É só uma questão de nos manter conectados com nossa intuição, vontade e curiosidade. É simplesmente a prática de se manter consigo mesmo, de não desistir, de ser paciente e resiliente. O universo vai nos encontrar onde estivermos e nos ajudar. Mas, primeiro, é preciso se conectar consigo mesmo.

A humanifestação lunar é diferente das promessas consumistas convencionais de manifestação, muito embora a Lua certamente ajudará a obter resultados externos. Conseguir os bens materiais que você deseja não resolverá todos os seus problemas. Não vai isentá-lo de ter que trabalhar em si mesmo. Não vai impedir que coisas dolorosas aconteçam. A manifestação lunar sabe que estamos sempre em processo, de modo que é melhor mergulhar de cabeça.

Magia lunar

A maior parte deste livro discute magia, espiritualidade e rituais de maneiras diferentes em cada ciclo. Ensino magia lunar de um modo holístico. Olhamos para todo o ciclo lunar e trabalhamos adequadamente com as qualidades de cada fase. Tudo isso é abordado nesse livro, que ainda conta com sugestões de feitiços, exemplos de tarô, atividades e registros em diário. Quando se sentir confortável com sua prática, crie seu próprio tipo de magia lunar. Encontre maneiras de se conectar com a Lua, com sua prática e com *sua forma particular de magia.*

As tradições mágicas que me ensinaram refletem uma tradição neopagã europeia. A outra tradição lunar que pratico é a judaica. A tradição lunar judaica é muito forte e está relacionada à minha ancestralidade. Procurei manter este livro não denominacional na medida do possível, para que possa misturar as tradições e práticas que façam sentido para você. Em geral, toda cultura usa os elementos água, fogo, terra e ar. Da mesma forma, toda cultura medita, reza, queima plantas secas para purificar e conectar, acende velas, trabalha com itens como pedras, cristais e ossos, usa talismãs feitos de objetos especiais em seus feitiços.

A Lua e a astrologia

Na astrologia, a Lua é um luminar: um planeta pessoal que corresponde à personalidade, aos relacionamentos e ao trajeto de vida de alguém. Na astrologia ocidental antiga, a Lua era vista como maléfica, mas a maior parte da astrologia moderna a trata como benéfica, dependendo do signo ou da casa em que se encontra. Na astrologia ocidental tradicional, a Lua está relacionada à mãe, criação e cuidados. Ela descreve nossas necessidades emocionais: como aprendemos a atendê-las e como precisamos treinar identificar aquilo de que realmente precisamos para nos sentir seguros, nutridos e vistos. Numa perspectiva astrológica, a Lua representa nosso inconsciente e subconsciente. Nossas partes misteriosas, nossas sombras e motivações subjacentes, residem nesse reino. A Lua representa as partes de nós que só os mais íntimos veem. Nosso lado vulnerável, os traços privados de nossa personalidade, que revelamos quando nos sentimos confortáveis, correspondem à Lua. O femme e o feminino, nossa doçura e suavidade, também são influenciados pelo signo e a casa em que a Lua se encontra. Ela também corresponde à memória, ao humor, às emoções e aos nossos corpos.

Na astrologia ocidental, a Lua é um símbolo do passado. Isso pode resultar em conservadorismo ou em uma dependência exagerada da tradição. Evoca nostalgia e nossas lembranças, sejam boas ou ruins. Muito de nosso presente está relacionado ao passado. Muitas de nossas experiências e respostas atuais foram moldadas por eventos antigos. Seguir adiante de verdade implica se livrar dos apegos prejudiciais do passado. Curar-se é não permitir que as dificuldades do passado influenciem negativamente o comportamento do presente. É pegar as lições do passado e usá-las como adubo para o jardim verdejante do futuro.

Na astrologia ocidental, a Lua corresponde ao signo de câncer e governa a quarta casa do zodíaco.[4] A quarta casa está relacionada à parentalidade, sua percepção de como cuidaram de você na infância, o histórico familiar, ancestrais e herança familiar, vidas passadas, o lar, autocuidado, instintos, o que você precisa para se sentir seguro física e psicologicamente, ter uma casa e fincar raízes.

Quando interpretam o mapa de uma pessoa, além do signo lunar, os astrólogos levam em consideração a casa em que sua Lua está. As diferentes casas informam como a Lua é revelada e expressada. Pode haver outros aspectos afetando a Lua, como sextis, trígonos ou quadraturas. Outro tema astrológico lunar envolve seus nodos norte e sul, que se referem a um aspecto do seu destino pessoal.

Magicamente, podemos fazer com que qualquer signo em que a Lua esteja corresponda a nosso trabalho com feitiços. Por exemplo, se a Lua está em virgem, podem ser realizados feitiços relacionados a trabalho, crescimento, cuidado espiritual e devoção. Você pode fazer um feitiço para melhorar o sistema digestivo e o fígado, algumas das partes do corpo com que virgem está associado. Também pode trabalhar a preocupação, a raiva e a ansiedade, emoções ligadas a essas partes do corpo.

Com o tempo, você vai descobrir como se sente quando a Lua está em determinados signos. Na minha experiência, o melhor momento para descobrir como os signos lunares ressoam em você é durante a Lua cheia. Uma Lua cheia em fogo pode ser completamente diferente para você se comparada a uma Lua cheia em terra.

Seu signo lunar pode revelar inclinações mágicas naturais. Quaisquer que sejam os traços positivos e desafiadores que o arquétipo encapsule, podem se refletir em sua própria magia. Se você é de um signo lunar de ar, pode ter o dom de inventar feitiços, cantos e poemas. Pode se comunicar facilmente com espíritos, guias e ancestrais. Se for de um signo de água, pode ser particularmente sensitivo na água e no papel de empata ou como um receptáculo para a criatividade, a beleza e a epifania. Suas habilidades mágicas podem ser ampliadas, assim como seu acesso a informações intuitivas e sua habilidade de dominar a arte da visualização emocional. Se você sabe seu signo lunar, pode experimentar seus dons únicos e naturais.

Se sua Lua está em áries, talvez você possua a habilidade de fazer as coisas acontecerem rapidamente; seu senso intuitivo é instintivo, e não algo a ser analisado. Você pode sentir o chamado a liderar, criar um círculo de compartilhamento, um novo culto ou movimento espiritual.

Quem tem a Lua em touro pode ser bom em domínio energético e muito talentoso na arte da manifestação material. Você pode querer criar altares muito simbólicos e artísticos, além de vestir e sentir o cheiro e o gosto de sua magia.

Se seu signo lunar é gêmeos, seus dons mágicos podem ser postos em prática pela fala, escrita e pelo canto. Epifanias e mensagens podem chegar quando você estiver escrevendo livremente ou falando consigo mesmo, com seus guias ou com a Lua. A experimentação mantém você investido na prática mágica e espiritual.

Se seu signo lunar é câncer, tente utilizar suas habilidades psíquicas naturais em sua feitiçaria. Um de seus superpoderes é sua habilidade de vivenciar emoções; quando você aprende a traduzi-las nos canais adequados, torna-se uma força importante.

Pessoas com a Lua em leão têm a habilidade de expressar ou executar magia. Transmitir seus desejos em forma de atuação, dança ou movimento fará com que eles o cortejem tanto quanto você os corteja.

Aqueles com a Lua em virgem fertilizam seus sonhos com discernimento e detalhes perceptíveis. Quando você perceber que estar a serviço de si mesmo é o trabalho mais importante que há, suas bênçãos vão se multiplicar.

Se seu signo lunar é libra, você tem uma habilidade impressionante de colaborar com os elementos, as divindades e outros itens simbólicos em sua prática mágica. Você é capaz de tornar as ervas ainda mais poderosas. Recebe o ar, o Sol e o céu com tanta sinceridade que eles não têm escolha a não ser fazer o que pede.

Pessoas com a Lua em escorpião têm uma habilidade incrível de se regenerar rapidamente, transformando palha em ouro por meio das lições de cada lunação. Sua magia reside em sua habilidade de expressar o não visto, o tabu, o subconsciente e o inconsciente de maneira curativa ou intrigante.

Aqueles com a Lua em sagitário estão especialmente preparados para a arte de traduzir pensamentos em ações. Por intermédio da fala, dão vida às coisas, e podem precisar de uma variedade de práticas mágicas que correspondem a seu estado em constante evolução.

Se sua Lua está em capricórnio, sua habilidade mágica pode residir na sabedoria profunda de seu reino ancestral. Antigos costumes e rituais podem ampliar sua intuição: sintonize-se para se aprofundar. Sua magia também brilha em espaços de alta visualização. Sonhe com clareza com o topo de uma montanha e depois realizará o trabalho para chegar lá.

Se sua Lua está em aquário, parte de seus dons mágicos estará em criar seus próprios ritos e práticas espirituais. A inovação cria uma faísca que é um chamado cósmico à ação. Meditação, transe e jornadas sobrenaturais são práticas em que deve investir.

Pessoas com a Lua em peixes possuem a habilidade inerente de curar outros — como doulas, enfermeiros, artistas ou apenas com sua presença. Um de seus poderes mágicos é sua habilidade de canalizar ou comunicar energias sobrenaturais. Elas têm o dom da visão, que serve como um poço de inspiração ao qual outros podem recorrer.

Na astrologia védica, a Lua, e não o Sol, é considerada o planeta mais influente no mapa de uma pessoa. Nessa prática da astrologia, a proximidade da Lua com a Terra é pensada especialmente de maneira a nos afetar. Aqui, a Lua controla o temperamento, o humor, os instintos, a intuição, a maquiagem emocional, a personalidade, os padrões emocionais e psicológicos, as motivações e o comportamento. A Lua também corresponde a nossas energias e percepções, a nossas memórias, à fertilidade e ao cuidado. É nossa saúde mental, nossos interesses, instintos e temperamento. Na astrologia védica, a Lua de crescente a cheia é benéfica ou positiva, e a Lua de minguante a escura é maléfica ou negativa.

Na astrologia védica, a Lua é chamada de Chandra, que significa "brilho" em sânscrito. De modo similar à astrologia ocidental, na astrologia védica a Lua se relaciona aos temas da mãe, do feminino, da beleza, conforto e nutrição, assim como bem-estar geral e felicidade.[5] A Lua recebe a luz da alma.

O Sol é uma projeção, o que apresentamos ao mundo; e pode se tornar tudo o que os outros pensam de nós. A Lua é nosso eu interior — quem realmente somos, sob as camadas e máscaras.

Há outros conceitos e filosofias ligados à astrologia lunar além dos mencionados. Se isso lhe interessa, pesquise, faça cursos, marque uma leitura astrológica e leia. Algumas boas fontes sobre astrologia lunar tropical são: *Moon Wisdom*, de Heather Roan Robbins, e *Moon Phase Astrology*, de Raven Kaldera, assim como os trabalhos de Jan Spiller, Dane Rufhyar e Demetra George.

A Lua como relógio

Uma das mais antigas funções da Lua é a de relógio, que ainda pode ser usada. Os calendários chinês, hindu e judaico ainda são lunares. Os feriados, como o Ano-Novo lunar, refletem a influência da Lua.[6] O kojoda é o calendário usado pelos iorubás do sudoeste da Nigéria e do sul do Benin. O começo de seu ano coincide com a colheita e a Lua, caindo em maio ou junho. As relíquias mais antigas da humanidade são marcas em pedaços de madeira ou ossos relacionados ao ciclo lunar de 28 dias. Santuários imensos foram construídos para celebrar os eventos lunares e solares; o que resta deles, como Stonehenge, Woodhenge e a Pirâmide da Lua, pode ser visto em diferentes partes do mundo. Foram encontrados em um sítio arqueológico na Guatemala registros astronômicos maias que datam do século IX, marcando os ciclos lunares.[7]

O ciclo lunar pode ser usado como uma verificação, uma forma de controle. Onde você estava, o que estava fazendo, o que estava acontecendo na Lua cheia do ano passado. O que permaneceu igual, o que evoluiu. O que precisa ser mudado. Se você está se sentindo de determinada maneira e não sabe bem o motivo, utilizar a Lua como uma ferramenta de recordação pode ajudar.

Usar a Lua como um relógio mítico e pessoal nos ajuda a escrever nossa própria história.

Pense em ciclos e padrões mais amplos em sua vida. Há padrões ou datas especiais que seu corpo controla? Nosso corpo guarda memórias de todos os tipos. Ele se lembra do trauma e do triunfo. Há determinados aniversários, especiais para você, que poderia ser interessante registrar em uma lista? Honrar suas experiências somaticamente pode ser útil. Saber como nosso corpo se atém a certas lembranças e emoções, e como reconhecer isso pode ajudar a nos desapegar e regular nosso sistema nervoso. (Para saber mais sobre trauma e o corpo, recomendo os livros *My Grandmother's Hands*, de Resmaa Manakem, e *O corpo guarda as marcas*, de Bessel van der Kolk.)

Tempo é diferente de tempo de qualidade. Pense em utilizar a Lua no tempo de qualidade. Depois que tiver acessado seus próprios padrões energéticos, a Lua funciona como um lembrete para permanecer envolvido com o tão desejado alinhamento energético. Isso também ajuda a guiar o movimento energético futuro, e é algo aspiracional. A qualidade de nossa experiência se aprofunda à medida que nos sincronizamos com nossa energia em seu ritmo natural.

Trabalho ancestral

Cada cultura ao redor do planeta tem suas próprias tradições e maneiras de trabalhar com a Lua. O Talmude acredita que a Lua tem consciência e contém um gênio que transmite a si próprio aos praticantes dispostos.[8] Muitas culturas contam histórias da Lua e do Sol como irmãos ou como um casal, olhando um para o outro ou se perseguindo no céu distante. Muitas culturas relacionavam a Lua a sustento e alimento. Na antiga Indonésia, acreditava-se que o espírito do arroz vivia dentro da Lua. Em um conto folclórico peruano, a Lua é um homem que ajudava a levar plantas aos humanos e que depois se casou com uma mulher que deu à luz outros corpos cósmicos. Há inúmeras divindades guardiãs da Lua em todo o mundo, protegendo os campos, a terra e todas as criaturas vivas.

Cada cultura ao redor do planeta tem seu próprio folclore e suas histórias, mitologias e interpretações. A Lua como lar, a Lua como mãe, a Lua como criadora, a Lua como tecelã mágica. Na Polinésia, a Lua é chamada de Mahina, a casa de Hina, mãe de Maui, que fugiu para criar arte no espaço protegido da Lua. A chegada de Odisseu era esperada na Lua nova, um momento auspicioso e sagrado na cultura grega antiga. Na mitologia tradicional chinesa, Chang'e, deusa da imortalidade, mora na Lua. Os navajos e os ojíbuas chamam a Lua de "Antiga Fiadora". Nas Américas Central e do Sul, a deusa lunar maia também era uma tecelã.[9]

Outros povos relacionam a Lua a animais, como lebres, búfalos, aranhas e vacas. Em muitas culturas — a inuíte, a hindu e a da Grécia antiga —, a Lua é associada a cachorros e lobos, alguns prestativos, outros temíveis.[10]

Se você conhece sua linhagem, mesmo que apenas o continente de onde vem, pode pesquisar os folclores, mitos, tradições e rituais de seus ancestrais. Seja você iniciante ou alguém com experiência, a pesquisa só vai melhorar sua prática.

Também podemos trabalhar com a Lua pela cura ancestral. Todos recebemos dons de nossos antepassados. Muitos de nós também recebemos traumas, e eles podem ter nos transmitido desafios comportamentais, como preocupações, raiva ou paranoia. Podemos trabalhar para curar isso durante a vida. Comece se perguntando: o que meus ancestrais precisavam curar?

Você não precisa necessariamente pesquisar sua árvore genealógica ou falar com seus avós sobre isso, mas, se quiser, pode. Ouvir atentamente e anotar seus pensamentos já é um começo. Anote o que você sabe sobre si mesmo e como isso se conecta à sua família, focando alguns pontos dolorosos e em suas forças inerentes. Se por acaso você conhece a história da sua família, esse é um ótimo lugar por onde começar. Por exemplo, meus bisavós vieram para os Estados Unidos sem nenhum dinheiro e nunca aprenderam inglês devidamente. Todos eles incentivaram os filhos a assimilar. Algumas heranças disso, que precisam ser curadas, são questões relacionadas a escassez e segurança, assim como sentimentos de alienação.

Um altar de bons ancestrais complementa esse processo. Bons ancestrais são aqueles com quem você tinha uma boa relação, ou que gozavam de boa saúde espiritual.[11] Sua árvore genealógica pode contar com membros abusivos ou violentos, com os quais não há necessidade de se conectar. Se você tem fotos de parentes mortos que foram especiais para você, coloque-as em seu altar. Converse com eles. Reze para eles. Honre as qualidades que lhe deixaram. Se você sabe a que plantas, ervas, divindades ou mitos recorriam, pode incorporá-los a sua prática. Procure receitas tradicionais e as siga. Deixe oferendas para seus ancestrais. Com o tempo, você pode desenvolver um relacionamento vibrante com seus bons ancestrais.

Para alguns de nós, não parece apropriado se conectar espiritualmente a nenhum ancestral conhecido. Talvez eles fossem abusivos, talvez seja doloroso demais. Nesse caso, você pode estabelecer limites. Se for descendente de opressores, o trabalho curativo pode incluir se voluntariar ou fazer doações para ajudar os oprimidos, ou se conectar com a opressão que ainda pode estar dentro de você e se purificar. Educar a si mesmo quanto ao contexto histórico da época de seus ancestrais é útil e pode fornecer informações relacionadas a questões do presente.

Para aqueles de nós incapazes de se conectar aos seus ancestrais, é possível criar sua própria linhagem ancestral. Talvez com os artistas, inventores ou ativistas que admira e que vieram antes e influenciaram você. Conecte-se com ancestrais ligados a sua identidade: queer, negros, não binários, filipinos, com deficiência, cubanos, muçulmanos, coreanos, judeus, holandeses, budistas... Agradeça a eles. Invoque a energia deles em sua vida. Dê continuidade à linhagem promovendo seus valores. Valorize seus ensinamentos mencionando-os, homenageando-os, encorajando outros a se envolver no mesmo trabalho.

Você também pode se conectar com a rica história tradicional e espiritual da Lua. Tanta gente vem trabalhando com a Lua há tanto tempo que parece propício se beneficiar dessa energia acumulada. Olhar para a Lua toda noite e se lembrar de que seus ancestrais e os ancestrais de todos os outros olharam para a mesma Lua ao longo de milhares de anos é de arrepiar. Essa prática nos conecta a algo maior que nós mesmos.

Trabalhando com a Lua de maneira prática

Outra maneira de trabalhar com a Lua é de maneira prática. Esboce um plano de seu mês, usando as fases da Lua como guia. Seu começo oficial pode ser a Lua nova; faça uma lista de tarefas e de quais seriam os melhores resultados possíveis para cada fase. Ou trabalhe tanto com as fases lunares quanto com o calendário gregoriano. Você pode usar os temas agrícolas tradicionais das fases lunares para decidir quando realizar determinadas tarefas. Para mais informações a respeito, veja as sugestões práticas de cada fase que serão apresentadas nos próximos capítulos. Você também pode ler *O momento certo*, de Johanna Paungger e Thomas Poppe.

Quando estiver rastreando sua energia e tiver se familiarizado com seu ritmo único, você pode planejar ainda com mais eficiência. Se sabe que a Lua cheia te deixa devagar, reserve um tempo maior para o que precisa fazer e tome outras precauções. Se sabe que se sente ótimo durante a Lua crescente, aproveite para marcar coisas importantes nessa fase. Devemos trabalhar com, e não contra, nossos ciclos naturais, de modo a obter os melhores resultados.

Mimetize a luz da Lua com seus comportamentos. Capine na Lua minguante. Depile-se e corte o cabelo, para que demore mais para crescer. Evite cirurgias na Lua cheia, quando se sabe que os humanos sangram mais. Mude a decoração na Lua cheia ou crescente. Plante na Lua nova e colha na Lua cheia, quando a água estiver na superfície das plantas. Descanse e recarregue as baterias na Lua escura, ou utilize-a para uma exploração psíquica profunda. Note como se sente durante eclipses e proceda de acordo.

Quando estiver cansado, durma. Quando estiver triste, chore.

Quando estiver se sentindo absolutamente feliz, permita que a alegria penetre em suas células.

A Lua e a transformação da consciência

A Lua nos ajuda a trabalhar acima e abaixo da linha da consciência. O ciclo lunar encapsula o círculo da consciência. Esse conceito envolve tanto o trabalho de Carl Jung quando o de Joseph Campbell, e quem chamou minha atenção para eles foi Tara Bach.[12] O que se segue é minha interpretação de suas ideias.

O círculo da consciência engloba todos os nossos estados conscientes: o superconsciente, o consciente, o subconsciente e o inconsciente. Inclui o ego, a intuição e a sombra. Não há hierarquia entre esses estados; eles coexistem e trabalham juntos. Investir tempo em cuidar dos vários aspectos da nossa consciência cria uma intimidade saudável com nosso self. Trabalhar com a Lua pode nos ajudar a formar relações mais profundas com todos os níveis de nossa consciência.

Você pode se perguntar: onde estou nesse círculo?

Acima ou abaixo da linha? Por quê?

Que espaço meu ego/minha sombra/minha consciência está ocupando?

Meu ego está na minha sombra ou em outro lugar?

Minha sombra está na minha consciência ou em outro lugar?

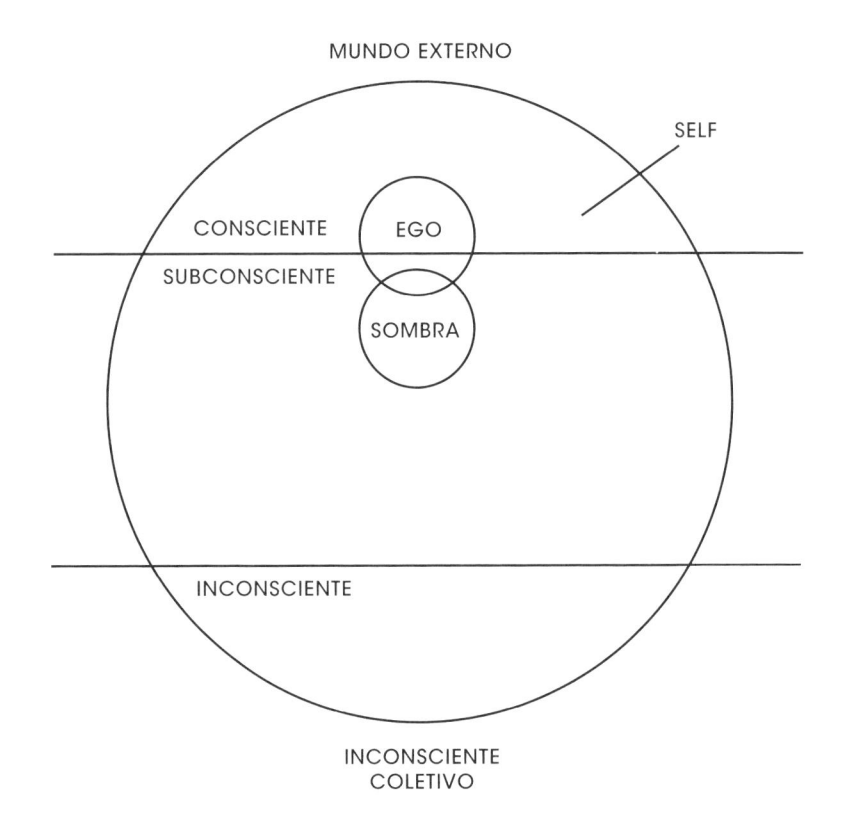

```
                    MUNDO EXTERNO
                                        SELF
         CONSCIENTE      EGO
         SUBCONSCIENTE
                       SOMBRA


         INCONSCIENTE


                   INCONSCIENTE
                    COLETIVO
```

Acima da linha está nossa consciência. Nosso envolvimento com o momento presente. Manter-se a maior parte do tempo nesse estado é raro. É difícil existir apenas no momento presente — completamente livre do passado, sem se deixar arrastar por projeções futuras. O projeto é onde nos vemos, sentimos e ouvimos de maneira autêntica. É a energia da Lua nova e da Lua cheia combinadas. Em geral, nossa consciência é associada a nossas ações, à maneira que queremos ser vistos e com o que compartilhamos, para que outros nos vejam como achamos que precisamos ser vistos. É tudo o que vivemos. É a atenção que dedicamos à nossa energia. A consciência é o self expresso e realizado.

Quando queremos gerar uma mudança na nossa vida, devemos trabalhar tanto com o self consciente quanto com o subconsciente. O subconsciente representa 80% do cérebro humano. Ele controla grande parte do nosso comportamento. Você já deixou escapar alguma grosseria com um amigo ou alguém de quem gostava? Isso é o subconsciente. Já amarrou o sapato, dirigiu ou se lembrou do endereço do primeiro lugar onde morou anos atrás? Isso também é o subconsciente. O subconsciente é um depósito. Também é um criador de histórias. Programamos nosso subconsciente com nossa consciência, com a linguagem e diferentes padrões, hábitos, emoções e sistemas de crença alterados.

Certo desconforto é prova de que estamos trabalhando pela mudança. Seja só no início, ou nas primeiras trinta vezes. Suportar a dor de uma reação impulsiva e dar um passo rumo à vulnerabilidade, criando ações e respostas diferentes, é prova de que estamos trabalhando para mudança. Prova de que estamos nos reprogramando e buscando um resultado diferente.

Nosso ego é nossa parte mais psíquica. Ele sabe quando estamos prestes a deixar de ser pequenos, ou de nos sabotar, e não se abstém educadamente. A experiência de encarar uma resistência interna quase intransponível é um sinal claro de que se está no processo de religamento e nivelamento. Passar a algo expansivo com frequência vai contra nossa programação subconsciente, e com frequência haverá atrito.

Essa energia debaixo da linha é o subconsciente, a intuição, o mais profundo, os sonhos e o inconsciente. Corresponde à Lua cheia e à minguante. Constitui a energia mais fértil com que podemos trabalhar, aquela que está sob a superfície. A consciência é a energia acima da linha — nosso comportamento. É como o capitão do navio, enquanto o subconsciente rema. O mar em que tudo isso se passa é o inconsciente.

Para descobrir se estamos operando acima ou abaixo da linha, é preciso parar por um momento. Um sistema nervoso tranquilo auxilia na indagação, por isso é recomendado inspirar profundamente.

Nesse momento, podemos levantar as seguintes questões:

1. Estamos operando acima ou abaixo da linha? (Lembre-se de que nenhuma opção é inerentemente boa ou ruim. Ambas nos fornecem informações.)
2. Nossos estados acima e abaixo da linha estão alinhados? Em outras palavras, os remadores estão assumindo o navio quando o capitão o permite? Há consenso? Se não, que diálogos ou mudanças precisam acontecer para que lideremos com nosso coração, nossa integridade, intuição e/ou nossos desejos mais autênticos?
3. É hora de se concentrar na reprogramação de nossa consciência, de nosso subconsciente ou de ambos? Eles precisam estar operando de maneira simbiótica; chegar à raiz da nossa programação subconsciente prejudicial é o primeiro passo, depois é preciso decidir o que queremos e criar ações de acordo com isso. A colaboração entre o consciente e o subconsciente é chave.
4. Qual é a linha do tempo que mais nos influencia no momento? Estamos sendo governados por padrões e histórias do passado, o que é verdade no presente ou pelo desconhecido e as possibilidades do futuro? Trabalho curativo, trabalho evolutivo e trabalho lunar com frequência exigirão que abordemos mais de uma linha do tempo.
5. Estamos reagindo ou estamos respondendo? Estamos nos comportando de acordo com nosso eu, nossa alma e nosso coração? Parte da evolução é permanecer íntegro, em vez de simplesmente reagir por medo ou apego.

Colaborar com o ciclo da Lua implica cuidar tanto do subconsciente quanto do consciente, por meio do processo de criação. Quando alinhamos o subconsciente e o consciente com nossos sonhos e objetivos, fica mais fácil alcançá-los. Você pode fazer mais trabalho interno e subconsciente durante a Lua minguante, e se concentrar em mudanças comportamentais conscientes externas na Lua crescente. Fluindo em diferentes padrões energéticos, ações, sistemas de crenças e fontes de segurança interna, criamos marcas e linhas do tempo nos quais podemos florescer.

Nutrindo sua Lua

Nutrir sua Lua interior fertiliza o solo da sua alma. Sua Lua interior é um lugar amplo e expansivo que existe além da linguagem. É um espectro do passado, uma fonte de sabedoria ancestral, uma caverna submersa de curas e feridas antigas. Esse lugar é o coração do seu oceano e contém suas visões holográficas mais empolgantes. Sua Lua interna é um cômodo pequeno e escuro de luto e lágrimas, um estádio tomado pela lava, onde você pode se enfurecer alegremente. Com frequência, esse terreno é ignorado por medo de que desperte uma dor insuportável. É um espaço que está disponível para quando estiver pronto para ver quão incrível você é. Nutrir sua Lua é reconhecer todos esses espaços que contém e tentar lhes dar o que precisam. É assim que você se reconcilia com o self. É assim que você se torna seu pai ou mãe, seu melhor amigo ou aliado. É assim que você percorre a jornada da autoconfiança: um passinho por vez.

Nossa Lua interna às vezes funciona como uma fome profunda que precisa ser saciada. É aquilo por que ansiamos. Nossos desejos e sonhos precisam de atenção e investimento. Nossa criança interior precisa de consolo e reconhecimento. É assim que pertencemos a nós mesmos.

Nutrir sua Lua envolve desenvolver uma prática lunar profundamente necessária para você. Mantenha essa prática simples. Simplesmente esteja presente em todas as Luas. Baixe as expectativas. Esteja preparado para aceitar e atender o que quer que surja. O que sua Lua interna precisa? Talvez seja só uma palavra. Pense em maneiras de doar o que sua Lua interna precisa.

Crie um ritual lunar próprio. Comece na Lua cheia. Fique confortável, quer esteja em um ambiente fechado ou aberto. Pegue seu diário lunar. Fique sob a Lua. Se não conseguir vê-la, tudo bem. Invoque a energia dela fechando os olhos, respirando devagar e profundamente por vários minutos. Sinta-se ser preenchido pelo brilho da Lua. Pergunte a ela: *O que gostaria que eu fizesse? O que gostaria que eu reconhecesse neste momento? Para que estou preparado? Que mensagens tem para mim, bela Lua?*

Talvez você queira fazer esse ritual lunar simples inúmeras vezes no ciclo lunar, ou mesmo na semana. Conforme começa a dar a si mesmo, ativamente, mais do que precisa, mais amor/reconhecimento/confiança/segurança/despertar se apresentam a você. Conforme isso cresce em seu interior, também cresce sua experiência com essas qualidades em vários aspectos de sua vida.

O tarô e a Lua

Cartas de tarô são uma excelente maneira de trabalhar com a Lua. Essas modalidades são naturais e se complementam maravilhosamente. Como a Lua, as cartas de tarô correspondem a ciclos evolutivos. Como a Lua, o tarô é uma ferramenta muito útil para desenvolver a intuição. Você pode usá-lo no começo do ciclo lunar. Pergunte a si mesmo o que precisa saber. Peça ao baralho para lhe dar mais informações sobre o ciclo lunar atual. Tirar uma única carta já é suficiente: você pode usá-la como uma âncora pelo resto da lunação. Também pode abrir mais cartas para responder a todas as perguntas que sentir necessidade.

Por meio da leitura do tarô, você também pode refletir sobre a sensação energética que certa fase da Lua passa. Ao fim de cada fase, escolha uma carta do baralho que reflita as energias prevalentes nela. Anote o motivo e o que aconteceu. Ao fim de uma fase lunar, reveja as cartas e suas anotações. Formou-se um padrão? Houve alguma surpresa? Olhar para trás ajudou você a olhar para a frente?

No tarô, as qualidades energéticas da Lua estão ilustradas principalmente em duas cartas: a Sacerdotisa e a Lua.

A Sacerdotisa é o arquétipo do subconsciente, da intuição irrefreada, da sabedoria antiga, dos mistérios, dos rituais e do vazio. Quando a carta da Sacerdotisa aparece, é um convite a mergulhar em suas próprias águas. Uma busca em sua imaginação emocional culminará em respostas. As respostas procuradas podem vir por intermédio de sonhos ou de maneiras inesperadas. Talvez nem venham em palavras: a Sacerdotisa muitas vezes fala com símbolos, visões, sentimentos e sexto sentido. As informações podem ser coletadas por meio de rituais, magia, uma viagem ao submundo e meditação, ou seja, com profundidade. Na visão tradicional do arquétipo descrito por

Pamela Colman Smith, a Sacerdotisa usa a coroa de Hator, que corresponde ao útero — receptivo a nossa intuição e magia — e a três fases da Lua — a crescente, a cheia e a minguante.

Sempre entre o dia e a noite, entre o mundo superior e o mundo subterrâneo, a Sacerdotisa é uma figura limiar, que fica confortável ali. Ela nos ajuda a acreditar que nossas realidades são válidas, mesmo as invisíveis.

A Sacerdotisa também é uma carta relacionada a revirar nossas experiências atrás de lições. A romã no fundo faz referência a Perséfone, lembrando-nos de que precisamos mergulhar em nós mesmos, entrar em contato com nossas feridas centrais e enfrentá-las para encontrar a cura. Nossos superpoderes principais também estão aninhados nessas sombras, esperando para ser trazidos à tona. A Sacerdotisa quer que beijemos nossas feridas e passemos a considerar nossas sombras e forças. A vida se torna sua própria mitologia.

A carta da Lua aparece quando estamos prontos para nos render aos mistérios. Não temos que ver o seu lado oculto para saber que está ali. Não precisamos de prova científica para sentir sua influência sobre nossas marés internas. Essa é a prática da falta de fundamento como redenção. Com a carta da Lua, nós nos encontramos no mar do despropositado. A Lua quer que percamos o controle, quer que sejamos o mais estranho possível. A brandura só nos leva até certo ponto: nossos anseios intuitivos terminarão de nos levar até em casa. Não é porque partes de nós desafiam a lógica que elas não merecem nossa atenção e nosso afeto.

A carta da Lua também se refere a diferentes perspectivas. O que acontece quando tornamos nosso olhar gentil em vez de negligente? Quando não permitimos que nossos medos nos controlem, voltamos a lanterna da verdade contra o porão do nosso subconsciente. Motivações antes desconhecidas se revelam a nós. Fazemos as pazes com nossas lembranças.

Esse arquétipo se refere a ciclos profundos que existem fora do confinamento da civilização: a cura do trauma, dar à luz outros, nós mesmos, grandes projetos, certas aprendizagens de vida ou espirituais. Quando essa carta é tirada, podem pedir a você que identifique temas e padrões de um ciclo específico e significativo para permitir que suas lições e experiências te transformem.

A carta da Lua trata de reflexão interna e da magia que temos dentro de nós. Quando conseguimos acessar isso, acessamos nosso próprio poder. Depois de sondar as profundezas do consciente e decifrar as mensagens poderosas que há ali, experimentamos a unidade. Evoluímos. É uma transformação que se dá de dentro para fora.

Há outras modalidades além do tarô apoiadas pela prática lunar. Meditação, reiki, ioga, registros akáshicos, astrologia, fitoterapia são algumas das que podem ser combinadas à sua prática lunar. Sua intuição lhe dirá por onde começar. Com o tempo, você criará e desenvolverá uma prática lunar que atende a suas necessidades únicas. Brinque e explore. Há constelações de recursos esperando para serem descobertos.

A Lua nova

A semente e o espaço

Na astronomia, a Lua nova é a primeira fase do ciclo lunar. Tecnicamente, esse é o momento em que ela se encontra exatamente entre o Sol e a Terra. A Lua nova marca o momento em que a Lua e o Sol têm aproximadamente a mesma longitude elíptica. Ela fica invisível para nós, porque está completamente diante do Sol. É um período que compreende cerca de três dias, até a Lua crescente, quando começamos a vislumbrá-la. Astrônomos, astrólogos e algumas bruxas consideram a Lua nova esses três dias de "invisibilidade". Trata-se da Lua como uma tela em branco, o vazio, o nada. O nada é sagrado porque tudo vem do nada. O nada é sagrado porque é para onde todos vamos retornar. A escuridão é uma dádiva; é onde a germinação se dá. É um lugar onde podemos descansar, nos renovar e seguir para o nascimento ou renascimento.

No entanto, muitas culturas não consideravam que havia Lua nova até que um fio de luz fosse visível no céu. Na tradição judaica antiga, observadores davam início ao mês acendendo fogueiras quando os primeiros sinais de luz fossem vistos. (O primeiro dia do mês ainda é uma festividade menor no judaísmo, chamada Rosh Chodesh.) Mecanismos similares de observação e definição da Lua nova foram, e ainda são, utilizados na tradição islâmica. Algumas bruxas pareiam a Lua nova à Lua escura, como um momento de descanso e reconciliação. Isso significa que na Lua nova exata ainda estamos em um espaço desconhecido e limiar. Por isso, há quem prefira lançar feitiços de Lua nova na Lua crescente.

O melhor modo de decidir quando sua Lua nova começa é usando a intuição. Caso tenha observado seus ciclos e fases lunares internos por alguns meses e notado que na Lua nova "oficial" você se sente esgotado ou como se ainda lhe restasse alguma limpeza a realizar, faz sentido interpretar o momento como parte da Lua escura. Você pode fazer magia relacionada à Lua minguante/escura, como feitiços de liberação ou de reverso, ou simplesmente descansar. Quando a Lua nova surgir, um ou dois dias depois, você pode começar sua observação pessoal e particular. Em minha prática pessoal, faço magia relacionada à Lua nova nesse momento. Fico feliz quando consigo vislumbrar o brilho que a Lua reflete, porque enche meu coração de esperança. Como sempre, siga sua intuição e planeje seus rituais de acordo com sua energia e com sua prática pessoal. Experimente começar bem no comecinho da Lua ou alguns dias depois, para testar como funciona melhor para você.

A Lua nova nasce e se põe com o Sol. É quando as marés são mais altas. A gravidade maior pode intensificar ou ampliar a energia e as emoções. Da perspectiva mágica, a Lua nova, a Lua cheia e a Lua escura são as fases mais intensamente sentidas ou vividas do ciclo. São os pontos de exclamação do ciclo lunar.

Trata-se de uma oportunidade de se reconciliar com situações do mês anterior e perdoar a si mesmo e outros. Alimentar intenções de esperança, fé e otimismo em novos processos e práticas, ou dar vida nova a antigos processos e práticas. Movimentar um pouco as coisas. Seguir uma melodia diferente. Fincar uma bandeira corajosa na areia e seguir em frente. É o começo do começo. É a primeira página de sua jornada heroica, o primeiro passo, a abertura da porta, o despertar. Essa é a energia que acompanha sugestões e insinuações, o que não é visto, mas é sentido e sabido profundamente.

A Lua nova pode ser o início de uma consciência e percepção ampliadas, da atenção plena e focada. É o momento em que decidimos ter uma vida mais centrada, sair da zona de conforto dos hábitos e nos aventurar no território não mapeado dos pensamentos diferentes. É onde construímos os protótipos para nossa reinvenção.

SE A LUA NOVA É DIFÍCIL PARA VOCÊ

Princípios são difíceis. Transições são desafiadoras. Luas novas podem ser desconfortáveis para aqueles que nasceram na Lua cheia ou minguante. Também podem ser mais desafiadoras no outono ou no inverno, estações relacionadas à Lua minguante, por envolverem recolhimento e abrigo. Faça os ajustes necessários. Talvez seu "novo" começo na Lua nova de novembro ou dezembro no hemisfério norte seja iniciar um projeto discretamente, trabalhar nos bastidores, preparar-se para voar mais alto e mais para a frente. A Lua nova traz bastante do desconhecido, do espaço, do vazio.

Se a Lua nova for difícil para você, explore gentilmente seu desconforto. A habilidade de seguir em frente é uma ferramenta bastante útil para qualquer um. Experimentar coisas novas e assumir riscos pode ser difícil para aqueles que sofrem com traumas. No entanto, junto com a novidade vem a brincadeira, o prazer, o fluxo. São os ingredientes de uma prática curativa do trauma. Confiar em nossa intuição para indicar o que precisamos de recursos nos auxilia na recuperação e na reconexão com nosso eu.

A Lua nova é o percursor de ideias visionárias. É essa energia que precisamos utilizar para liberar nós mesmos e os outros. É a energia do romance de ficção científica, da invenção improvável capaz de mudar sua vida, da teoria do gênio. A energia da Lua nova está presente em todas as viagens a territórios fora do mapa. As terras do faz de conta e os reinos da improvisação são encontrados nesse espaço. Essa energia vive nas crianças, cheias de vitalidade e de uma curiosidade inocente. Está presente na disposição de tentar repetidamente. Ser capaz de se conectar com a esperança é essencial nesses tempos apocalípticos. Acreditar é inegociável, especialmente no fim do mundo. Cultivar novos começos e tecnologias é imperativo.

QUANDO VOCÊ SE ENCONTRA NA FASE DA LUA NOVA

Quando está na fase da Lua nova, você se sente meio confuso. Tem vontade de correr riscos. Talvez se pergunte "por que não?" e responda "claro que sim!". E por que não deveria? A vida foi feita para arriscar, para experimentar coisas novas para explorar gostos, sensações e todo o espectro de formas de existir. Talvez você se sinta revigorado pela inspiração, ou o que quer que tenha te convencido a tentar de novo.

Por outro lado, você pode estar no limite, cercado pela névoa do desconhecido. Se situações e cenários de Lua nova provocarem ansiedade, essa é a oportunidade perfeita de reprogramar suas reações. Você não vai encontrar uma solução para o que te incomoda nas mesmas dinâmicas que o deixaram em farrapos. A menos que faça as coisas diferente, a menos que apresente novos comportamentos, vai ficar preso em uma espiral inconsciente, perpetuando uma programação que provavelmente nem é sua.

A Lua nova é um zero, em geral invisível, o sussurro de um sussurro. A única maneira de ouvir suas mensagens é permanecer imóvel. Ignorar as distrações, a falação, a resistência. Quando aproveitamos o momento presente, mantemo-nos neutros, baixamos nossas defesas e deixamos nossas suposições de lado, estamos no vazio produtivo. Um espaço vazio de restauração. Um espaço de iluminação e respostas. Um espaço de onde podemos dar um salto de fé. Um recipiente vazio para o qual nossos sonhos mais secretos fluem.

A Lua nova é um lugar de pausa. Desta vez, pode ser que você não responda àquele e-mail exalando ódio. Desta vez, pode ser que pegue leve e segure a língua quando sua reação seria retrucar com aspereza. Boas escolhas abrem portas diferentes. Quando repetidas, boas escolhas se somam. Com o tempo, levam a resultados melhores. Não há um momento melhor que a Lua nova atual para a prática de fazer uma pausa.

A Lua nova é o momento oportuno de perguntar "e se?". Certamente não é o momento de rejeitar a imaginação. Não se prive assim. Receba todos os sonhos. Deixe que todos os desejos concebíveis sejam uma possibilidade. Pode ser o momento de estabelecer suas bases de uma maneira sustentável e radicalmente enraizada. Pode ser o momento de decidir anunciar: sim, estou pronto para acreditar.

A LUA NOVA É O MOMENTO DE DEFINIR SUAS INTENÇÕES

Esse é momento de decidir quais serão suas intenções pelo próximo ciclo lunar, pela próxima estação, ou por mais tempo. Sem uma intenção clara, é impossível saber o que se quer ou aonde se vai. Sua intenção serve tanto como o início do processo mágico quanto como seu guia no decorrer dele.

Suas intenções são as sementes que você planta no consciente e no subconsciente. Você as nutre com suas ações e energia. Conforme acredita nas possibilidades de suas intenções e ajusta seus padrões vibracionais de acordo com elas, a transformação começa. Conforme se esforça para revelar suas intenções, elas se expandem. Assim como o seu mundo.

Quando definimos uma intenção, afirmamos que aquilo que gostaríamos de tornar realidade já está feito. Já está a caminho e vai se apresentar a nós no momento perfeito.

Sem intenções claras, dificilmente obteremos resultados. Não há métrica ou padrão de medição. Intenções devem incluir uma maneira de mapear nosso progresso.

Antes de definir suas intenções, comece escrevendo livremente. Escreva por mais tempo do que julgar necessário. Mencione tudo o que gostaria que acontecesse. Comece com onde gostaria de estar e o que gostaria de sentir. Experimente no corpo qual seria a sensação de obter todos os resultados pretendidos. Desperte emoções, cenários, cenas vívidas que ocorrerão em consequência de ser firme em suas intenções.

Depois de botar tudo para fora, faça um breve intervalo. Alongue-se, beba água. Releia o que escreveu. Quais são os padrões principais? Que palavras se repetem? Podem servir de ingrediente para afirmações e temas sobre os quais deve refletir. A partir de seu primeiro rascunho, elabore suas intenções. Escreva-as de maneira direta e clara. Garanta que sejam positivas, e não negativas.

Depois que tiver suas intenções claras, responda às seguintes perguntas:

1. Como medirei meu sucesso? Como saberei que minha intenção foi alcançada?
2. O que farei por essa intenção? Que ações devo tomar?
3. Que mentalidade preciso cultivar? Que comportamentos e práticas representam essa mentalidade em ação?
4. Que práticas diárias devo adotar, de maneira que possa recorrer a elas quando as coisas ficarem difíceis? Em que consiste meu sistema de apoio?
5. Qual é o impulso presente subjacente a essa intenção? (Por exemplo, se sua intenção é "escrever um livro", o impulso pode ser "expressão e experimentação criativa".)
6. De que outras maneiras esse impulso pode entrar na sua vida?
7. O que você pode precisar mudar ou deixar para trás? Como você vai superar o desconforto ou a dor que se seguirão?
8. Que elementos (fogo/água/terra/ar/espírito), espíritos/divindades/fontes ou outras ferramentas você vai utilizar para se apoiar de maneira prática e mágica?

Depois de refletir, você talvez queira reescrever sua intenção mais uma vez. Incluir detalhes, torná-la mais parecida com um plano de ação, acrescentar quaisquer informações que lhe deem confiança.

Parabéns! Você criou um humanifesto de intenções. É o que vamos usar para criar seu feitiço. Também é um contrato entre você e seu espírito. Destaca as qualidades com as quais mais deseja se conectar. Qualidades que você pode começar a evocar dentro de si quando quiser. Independentemente do que queira, você deve dar a si mesmo primeiro.

Nossa intenção deve ser voltada a nós e apenas a nós. Não pode ser motivada pelo que a sociedade dita ou o que quer que as pessoas estejam fazendo na internet. Em geral, nossas intenções surgem de nossa intuição. Intenção e intuição se apoiam mutuamente.

É preciso se ater à sua intenção. É nessa parte que muita gente tropeça. Dizemos que queremos alguma coisa. Que *realmente* queremos. Com um feitiço, ficamos concentrados em receber o que for. Mas nossa intenção não se apresenta. Ficamos bravos. Ficamos tristes. Nos culpamos. Culpamos a magia. A confiança é abalada. Paramos de praticar. Por que isso acontece?

Não acreditamos totalmente em nossa intenção.

Talvez precisemos trabalhar em cultivar confiança e segurança. Podemos dizer que queremos algo, mas quando vamos mais fundo, vemos que não há uma crença enraizada apoiando esse sonho.

Nossos desejos estão distantes demais de nossa esfera de influência.

Cada pessoa tem uma esfera de influência que consiste em onde está (geográfica e emocionalmente), o que sabe, quem é, quem conhece e o que está fazendo. Se você faz feitiços almejando resultados muito distantes da realidade de sua esfera de influência, é melhor se concentrar no que há por trás disso. Via de regra, faça feitiços que estão só ligeiramente fora da sua zona de conforto. Se você fica empolgado e um pouco ansioso, mas sabe que aquilo *pode* acontecer, é uma intenção adequada.

Não há comprometimento na realização do trabalho.

Podemos querer uma coisa e não querer trabalhar para consegui-la. Não queremos ter que acordar cedo, terminar certos relacionamentos ou tomar outras medidas que apoiem nossa intenção. Podemos acreditar que a vida acontece conosco, e não por nós. Nada vai mudar se não houver comprometimento na realização do trabalho. A questão da disciplina será abordada melhor no capítulo sobre a Lua crescente.

Não reconhecemos os resultados.

Às vezes, ficamos tão focados em um resultado preciso ou grandioso e absoluto, que não nos sobra tempo para reparar no que está acontecendo.

Talvez não notemos porque se trata de algo faltando — por exemplo, podemos fazer um feitiço para proteção e, depois dele, não deparamos mais com nenhum ex, nenhum agressor, nenhum troll da internet. Tente se manter tão atento quanto possível nas semanas seguintes a um feitiço. Às vezes, os resultados não são aqueles que esperamos, mas ainda assim são resultados. Você pode fazer um feitiço para mudar de emprego e acabar sendo demitido do seu. Agora *com certeza* você vai arranjar um novo! Feitiços exigem tempo, e humanos são impacientes. Pergunte a si mesmo como usar a seu favor o que está acontecendo no momento.

Torne suas intenções mágicas

Quando tornamos nossas intenções mágicas, estamos pedindo para realmente ser transformados pelo processo. Nossas células estão prontas para se alterar e ser imbuídas de uma energia revigorante. Queremos chegar a uma compreensão mais profunda de nós mesmos e do funcionamento da nossa alma. Há um envolvimento com o processo. Quando estamos magicamente conectados com nossa intenção — com a prática mágica, com uma ligação maior com a fonte energética, com uma abertura ao fluxo, uma admiração intensificada, com a consciência da sincronicidade e ao alinhamento fortalecido —, nosso trabalho vai muito mais longe do que somos capazes de identificar. Isso facilita a transformação e a cura, a despeito da intenção.

É o que ocorre quando há uma ligação ao *porquê* da intenção: as sensações e os anseios que acompanham a intenção e que estão por trás dela.

Uma bela maneira de direcionar sua energia de maneira consciente, contínua e intencional é cultivar pequenas âncoras ao longo do dia. É como ter atenção plena com impulso mágico. Isso altera sua energia e mantém você alinhado com sua intenção. Encoraja um chamado e uma resposta relacionada a sua intenção. Essa prática o transforma em um ouroboros energético — a cobra que come o próprio rabo —, trazendo de volta ao cerne de sua intenção.

Essas pequenas âncoras podem ser práticas, rituais ou hábitos diários, que você cria com o intuito de se concentrar em todos os aspectos de sua consciência e conjurar sua intenção.

Quais são as três pequenas âncoras que você poderia relacionar à sua intenção? Escolha as áreas em que mais precisa de apoio. *Qual é sua pequena âncora na linguagem do amor?* Selecione algumas que lhe agradem e que darão impulso à sua intenção e farão com que se lembre dela ao longo do dia.

A LUA NOVA É O MOMENTO DE SEMEAR

Na Lua nova, esclarecemos e nos comprometemos com o que estamos prontos para cultivar. Aquilo que focamos cresce. Nossas intenções são as sementes, nossos desejos são as sementes. Nossos anseios emocionais são as sementes.

Semear é reconhecer o que a semente vai se tornar. A totalidade está imbuída na semente. É o brilho do desejo e a forma tangível que vão assumir. É o significante e o significado de sua práxis mágica.

A forma final que a semente assumirá tem certas qualidades, conceitual, energética e emocionalmente. No estágio da Lua nova, na fase preliminar de um feitiço, é imperativo personificar essas qualidades de maneira visceral. Pense nas atividades que invocam esses sentimentos e encontre maneiras de fazê-las regularmente. Encontre pessoas que são lembretes dessas qualidades e passe tempo com elas. Descubra que qualidades apoiarão o crescimento da semente, como paciência, prazer, vulnerabilidade e experimentação, e incorpore-as ao seu ambiente tanto quanto possível. Aja na totalidade.

Há outras técnicas que podem ser experimentadas na Lua nova. Pare de associar *apenas* o objetivo final a uma sensação em particular. (*Quando eu conseguir o que quero, vou estar completo/ser merecedor/me sentir seguro.*) Não seja condicional com o amor, o elogio, o poder, a permissão. (Consigo e com os outros.) Esqueça oposições como "isso ou aquilo", "desfecho bom ou ruim". (Nunca termina bem.) Experimente isso no ritual, na meditação, em transe, durante o feitiço. Em seguida, retorne a esse sentimento na vida desperta. Observe sua linguagem e corrija sua comunicação de acordo.

Uma semente é algo vivo, mas em estado dormente. Precisa ser plantada, regada, deixada no escuro para poder crescer. A maior parte das sementes é composta por tegumento, embrião e nutrientes. O embrião está vivo e contém todo o necessário para constituir uma planta madura. Ele é nossa intenção.

Seja claro quanto à qualidade de energia, emoção e sensação somática que acompanha sua intenção. Ela exige que você se abrande, relaxe a mandíbula, se solte e seja menos crítico? Observe-se na vida diária; veja quanto dessas qualidades pode trazer ao seu mundo. Sua intenção exige que você seja um pouco mais corajoso, um pouco mais extrovertido, um pouco mais comunicativo? Determine que qualidades incorporar. Pense nas atividades que já realiza e que podem colocá-lo no estado de espírito ou na sensação somática necessários. Acrescente isso a sua caixa de ferramentas de definição de intenções.

O tegumento protege o embrião, e sua intenção também deve ser protegida. Escondida daqueles que ridicularizam sonhos, da crueldade e do julgamento. Mantenha suas intenções a salvo. Não as compartilhe. Dê-lhes espaço para respirar e tempo para criar raízes. Mantenha suas intenções em segredo entre você e a Lua.

Na natureza, cada tipo de semente permanece viável — capaz de brotar e de crescer — por um tempo diferente. Cada tipo de semente germina em determinadas condições. Reflita sobre esse tempo e seja honesto quanto a ele.

Deixe espaço para ampliar ou alterar sua intenção. Os passos que der depois de começar podem acabar te levando a um caminho diferente. A magia exige certa flexibilidade.

Fique alerta. Preste atenção no que vê, no que lê, em quem encontra e em quaisquer inspirações ou impulsos diferentes, interessantes ou que simplesmente forneçam informações de que algo está mudando. Assim, suas intenções estarão apoiadas. É útil fazer anotações em algum lugar que possa revisitar, como seu diário lunar.

Permita que a energia da Lua nova carregue todas as sementes de sua intenção. Deixe que penetre seu eu presente e futuro. Você pode germinar em um ambiente fresco, silencioso e escuro. Pode irromper delicadamente, em pequenos brotos brilhantes, debulhando-se em risadas, com braços abertos carregando lindos buquês de bênçãos. Você pode cuidar do crescimento por si só, armado com uma resiliência flexível, segurando a tocha da determinação. Permita que a consciência da possibilidade, a aceitação de tudo que vem a você, transforme-se em uma coroa, saia por seus lábios, desça por seus ombros, atravesse seu corpo e te mantenha a salvo durante a semeadura.

A LUA NOVA É O MOMENTO DE CULTIVAR O SOLO

Se estiver pronto, a Lua nova é o momento certo para agir. Siga seus impulsos e mãos à obra. A maioria de nós precisa de um pouco mais de tempo para se preparar para as mudanças de vida a caminho, para os hábitos melhores que precisam ser adquiridos. E tudo bem.

Além de escolher as sementes perfeitas para plantar, é preciso considerar o solo. Criar as condições perfeitas para o crescimento. Onde seus sonhos vão se enraizar? Considere todos os aspectos do solo que será a base de suas intenções. Às vezes, o melhor uso que se pode dar à Lua nova é trabalhar o solo. Sementes precisam do ambiente certo para germinar. Espalhá-las aleatoriamente na terra, de maneira impensada, caótica, distraída e negligente, não permitirá que se tornem encantadores buquês, como deveria ser.

Seu solo envolve onde você se encontra e o que possui agora. Seus recursos internos e externos. Sua mentalidade e seus sistemas de crença. Seu estado emocional. Seus hábitos, suas ações. As horas que tem num dia e como as utiliza. Considere tudo isso com cuidado. Identifique os nutrientes que faltam e trabalhe para adicioná-los. Cultive seus recursos, impulsos, comportamentos e foco.

Há momentos em que é preciso diminuir o ritmo para ganhar velocidade. Ir mais devagar no começo e planejar etapas vai fazer com que você economize tempo lá na frente. No entanto, planejar demais também pode ser um recurso para procrastinação. Não fique eternamente na preparação. Você não é perfeito e isso é um alívio! As condições à sua volta nunca serão perfeitas. Não existe perfeição. O que é possível é dar o seu melhor, se aprimorar e com o tempo se tornar um especialista ou mestre. Se o perfeccionismo é algo que te segura, você pode examinar isso durante seu trabalho de sombra na Lua minguante. No momento, assuma poucos riscos. Dê um passo à frente, e só depois outro.

Cultivar o solo de maneira apropriada é se preparar para o sucesso. Há inúmeros itens fora do seu controle. Seja realista e encare com seriedade o que você pode controlar. A respiração. O foco. Como cuida de si mesmo. Dedique um tempo a refletir sobre as melhores ações, que servirão como uma extensão de suas intenções. Nutra-as. Prepare-se para o sucesso, porque você certamente encontrará resistência, obstáculos e outros desafios imprevistos. O drama é uma parte da jornada heroica.

Embora se preparar para o sucesso pareça algo básico e simples, pode ser difícil para muitos de nós. Pode haver uma dissonância cognitiva entre o que queremos, onde estamos e de que apoio precisamos. Quando não nos situamos verdadeiramente, quando não sabemos como nos preparar para o sucesso, nossas intenções enfraquecem. Fica mais difícil tentar de novo. Nossas intenções vão para o lixo e nunca mais são levadas em conta.

Usarei minha querida cachorra Gigi como exemplo. Ela é uma pitbull resgatada, de cerca de três anos. Tem três patas. É boazinha, divertida, encantadora e extrovertida. Como resultado do trauma que sofreu antes da adoção, Gigi tem uma grave ansiedade de separação. Apesar de nossos esforços, quando saímos de casa, seja por uma ou por seis horas, Gigi destrói qualquer coisa que encontre, sejam sapatos ou outros itens, para que tenhamos certeza de que ela não fica feliz ao ser deixada sozinha.

Chegamos à conclusão de que precisamos deixar a casa à prova de Gigi quando vamos sair. Trancamos tudo, deixamos biscoitos para ela e nos certificamos de que ela não possa causar nenhum prejuízo. Quando fazemos isso, nada é destruído. Embora o comportamento de Gigi não seja animador, não temos raiva dela. Por que deveríamos? É um animal inocente. Uma série de eventos infelizes impactou seu comportamento.

É assim que você deve tratar a si mesmo. Sua Gigi interior é inocente. Que alguém querido e solitário precise destruir alguma coisa quando as coisas ficam difíceis ou saem do rumo é resultado do condicionamento. Todos passamos por muita coisa, e a autopunição é desnecessária. O que precisamos é de amor. Ser duro consigo mesmo ou se julgar não vai te ajudar a seguir em frente, mas atender suas necessidades com compaixão, vai.

Se você ainda não fez isso, seja muito prático quanto a maneiras simples e integrais de se preparar para o sucesso quando a Lua nova chegar. Se sua intenção é escrever mais, coloque isso na sua agenda. E como pretende cumprir o compromisso, não importa o que aconteça? Será que deve se juntar a um grupo de escritores? Será que precisa tornar o momento da escrita mais atraente, cercando-se de infinitas xícaras de chá verde e lanchinhos? Seja muito claro quanto ao que exatamente precisa acontecer para fazer as sementes da sua intenção irromperem o solo.

O espaço deve estar livre e limpo

O lugar onde vai plantar suas sementes deve estar livre de quaisquer distrações. Imagine-se arando o solo e cuidando da semente — o que pode impedir seu crescimento? Anote. Você pode trabalhar com quaisquer obstáculos que identificar durante a Lua minguante ou o processo de mapeamento da Lua. Que ferramentas te ajudariam a crescer? Anote também.

Tudo bem se você só tem três horas por semana para arar o terreno dos seus sonhos. Garanta que essas três horas sejam o mais focadas e alinhadas possível. Leve as sensações associadas a suas intenções — emocionais e somáticas — a outros momentos de sua semana. Conecte todas as suas atividades com sua intenção. Torne o modo como você faz uma coisa o modo como faz todas as coisas. Os sentimentos e a mentalidade que está cultivando vão infundir outras áreas da sua vida.

Livrar e limpar é importante em termos energéticos, práticos e mágicos. Limpar a casa é importante, todos sabemos disso. A higiene energética é igualmente importante. A Lua nova é um ótimo momento para garantir que nossa energia esteja neutra e nenhuma energia indesejada atulhe nosso campo energético.

Na véspera ou na Lua nova em si, faça um ritual de limpeza. Livre-se de quaisquer itens que não sirvam mais. Livre a energia do espaço. Coloque seu disco preferido para tocar, mude objetos de lugar, organize pelo menos algumas prateleiras e gavetas que estejam precisando. Em geral, depois de limpar e desentulhar, sente-se uma mudança energética. Sempre que precisar centralizar, limpar e livrar, varra, esfregue, elimine e mova.

No dia seguinte à Lua nova, você pode definir sua intenção e fazer um ritual lunar ou feitiço. Em um espaço livre, com a mente purificada, convoque sua energia de volta. Continue praticando a atenção plena. Continue executando o trabalho de limite energético e proteção. Lembre-se de quais são seus objetivos. Retorne repetidas vezes a quem você de fato é.

A LUA NOVA É O MOMENTO DE USAR A IMAGINAÇÃO

A imaginação é um de nossas maiores bênçãos. Permite-nos inovar. Cria uma legislação, visualiza diferentes formas de libertação, gera conversas restaurativas. A imaginação fomenta a improvisação, a experimentação e a colaboração.

A imaginação nos deu muitas coisas: o jeans, serviços de saúde públicos, legendas automáticas, permanentes, jardinagem biodinâmica, a prensa, máquinas de karaokê, bolas de sementes, aviões, filosofias e blogs de tricô. A imaginação nos ajudou a escapar da morte, gerou vida, produziu haicais e transformou ouro de tolo em impérios milionários. Você não gostaria de usar sua vasta imaginação para criar sua própria realidade? Não gostaria de usar sua visão única para mudar o mundo? O que tem a oferecer que é totalmente original para você? Agora, mais do que nunca, precisamos da arte desse cérebro brilhante, de suas palavras, de sua coleção de moda de gênero neutro, de suas soluções para a crise climática, suas ideias de organização, sua poesia, de seu banco de dados de recursos. Precisamos que você acredite em si mesmo, e isso nos lembra de acreditar em nós mesmos também.

Quando nos conectamos à nossa imaginação, nos conectamos a nossa criança interior. Pense em quando era pequeno. Você passava horas fazendo o quê? Pode fazer o mesmo agora, uma vez por semana ou mais? Deixe sua imaginação correr livre e se expressar. Uma maneira de curar as feridas da infância é tranquilizar sua criança interior com atividades que sua versão mais nova adorava. É uma maneira de reparar a si mesmo. A Lua nova é o momento perfeito para iniciar esse processo.

Em seu livro *Emergent Stategy* e em seu podcast *How to Survive the End of the World*, adrienne maree brown fala sobre o conceito de "batalhas da imaginação", um fluxo infinito de ideologias e filosofias disputando legitimidade.[1] Infelizmente, muitos de nós vivem em uma realidade criada pela imaginação do opressor e do abusador. É por isso que devemos priorizar a nossa imaginação, e a imaginação de outros que estão focados em construir um mundo melhor. Coletivamente, é hora de priorizar certas imaginações: dos pensadores e líderes negros, pardos e indígenas. É hora de cultivar imaginações mais inclusivas e compassivas. A imaginação das pessoas queer, feministas, pessoas trans, pessoas femme e mulheres. Todas as bruxas sabem que parte do trabalho é resistir à morte psíquica. Resistir à infecção da imaginação de pessoas prejudiciais à nossa mentalidade, à nossa vida espiritual e ao nosso espaço.

A Lua nova é um bom momento para verificar na imaginação de quem exatamente você está vivendo. Na sua ou na de outra pessoa? Na de seus ancestrais ou na dos outros? O que alimenta sua imaginação? Que pensadores, escritores, palestrantes, artistas, músicos, poetas, filmes e programas de televisão lhe vêm à sua preciosa mente? Na Lua nova, reduza sua absorção sensorial se necessário. Passe um ou dois dias sem ouvir nada, sem ler nada, sem ver nada a não ser o mínimo necessário. Dê-se algum tempo livre. Ursula K. Le Guin costumava reservar um tempo para ficar olhando para a parede todo dia que escrevia. Pense no que você quer ler a seguir, no que quer aprender, no que quer ouvir. Seja cuidadoso em sua curadoria. Nomeie no que gostaria de estar pensando e se envolva com isso. Escolha um alimento nutritivo e interessante para sua imaginação.

Visualização

A visualização é uma técnica mágica antiga que toda bruxa deve conhecer bem. Há milhares de livros sobre o tema. Meu preferido é *Visualização criativa*, de Shakti Gawain. Não me aprofundarei muito na parte prática, uma vez que há muitos recursos disponíveis.

Praticar a visualização desperta nosso subconsciente produtivo. Para aqueles de nós que sofreram um trauma ou ainda sofrem de transtorno pós-traumático, a visualização pode ajudar a tranquilizar o sistema nervoso. Se for seguro fazê-lo, pense em um lugar que simboliza segurança e calma, enquanto respira profundamente.

A visualização ajuda a nos convencer de que nossa intenção pode ser conquistada. Na prática da magia protetora, visualizamos símbolos que nos protegem, como escudos, talismãs, guardiães e roseiras. Algumas bruxas visualizam uma bolha protetora, um diamante protetor, ou até mesmo um uniforme protetor envolvendo seu corpo. Isso envia um sinal a diferentes níveis de consciência, a nosso campo energético e a nosso sistema nervoso para agir adequadamente.

Praticar a visualização nos ajuda com nossos sonhos e objetivos. Há uma expressão famosa quando se trata de representação na mídia: "Se podemos ver, podemos ser." Na cultura dominante e muito empírica do "só acredito vendo", pode ser difícil invocar a crença nos sonhos futuros. Bruxas costumam ser visionárias, criativas e independentes, mas até mesmo nós precisamos de uma ajudinha quando fazemos algo que nunca tentamos. A visualização é uma maneira muito eficaz de hipnotizar o subconsciente e fazê-lo acreditar que sonhos são reais.

Se visualizar é difícil para você, ou se sofrer de afantasia, é possível recorrer a práticas adjacentes. Grave-se falando dos seus sonhos como se eles já tivessem acontecido, depois ouça enquanto descansa. Passe algum tempo descrevendo seus sonhos no presente. Finja que está escrevendo uma carta para alguém que conhece, descrevendo a maravilhosa oportunidade que se apresentou a você. Quando estiver sozinho, fale em voz alta o que você quer que aconteça.

Da Lua nova até a Lua cheia, passe pelo menos alguns minutos se visualizando no processo de conquistar um objetivo. Conecte sua imaginação a seus desejos. Permita que penetrem sua mente. Deixe que se desdobrem em sensações que percorrem todo o seu corpo, até seu coração. Monte uma fantasia para si mesmo que com o tempo vai se tornar realidade.

A LUA NOVA É UM ÓTIMO MOMENTO PARA TRANSFORMAR SUA MENTE

É hora de examinar seus pensamentos. Na Lua nova, rastreie seus padrões de pensamentos. Crie outros, mais produtivos. Se você lida com um transtorno mental ou é neurodivergente, isso pode não ser fácil. Pessoas com transtorno obsessivo-compulsivo, depressão ou ansiedade, ou pessoas incapazes de lidar com outras questões cognitivas, nem sempre "controlam seus pensamentos" facilmente. A frase típica da Nova Era "Seus pensamentos criam sua realidade" nem sempre é verdadeira. Às vezes, a realidade da nossa química e do nosso DNA direciona nossos pensamentos. Além disso, humanos têm uma variedade de pensamentos normais e saudáveis que nem sempre são positivos — de raiva a fúria, tristeza a pesar etc. Muitas das supostas verdades da Nova Era têm suas raízes em retóricas prejudiciais, dogmáticas, capitalistas e supremacistas brancas, que policiam nossos pensamentos, nossas emoções e nossos corpos.

A vida é dura e, com frequência, trágica. É claro que seu eu sensível é afetado por todo o caos à nossa volta, coletivamente e/ou pessoalmente. O mundo está totalmente ferrado faz milhares de anos. Se você está prestando atenção, isso deve te deixar doente, triste, infeliz. Dito isso, ajuda terapêutica e psiquiátrica pode ser muito útil. Não se negue a possibilidade de uma vida melhor evitando terapia e grupos de apoio.

Esse é um leve incentivo a tentar tornar seu cérebro — onde sua mente habita, onde o consciente e o subconsciente estão — o mais bondoso, brando e doce possível, com você e por você. Um colchão macio e antialérgico, e não uma fornalha. Se sua mente é um lugar cheio de recursos, você pode ajudar mais gente. Se sua mente está repleta de positividade, sua magia é muito mais poderosa. Sua esfera de influência cresce. Sua positividade e seu amor também, assim como sua força e sua influência, e seu poder de derrubar o patriarcado.

Se transformar sua mente de modo consciente parece desafiador, foque em mudar a maneira como você se relaciona com seus pensamentos. Quando pensamentos cruéis se apoderarem de sua consciência, você deve acreditar neles? Quais são suas origens? O que você ganha se apegando a noções de desmerecimento e à autoflagelação? O que aconteceria se você optasse por pensamentos mais bondosos e delicados?

Trate seus pensamentos como algo passageiro. Deixe que venham, mas não que te derrubem. Com a prática, desapegue deles. Comece nomeando o que está sentindo. Diga, por exemplo, "Estou me sentindo confuso", em vez de "Estou confuso". Assim, em vez de se identificar com uma emoção, você identifica algo que está sentindo, mas que vai passar. No momento em que se pegar pensando em algo que não ajuda em nada, transforme em uma narrativa útil. ("Não consigo" se torna "Preciso de um descanso agora, mas estou me saindo bem em circunstâncias tão desafiadoras".)

Escolha a música que toca na sua cabeça. Use a respiração para ir a um oásis mais tranquilo. Respirar devagar e profundamente por vários minutos ajuda. Pensar em uma cor, uma imagem ou em uma palavra tranquilizante também. A meditação consistente com certeza ajuda.

Você provavelmente nunca falaria com um amigo ou um desconhecido da maneira como fala consigo mesmo às vezes. Trate-se como trataria alguém querido e estimado. Você pode ter cometido um erro, porque é humano. Se causou algum dano, faça o seu melhor para remediá-lo, aprenda verdadeiramente com ele e não o repita. Em grande parte do tempo, errar só significa que você se encontra em meio a um processo e que está tentando e se expondo.

Mude sua mentalidade e mude seu comportamento. Relacione mentalidade a autocuidado e valores com ação. A bondade está entre seus valores fundamentais? Como isso se revela na maneira como fala consigo mesmo? Como você expressa seus valores fundamentais por meio de seus pensamentos, atos, e da energia que passa ao mundo?

Compreendendo sua mentalidade

A mentalidade é uma mistura de experiências, crenças, valores, atitudes e pensamentos. Às vezes, forma-se quando somos muito novos, como um reflexo daquilo em que nossa família ou as pessoas que cuidavam de nós acreditavam e nos transmitiram. A mentalidade continua sendo moldada quando adentramos o mundo e nos deparamos com o sucesso e adversidades. Ela tem origens na cultura e no coletivo, e afetada ou criada pelo trauma. Às vezes, nosso subconsciente busca experiências que reforçam a mentalidade pré-existente. A mentalidade pode ditar nosso comportamento e afetar resultados. Ela é maleável e pode se alterar e evoluir. Ainda bem! Descobrir qual(ais) deve(m) ser sua(s) mentalidade(s) em relação a seus sonhos e como fazer com que apoie(m) seu objetivo é uma forma poderosa de bruxaria para a Lua nova.

Na fase da Lua nova, *não* procure confirmações de que suas crenças ou sua mentalidade não vão funcionar. *Não* fique obcecado com a necessidade de atingir objetivos ou com os passos que vai precisar dar. Você não precisa já ter a coisa em si. Só precisa acreditar em sua capacidade de atraí-la e recebê-la. Dê a seu sonho o luxo do espaço.

Seguem algumas maneiras fáceis e eficientes de começar a mudar sua mentalidade ou o modo como você se relaciona com certos pensamentos.

Fazer listas ou um diário de gratidão. Se práticas de gratidão estão em toda parte é porque funcionam. A gratidão só se prolifera. Literalmente transforma o eu somático, reprograma o cérebro. Muitos estudos científicos associaram a prática de um diário de gratidão com mudanças positivas e de longo prazo no cérebro.

Nomear consistentemente todas as coisas pelas quais somos gratos cria uma mentalidade de abundância, leva a sentimentos de estima e nos conecta a possibilidades psíquicas de maior bondade. Criatividade gera mais criatividade. Quando nos concentramos em todo o amor que temos, afirmamos que podemos ter mais amor. Quando cantamos com doçura, podemos atrair borboletas.

Quando nos concentramos no que não temos, nossa energia é drenada. O buraco negro da comparação e da falta se amplia cada vez mais em nossa psique. As sementes dos sonhos que acabaram de ser plantados se retraem e murcham.

Duas ou três vezes por dia, tente listar tudo pelo que você é grato por pelo menos uma semana na Lua nova. Se quiser, inclua seus sonhos na lista de gratidão. Você também pode querer fazer uma oferenda a certos itens de sua lista. Se for grato pelos passarinhos cantando do lado de fora da sua janela, deixe alpiste para eles. Se é grato a um amigo em especial, cozinhe para ele. Se um álbum em particular te ajudou a atravessar o dia, conte às pessoas a respeito ou vá ao próximo show do artista. Se você é grato às nuvens, doe dinheiro a uma associação que lute pelo ar limpo.

Curiosidade. Perguntas levam a pesquisas e possibilidades. Quando você se pegar resistindo, faça uma pausa. Questione-se. Insista até chegar a uma crença limitante. Pergunte a ela no que precisa ser transformada. Altere-a e transforme-a em um ponto de apoio.

Perguntas levam a pesquisas e possibilidades. Também oferecem espaço para se afastar de julgamentos e da necessidade de consertar as coisas. O que, por sua vez, dá acesso a nossa criatividade. Paradoxalmente, quando resistimos ou tentamos nos defender de pensamentos negativos, essa resistência e defesa criam um tsunami de energia do qual os pensamentos podem se nutrir. Alternamos entre ceder aos sentimentos negativos e resistir a eles, o que nos deixa em um estado de tensão e exaustão. Invoque a curiosidade infantil. Sente-se com seus pensamentos negativos e tenha um diálogo carinhoso com eles. Os budistas chamam isso de "convidar seus demônios para um chá".

Pensamentos positivos. Reserve um tempo para focar conscientemente pensamentos positivos, começando com três ou cinco minutos por dia, depois aumentando. A princípio, tente fazer isso em espaços neutros ou prazerosos. Faça isso enquanto cheira um buquê de rosas ou em um banho com infusão de eucalipto. Experimente enquanto caminha em volta de um lago, em um parque ou na praia. Procure memorizar essas sensações durante esses momentos de alegria na vida. Depois, comece a estender esses pensamentos e sensações em momentos neutros. Assegure-se depois de tentar algo difícil ou arriscado. Premie-se. Não foque o resultado, foque o que está fazendo. Conecte-se com quaisquer aspectos positivos ou neutros que puder. Respire e acredite nesse estado mental.

Atividades e rituais para experimentar na Lua nova

Reserve-se tempo livre para não fazer nada. Mude seus móveis de lugar. Mude o cabelo e a roupa. Pesquise gêneros musicais que nunca ouviu e ouça por uma semana ou um mês. Leia sobre um assunto que lhe é totalmente desconhecido. Inscreva-se numa aula que lhe desperte interesse. Se sempre diz "sim", diga "não, obrigada". Se sempre diz "não", diga "sim, por favor". Se a primeira coisa em que pensar nesse momento for seu celular, deixe-o fora de alcance. Quando não entender alguém ou alguma situação claramente, faça perguntas. Note quando estiver chegando a conclusões precipitadas. Pare antes de entrar num impasse. Vá até seu rio preferido, respire uma ou duas vezes e relaxe. Decida finalmente começar, seja um projeto poético, uma pesquisa em educação continuada, algum tipo de terapia. Escreva, fale, ouça, crie, tudo em serviço da descoberta. Comece bem devagar. Comece bem pequeno. Pequenas coisas podem se tornar grandes.

Magia da Lua nova

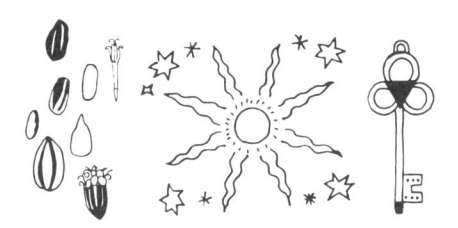

A magia da Lua nova se correlaciona perfeitamente com visões, sonhos e desejos. Feitiços de semeadura, feitiços de crescimento, feitiços de atração foram feitos para esse momento. Às vezes, é bom fazer um feitiço para invocar a base sólida de seu desejo: criatividade, disciplina, abertura. Escolha uma energia que ajudará a começar sua jornada lunar com os ingredientes e o apoio adequados.

Passe um tempo reunindo suas esperanças mais mirabolantes. Traga-as para mais perto, a ponto de ser capaz de tocá-las, compreendê-las e mantê-las. Devaneios, reflexões e planos animam nosso subconsciente a embarcar em nossos desejos.

A Lua nova é excelente para a criação de murais — uma forma de arte que expressa o sentimento geral, as emoções e possíveis resultados de seus sonhos. Escrever poemas, letras de músicas e fazer colagem são excelentes atividades mágicas para a Lua nova. Feitiços de liberação, como feitiços de reverso, feitiços de limpeza e trabalho ritual, facilitam o desapego ao passado e ajudam a esvaziar a mente.

Feitiços que incluem hipnose, afirmações e meditações guiadas são especialmente apropriados nesse momento, porque ajudam a reprogramar o cérebro. Feitiços e atividades que estimulam a imaginação e os sentidos também são uma ótima opção para esse momento. Fazer playlists, comprar frutas cheirosas e tentar usar palavras especiais em suas conversas servem de lembrete de que há começos infinitos. Essa é a marca registrada dessa fase lunar encantadora.

Criando seu altar de Lua nova

Um altar de Lua nova pode ser a base de seus feitiços durante toda a lunação. Você pode deixá-lo montado o ciclo lunar inteiro. Comece com poucos itens, depois vá acrescentando outros, a cada tantos dias. Você também pode montar um altar de Lua nova apenas para um feitiço de Lua nova. Seu altar pode ser escasso e minimalista, simbólico de um espaço receptivo e desimpedido onde seus sonhos possam se acomodar. Pode ser uma página em branco, um livro aberto, um zumbido de esperança ao fundo.

Seu altar de Lua nova pode ser você sozinho no escuro, decidindo respirar fundo, levando as mãos ao coração. Seu altar é a fé em que você se apega. São os sonhos que você recorda, os pequenos passos que dá em diferentes direções, o modo como preenche seu olhar com a receptividade que está pronto a oferecer.

Correspondências mágicas da Lua nova

Saber para que servirão seus feitiços definirá os ingredientes que usará. Por exemplo, se está criando um feitiço para dinheiro, provavelmente usará uma vela verde ou dourada, mel, manjericão, louro ou hortelã, canela, talvez magnetita, citrino ou pirita, possivelmente notas e moedas de verdade e até um cheque no valor que você deseja receber.

É importante desenvolver correspondências pessoais dependendo de como você interpreta cada fase da Lua. As correspondências devem fazer sentido para você. Talvez a Lua nova seja olho de tigre e urtiga para você, velas marrons e quartzo fumê, porque o que se exige de você nesse momento é aterramento e força. Para outra pessoa, que deseje se deleitar com a beleza, a afetação e estranhas transmissões do éter, a Lua nova pode ser uma homenagem a Mercúrio, com penas de pavão, hortelã e celestita. Experimente, brinque! Seguem algumas sugestões:

Correspondências da Lua nova: sementes, ovos, penas, ímãs, magnetita, hematita, quartzo transparente, fluorita, ágata musgo, crisocola, kunzita, celestita, obsidiana, aragonita, cinábrio, rodocrosita; o ar, ao sentido leste; as cores preto, rosa, pêssego, verde; plantas lúcia-lima, hortelã, gengibre, limão, eucalipto, erva-dos-gatos, camomila; o sal; as cartas Ases, o Louco, o Mago, os Valetes do tarô.

Divindades: Ártemis, Diana, Luna, Selena, Chang'e, Ishtar.

Arquétipos: a vida de Joana d'Arc, a música, o trabalho e a arte de Prince, Alexandria Ocasio-Cortez, Agnes Martin, Octavia Butler, Ursula K. Le Guin, drag queens.

Guias animais: íbis, cangurus, libélulas, potros, cavalos-marinhos, borboletas, raposas.

FEITIÇOS DE LUA NOVA

Feitiço das sementes

Este é um feitiço para o período entre o começo da primavera e o começo do verão. O melhor momento de fazê-lo, caso esteja no hemisfério norte, é entre o fim de fevereiro e antes do solstício de verão, em junho. Ajuste-o conforme necessário. Você vai precisar de:

- Sementes (ou um brotinho de alguma planta)
- Vaso (encontre um ou use um recipiente especial para suas sementes)
- Terra
- Quaisquer outros objetos ou talismãs que você gostaria de enterrar (pense na esperança/intenção/sonho que estará em conexão com

as sementes — talvez você queira incluir um pedacinho de citrino para abundância ou uma chave para encontrar soluções)
- Itens de jardinagem (pá e fertilizante)
- Papel
- Caneta

Lance o feitiço:

Reúna tudo de que vai precisar. Fique em silêncio e se concentre. Traga sua energia de volta a você. Faça seu círculo e conduza quaisquer outras práticas da sua rotina de feitiços.

Escreva suas intenções separadas em pedacinhos de papel.

Pegue as sementes ou o broto. Imagine suas intenções permeando a vida em suas mãos de positividade, energia elétrica e fertilizante emocional.

Traga à mente emoções e imagens enquanto planta as sementes ou o broto. Coloque os pedacinhos de papel na terra, em volta das sementes ou das raízes do broto.

Mantenha o foco até que a vida esteja coberta e regada, e você se sinta bem. Reconheça que o que você quer começar ou atrair virá com foco, cuidado e atenção.

Conforme o tempo passa e você continua a cuidar da vida no vaso, lembre-se de cuidar da nova vida da sua intenção. Saiba que sua magia cresce junto com sua planta. Lembre-se de se envolver com sua planta e formar um relacionamento compreensivo com ela. Considere isso uma metáfora do seu crescimento e da sua mudança.

Você também pode caminhar pelo bairro e lançar sementes carregadas de intenções pelos jardins, se possível.

Feitiço de atração

Este feitiço simples de atração pode ser usado em qualquer momento entre a Lua nova e a Lua cheia. Depois do feitiço ou pedido, você pode querer acrescentar "isto ou mais, para o bem de todos", ou algo como "só o bem e nenhum mal deve advir desse feitiço".

Você vai precisar de:

- Duas velas, uma que represente você e uma que represente o que deseja atrair (escolha cores que correspondam intuitivamente a você e ao que deseja atrair)
- Elementos que correspondam à atração, como magnetitas, ímãs, cobre, prata e/ou pedras, cristais, ervas ou plantas específicas, que correspondem ao que deseja atrair
- Um feitiço, pedido, poema ou carta que tenha escrito para ou sobre o que deseja atrair
- Qualquer outro ingrediente ou símbolo relacionado ao que você deseja atrair, para colocar no seu altar ou para usar em você (por exemplo: nós, óleos, um incenso especial)

Faça o feitiço:

Prepare seu altar: você vai precisar de espaço suficiente nele para colocar as velas a uma distância razoável uma da outra sem atrapalhar os outros ingredientes que usará.

Invoque quaisquer guias/anjos/ajudantes que desejar.

Para começar o feitiço, carregue e prepare suas velas. Você pode acrescentar pedras, cristais e ervas a elas. Pode entalhar palavras ou símbolos, ungi-las e passá-las em ervas. No mínimo, carregue tanto a vela que representa você quanto a vela que representa seu desejo com suas emoções e intenções.

Coloque as velas em lados opostos do altar.

Acenda-as.

Entoe, recite ou cante seu feitiço. Repita-o pelo menos três vezes. Da última vez que o fizer, aproxime as velas cerca de 2,5 cm.

Passe algum tempo visualizando seu desejo se aproximando de você. Sinta isso no seu corpo.

Feche seu círculo.

Apague as velas.

Repita o feitiço por três dias. No último, junte as velas, de modo que se toquem. Deixe as duas queimando. Se restar cera ou se forem velas votivas, amarre-as com um barbante ou uma fita no último dia. Enterre-as ou descarte-as juntas.

TARÔ DA LUA NOVA

Esta sequência dá as boas-vindas à *Lua nova*. Arrume seu altar com itens que simbolizem o que você quer invocar. Queime quaisquer ervas purificantes que tiver, faça seu círculo, acenda velas, pegue seu baralho e diário, e encontre uma posição confortável.

Embaralhe as cartas, focando o que está disposto a receber em sua vida no momento. Quando estiver pronto, tire as cartas e as disponha à sua frente, em forma de pirâmide, da esquerda para a direita, com as cartas de 1 a 4 na base, as cartas de 5 a 7 no meio e a carta 8 no topo.

Carta 1: O que está pronto para ser criado nesse ciclo da minha vida?
Carta 2: Como posso invocar isso de maneira efetiva?
Carta 3: Como isso pode ser expressado de uma maneira que fique evidente para mim, de um modo que eu possa ver?
Carta 4: Como isso vai se expressar internamente, de um modo que eu possa sentir?
Carta 5: Onde devo focar minha energia?
Carta 6: Quais atividades preciso focar mais? Que atitudes devo tomar?
Carta 7: Do que devo abrir mão para seguir em frente com dignidade?
Carta 8: O que pode advir caso eu dê esses passos conscientemente?

```
        8

    5   6   7

  1   2   3   4
```

Escreva no diário sobre as cartas. Que relações são estabelecidas? O que não parece claro? Anote. Talvez você queira refletir um pouco em seguida. Que imagens lhe vieram à mente? Se há uma carta que você deve personificar mais, como fazer isso? Você consegue se visualizar fazendo isso na Lua nova? Escreva um plano de ação ou um cronograma depois de processar a sequência de cartas.

RITUAIS DE LUA NOVA

Rituais podem nos ajudar a absorver a energia específica de cada fase lunar. Rituais podem atuar como guias e apoio durante transições. Rituais podem ser criados para nos oferecer o que precisamos. Rituais podem nos ajudar a viver com mais intenção.

Banho de purificação na Lua nova

Os únicos ingredientes necessários são: um lugar onde tomar um banho, uma vela e os sais de banho de sua preferência. Se você não tem banheira, pode fazer no chuveiro. Os outros ingredientes são apenas sugestões. Acrescente o que quiser, com base na sua intuição!

Você vai precisar de:

- Um lugar onde tomar banho
- Uma esponja comum ou esfoliante
- Sal ou sais de banho
- Lavanda seca ou óleo de lavanda
- Violeta fresca ou seca ou óleo de violeta
- Kunzita
- Quartzo transparente
- Cianita azul
- Uma vela, pelo menos

Enquanto a banheira enche ou o chuveiro esquenta, aterre-se e se centre no seu próprio corpo. Visualize o que deseja invocar nesse ciclo lunar. Imagine isso enchendo seu corpo de cores, sensações e imagens. Imagine a essência de sua invocação se integrando com as células do seu corpo. Coloque as ervas, o sal e as pedras ou cristais na banheira. Acenda a(s) vela(s). Apague a luz e entre no banheiro.

Relaxe o corpo e a mente. Invoque esperança focando essa palavra ou uma cor relaxante. Visualize a tensão, ou o passado, deixando seu corpo. Comece esfregando o corpo tanto quanto possível, dos dedos dos pés ao pescoço. Depois de ter esfoliado com vigor a pele morta, faça algumas respirações profundas. Volte a se centrar. Passe o tempo necessário evocando seus desejos e uma nova história em seu corpo.

Imagine a luz da vela refletida na parede como o projetor do seu novo filme. Tente visualizar seus sonhos e novos comportamentos através da chama reluzente. Leve o tempo que precisar para criar algumas cenas na chama.

Fique no banho até sentir uma mudança na energia, no espírito, no corpo, na chama ou em tudo.

Enxague-se no chuveiro rapidamente. Quando sair do banho, leve essa nova energia para sua vida desperta. Saiba que está deixando para trás a resistência e padrões negativos, que irão embora pelo ralo.

Pegue suas pedras ou cristais e os coloque ao lado da cama, no seu altar ou carregue-os no bolso quando precisar.

Ritual de verificação da consciência na Lua nova*

Comece esse ritual na cama ou imediatamente antes de ir dormir. Deve levar pelo menos meia hora, no máximo uma.

Você vai precisar de:

- Um pedaço de papel
- Uma caneta

Anote sua intenção no topo do pedaço de papel. Desenhe um círculo ocupando o restante do espaço do papel. Desenhe uma linha horizontal cortando o círculo ao meio. Ele representa você na Lua nova em questão. A parte de cima representa sua consciência e intenção — sua percepção, suas afirmações e seu comportamento relacionado a essa intenção. A parte de baixo representa seu subconsciente, sua pré-consciência e sua intuição — o que motiva você, suas crenças centrais e suas reações subconscientes.

Agora, pense na consciência específica que sua intenção exige: sua atenção, afirmações, percepção e comportamento. Anote emoções, ferramentas, ações, pensamentos e crenças que você precisa focar conscientemente na área acima da linha.

---

* Inspirado por Joseph Campbell e Tara Brach.

Pense nos novos comportamentos e crenças subconscientes que você vai precisar reorientar em torno de suas intenções. Anote as crenças, emoções e quaisquer outras revelações necessárias para preparar seu subconsciente na área abaixo da linha.

Faça uma pausa e respire profundamente algumas vezes. Olhe para seu círculo. Uma palavra ou frase ali pode chamar sua atenção. Verifique o motivo. Faça uma afirmação relacionada.

Talvez você queira se preparar antes de ir para a cama para ter mais revelações a respeito. Peça a seus sonhos que lhe entreguem informações úteis antes que amanheça.

Guarde seu desenho como um lembrete para a primeira semana depois da Lua nova, ou pelo tempo que precisar.

Ritual de percepção na Lua nova

Uma vez por dia, vá a um lugar onde nunca esteve e aonde provavelmente não voltará (também pode ser um lugar na sua imaginação). Mova-se por pelo menos trinta minutos nesse lugar.

Observe os arredores, como se você fosse um detetive cósmico. Note sua percepção das coisas.

Pratique pensar em coisas que raramente se dá a oportunidade de pensar, coisas intrigantes, bonitas ou ternas. Se um pensamento negativo lhe ocorrer, transforme-o imediatamente em um pensamento positivo ou neutro.

Procure demorar-se o tempo necessário nesse novo espaço, nesse novo exercício mental.

Repita o exercício nos três dias imediatamente subsequentes à Lua nova. Sinta-se livre para ir a outros lugares. Tente fazer isso em casa, dando uma volta no quarteirão, na cama.

Registre seus pensamentos em seu diário.

REFLEXÕES PARA O DIÁRIO NA LUA NOVA

Escolha alguns desses temas para considerar na Lua nova:

Que sementes estou plantando nessa Lua nova?
Por que estou me concentrando nessas sementes?
Com que qualidade de presença devo me comprometer para que essas sementes cresçam?
Qual é a sensação dos meus sonhos?
Quais são minhas intenções?
Como posso manter a curiosidade e o envolvimento com minha intenção até a próxima Lua nova?
Onde desejo mudar?
Onde tenho medo de mudar?
O que preciso afastar?
Que padrões e hábitos menores posso mudar em meu pensamento cotidiano?
Quem estou me tornando?
Em quais novos começos estou pronto para embarcar?

A Lua crescente

Trabalhando e seguindo o curso

A Lua crescente é um período de aproximadamente duas semanas que começa em seguida à Lua nova e termina antes da Lua cheia. Depois da restauração da Lua nova, nosso satélite começa a subir no céu, um pouco por dia. Conforme a Lua ascende, sua luz se torna mais forte. Isso constitui metade do ciclo lunar.

Crescimento, abundância, seguir o curso e ação são temas desse período. É o momento de definir *como* fazer o que se *quer* fazer. O que você está construindo em sua vida? Como isso se reflete no seu comportamento e ao seu redor? Como a energia vibrante desse momento te ajuda a compartilhar mais de si mesmo, mais de sua magia, e a encorajar mais ações alinhadas? Traga isso à tona em sua vibração energética e no seu trabalho com feitiços. Comprometa-se a estar mais alinhado em seus hábitos, pensamentos e comportamentos cotidianos.

No círculo da consciência, a Lua crescente é emblemática do instinto, da atenção plena e da percepção — da consciência "acima da linha". Um nível mais profundo de percepção cria um foco prolongado. Com o foco prolongado, a atenção se altera. Com essa atenção alterada vêm a aceitação e a afirmação da escolha. A Lua crescente apoiará as ações positivas que tomamos em nossa vida consciente e desperta. É o momento de examinar se e como nossas palavras apoiam nossas crenças, se nossas ações refletem nossos desejos com precisão.

A Lua crescente é o momento da transformação da consciência acima da linha — um período no qual podemos trabalhar na mudança de nossa consciência por meio da vontade e das ações tomadas. Nosso subconsciente talvez ainda tente comandar o show, mas fica mais fácil reconhecer e redirecionar isso. É o trabalho que ocorre minuto a minuto, pela autopercepção e atenção plena. A renovação do compromisso, a capacidade conquistada a duras penas de sacudir a poeira e tentar de novo, nos ajuda no processo.

Também é uma oportunidade de se voltar a conexões entre a mente e o comportamento. Dar alguns passos na direção de curar conscientemente antigas feridas. Para você, no que consiste um processo de cura? Pesquise algumas maneiras. Terapias de base comportamental, como a terapia cognitivo-comportamental, a terapia comportamental dialética e práticas corporais como a somática podem ajudar.

A Lua crescente é o momento de Vênus: da sensualidade e da beleza, da representação física de nossos desejos, por nossos vários sentidos. Vênus quer que levemos o prazer a sério — mordendo uvas maduras pendendo de pratos de cerâmica feitos à mão, passeando por museus, inspirando-nos em pinturas folheadas a ouro de centenas de anos atrás para nos vestir, perdendo-nos enquanto dançamos na multidão à meia-noite, em meio a luzes de neon rosa. Ela quer que levemos a sério o modo como adornamos a vida. Essa energia quer que nossas ações sejam construídas em torno de nossos valores. Esse momento implora que nos conectemos ao amor, façamos sexo incrível, criemos segundo nosso coração e foquemos o autocuidado. Vênus está relacionada aos frutos de nossa vulnerabilidade. Nossa devoção fervorosa ao amor inspira a resistência da compaixão. Vênus está relacionada a respeito próprio, o que implica limites. A Lua crescente é a oportunidade perfeita para conseguir um pouco de cada!

Essa Lua também corresponde ao arquétipo de Marte. Popularmente conhecido como o deus romano da guerra, Marte era originalmente uma divindade da agricultura, dos jardins gregos, e o deus do crescimento. Conforme a sociedade se tornou menos agrícola e mais bélica, a compreensão de Marte se transformou para espelhar essa mudança.[1] Agora, Marte em geral é associado com ação rápida, força física e agressão. Prefiro interpretar a energia de Marte como uma energia vital, uma ação decisiva e voltada para o que está fora de nós. Combinar as energias diferentes de Vênus e Marte nos ajuda e fazer movimentos ousados em serviço do amor.

A energia do crescimento ajudará com os riscos que você assume. Depois do quarto crescente, a água se eleva nos oceanos, na terra e em nós, que somos filhos da água. Tire o máximo proveito dessa época e canalize seu poder em resultados duradouros. Mantenha o ímpeto dividindo essas atividades em itens que você pode controlar e itens que dependem dos outros. Por exemplo, se seu objetivo é ser escritor freelancer, sua lista consideraria escrever certa quantidade diariamente e apresentar propostas de trabalho. Imagine toda ação intencional como mágica — você está servindo amor e devoção nos cálices de sua vida.

O período crescente da Lua é considerado favorável para anunciar e compartilhar trabalhos novos e para mostrar sua evolução em uma esfera mais pública. Apresente aquele novo projeto ao mundo, compartilhe aquela selfie, lance aquele site reformulado, deixe que outros saibam com o que quer trabalhar a seguir. Dê a si mesmo um título diferente. Renove suas qualificações. Alinhe seus sonhos por meio da ação.

FASES DA LUA CRESCENTE

O período da Lua crescente se divide em três fases: Lua crescente, quarto crescente e crescente gibosa. A sensação geral desse período de aproximadamente duas semanas é de acúmulo, reutilização e crescimento, mas alguns dias em particular podem parecer bastante diferentes dos outros, conforme o ciclo lunar progride. Cada subfase é caracterizada por seu próprio conjunto de temas. Alguns deles ressoarão com sua experiência mais do que outros, dependendo de onde você está em seu processo e da estação em que se encontra — literal e metaforicamente. Observe como se sente diariamente ao longo de toda essa fase. Seu humor e sua energia podem mudar de maneira sutil ou até mesmo extrema conforme a Lua passa de nova a gibosa.

A Lua crescente

Os primeiros dias depois da Lua nova podem ser um período de regeneração. Quando os primeiros sinais da Lua crescente aparecem no céu, algumas pessoas consideram se tratar da Lua nova. Você pode estar particularmente receptivo nesse momento, por isso tome cuidado com o que ingere — física e psiquicamente. É o momento de seguir em frente, de mãos dadas com a esperança. Trata-se de uma energia do recém-nascido: pernas bambas procurando se firmar na terra. É o momento da deusa Ártemis, a caçadora, a corajosa investigadora. A flecha foi puxada para trás e lançada. Aonde nossa mira vai nos levar?

Quarto crescente

Cerca de uma semana depois da Lua nova/crescente estamos na meia-lua, ou o quarto crescente. Essa fase corresponde a equilíbrio. É o momento perfeito para a integração. Se você deu início a sua prática lunar na Lua nova e foi fiel a seu mapeamento lunar, esse pode ser o momento em que vai notar mudanças tangíveis. Pode haver uma alteração no seu humor. Você pode sentir sua vontade e motivação se expandindo. Se esteve focado em resultados externos, eles podem ter se tornado palpáveis. Você recebe uma abundância de convites, oportunidades inundam seu telefone, o cheque prometido realmente chega pelo correio. As sincronicidades podem ser muitas nesse momento. Preste atenção em todos os sinais que apontam para o "sim".

O quarto crescente também é o momento da encruzilhada. Um período de testes. Se você deu início a um hábito ou a uma prática na Lua nova, a experiência já dura mais ou menos uma semana. Pode ser o momento em que você desiste ou hesita. Tome a decisão de seguir o curso. Coragem, confiança, vontade e dedicação podem ser temas os quais focar. Feitiços, preces ou afirmações relacionados a paciência, devoção e disciplina são recomendados.

Crescente gibosa

A Lua crescente gibosa é generosidade e beleza. A opulência da pirita, citrino e quartzo amarelo. Esse espelho do céu notavelmente claro é uma Lua de afirmação. Sinaliza que sim, claro, você pode ter o que quer e o que precisa. Mas terá que proteger sua energia. O que exigirá vulnerabilidade, limites e refinamento energético. Exigirá o processo aterrorizante de abertura e desdobramento, sem a pegada cruel do controle. A Lua crescente declara que abundância é nosso direito de nascença, porque somos inerentemente abundantes. Parte do trabalho é se desapegar de qualquer coisa ou qualquer pessoa que diga o contrário.

Conforme a Lua se enche, ansiedades podem aflorar. A consciência está com força total. A pré-Lua cheia pode começar a afetar seu sistema elétrico, mantendo você acordado à noite e fazendo com que duvide de seus esforços. Obstáculos podem aparecer, em termos de rejeições e atrasos. O único modo de superá-los é superando-os. Deixe que os impulsos desconfortáveis penetrem seu sistema, depois peça que se retirem. Mude a maneira como você vem se relacionando com suas reações e quebre esse padrão. Peça mais apoio, se necessário.

SE A LUA CRESCENTE É DIFÍCIL PARA VOCÊ

Se você nasceu na Lua minguante ou escura, a Lua crescente pode ser desafiadora para você. Se é do tipo reflexivo e conceitual, ou passa bastante tempo na sua cabeça, talvez tenha dificuldade de traduzir ideias e lhes dar forma. Para o sonhador incessante, fincar os pés no chão pode ser complicado.

A Lua crescente é um período de acúmulo energético e emocional. Ela amplifica toda a energia, incluindo a impaciência, a irritabilidade e a tristeza. Descubra escapes para quaisquer arestas que surjam, ou maneiras de suavizá-las. A Lua minguante servirá de respiro, e pode ser o momento mais produtivo para você.

A energia da Lua crescente e de suas atividades pode ser desafiadora para os introvertidos e os mais sensíveis. É o momento daqueles que põem a mão na massa, dos que abalam as estruturas, dos trabalhadores, guerreiros, cavaleiros armados que trotam pela ponte levadiça do castelo rumo à floresta. É o momento de se expor. De ser o primeiro a levantar a mão. É o momento de sair e conquistar, de avançar com coragem, com o terceiro olho em seus objetivos. De buscar o que não conseguiu — ou não quis — antes. Da sua nova versão, aquela que se importa um pouco menos e que precisa de um pouco mais de abraços.

Como mencionado, a Lua crescente corresponde à abundância, ao amor, à saúde, ao mundo material, à beleza e ao prazer. Ela quer que você investigue o que deseja, vá atrás do que valoriza e do que faz nosso corpo se sentir o melhor possível. Se algum desses temas é um gatilho ou lhe parece ofensivo (sem julgamentos!), então pode ser difícil relaxar. Vale a pena descobrir o que você considera belo. Podemos nos deparar com a dura verdade de que não estamos atendendo a nossas necessidades regularmente.

Aos mais cautelosos e avessos a riscos, a Lua crescente também pode ser desafiadora. Quando assumimos riscos, tentamos e nos expomos, haverá detratores. Haverá críticos, pessoas que nos desejam mal e comentários negativos. Essa exposição pode ser brutal para os mais sensíveis, quem tem problema de autoestima, para aqueles que sofrem de transtorno de déficit de atenção e hiperatividade e outros problemas de saúde mental. Pessoas que sofreram bullying às vezes consideram qualquer tipo de atenção como abuso. Ter uma rede de apoio forte e determinação de continuar tentando ajuda a nos manter no caminho. Desfrutar do trabalho e compreender o cenário mais amplo a que ele aspira pode nos ajudar a superar as críticas não construtivas.

Durante o outono ou o inverno, a Lua crescente pode parecer dissonante; enquanto a Lua floresce, o restante está em repouso. Lembre-se de se manter enraizado na estação e de passar um tempo extra trabalhando no que seu corpo precisa. Se mora no hemisfério norte e o que se apresenta para você em novembro é doloroso, atente-se a isso. Ouça bem. Fique assim até que vá embora, rumo às estrelas, para formar uma constelação que espelhe as lições que você está aprendendo.

Quando você se encontra numa fase de Lua crescente, você cresce. Como às vezes pegamos pesado com nós mesmos, talvez você esteja prestando mais atenção no que não está funcionando do que em todo o trabalho duro que está fazendo. A Lua crescente é um momento maravilhoso para abandonar qualquer tendência ao perfeccionismo.

Você pode estar numa fase minguante, escura ou nova da vida, de modo que talvez não faça sentido focar a expansão. Pode estar de luto, deprimido ou se transformando de maneira ainda misteriosa. Sugiro utilizar a Lua crescente para se concentrar na sua saúde física — beber mais água e praticar mais atividade física, se seu corpo permitir. Transforme emoções em ações: faça arte, lute boxe, toque bateria, cante, grite ou chore.

Se a Lua crescente em si ou os conceitos e temas relacionados a ela forem difíceis para você, sugiro que investigue isso. O que está te impedindo de dar a cara a tapa? Talvez você possa escrever tudo o que realizou na Lua crescente. E, sim, "levantar da cama" é uma realização! (Assim como "ficar na cama"!) Comece se dando um pouco mais de crédito. Faça uma lista de coisas que gostaria de realizar, de qualquer tipo. Talvez você possa começar a persegui-las uma a uma, Lua a Lua. Com a tentativa vem a confiança, com a confiança vem a resiliência, com a resiliência vem a soberania.

QUANDO VOCÊ SE ENCONTRA NA FASE DA LUA CRESCENTE

Quando você está na fase da Lua crescente, seu horizonte se amplia. Você chegou até aí porque finalmente descobriu o que quer. Você chegou até aí porque está dando os primeiros passos. As inspirações e ideias fluem continuamente. Uma coisa leva a outra e mais outra, até que uma tapeçaria tome forma, numa trama mais intrigante do que você poderia imaginar.

É o momento do treinamento, de ganhar músculos, de criar hábitos saudáveis de todo tipo. De descobrir o equilíbrio entre pensamentos e hábitos, entre objetivos e comportamentos. Quando você está na Lua crescente, vai até o fim. Segue em frente, porque desistir não é uma opção. Compreende que o processo exige que você se sente à mesa dia após dia. Alguns dias são entediantes: um minuto parece uma hora, uma hora parecem trinta semanas. Alguns dias, seus ossos rangem, a inspiração e a motivação não dão as caras. Mas, sabendo que tempo sem foco é tempo perdido, você volta a se concentrar.

Abrimos portas com nossa vontade, com a repetição, com a consistência. Aceitamos que o trabalho repetitivo e árduo é o que cabe à maior parte de nós. Os que aceitam essa realidade têm sorte. Porque é por intermédio do trabalho — no asfalto, nas trincheiras, no cubículo, no bosque do nosso inconsciente, às vezes acompanhados, às vezes completamente sozinhos — que aprendemos quem somos. É através do trabalho que acabamos chegando a algum lugar. E, no fim, esse lugar está próximo de nosso eu mais realizado, mais íntegro. Isso pode acontecer passo a passo, minuto a minuto.

A Lua crescente é o momento de se espreguiçar na vida, como um gato no sol. O momento de receber com entusiasmo o que está começando a brotar, o que irrompe do solo a partir da intenção da Lua nova. É o momento de focar sua energia, de crescer por meio do trabalho, de seguir o curso e praticar magia todos os dias.

A LUA CRESCENTE É O MOMENTO DE AFINAR SUA ENERGIA

À medida que a luz se espalha pela fase da Lua, à medida que passamos da intenção à ação, precisamos dar atenção à nossa energia. Somos todos transmissores e receptores de frequências vibracionais. A energia não é estática: ela se move. Nossa vibração muda por meio da percepção, da reprogramação e da repadronização.

Obviamente, somos afetados por coisas que não podemos controlar. Se temos uma doença crônica, acabamos de nos tornar pai ou mãe, sofremos de insônia etc., nossa energia será afetada, sem que tenhamos culpa. Fazemos o que podemos para descobrir nossa marca energética única e modificar nossa energia por meio da percepção, do descanso, da atenção plena e da intenção. Isso começa com ações pequenas e administráveis. Podemos meditar, focar nossa atenção em coisas que nos elevam ou com as que nos envolvemos. Sempre que possível, podemos escolher estar alinhados com o que precisamos fazer e sentir no momento presente. Isso pode significar desabafar ou socar um travesseiro. Talvez precisemos fazer um intervalo, tomar um banho, dar uma caminhada. O que quer que nos ajude a restaurar e nutrir nossa energia. O que quer que nos permita acessar nosso domínio energético.

Como emoções ou pensamentos, a atmosfera não é boa ou ruim, ela só *é* — seja tensa, interessante, pouco prestativa, obsessiva, alegre etc. Nossa energia formará um hábito ou padrão que com frequência é reacionário ou inconsciente. Quando estamos atentos e transformamos nossas reações em respostas intencionais alinhadas com nossos valores, nos aproximamos da maestria. Podemos alquimiar nossa energia e passá-la de um plano a outro. Isso ajusta a frequência, a afinação, da maneira que gostaríamos. Uma maneira de fazer isso é pela arte. O trabalho de Frida Kahlo é um exemplo. Ela transformou sua dor em arte. Transformou sua vida inteira em arte. *Lemonade*, de Beyoncé, é outro exemplo. Ela pegou um sofrimento pessoal e transformou em uma obra-prima artística que se propagou em ondas de significância e cura que vão muito além de sua narrativa pessoal.

Use a Lua crescente para verificar se suas vibrações, sua energia, suas intenções e seu trabalho mágico estão alinhados com sua criação. A energia que cultivamos é o que nos leva para onde vamos, para onde fluímos. Isso gera um ciclo de feedback, no qual recebemos mais do que emanamos, o que melhora o cotidiano de modo geral.

A LUA CRESCENTE É O MOMENTO DE TRABALHAR

Ferramentas caras ou velas das cores certas, acesas no dia certo e cercadas pelos mais caros cristais e pedras, não são capazes de fazer seu feitiço funcionar se você não se esforçar. Há muito medo, ansiedade e confusão envolvidos quando o tema é trabalho. Quando falo de trabalho, quero dizer qualquer atividade, comportamento, ação, pensamento ou esforço que te ajude a atingir um propósito ou objetivo específico. Tanto o desenvolvimento emocional quanto o mental e o mágico contam como trabalho. (No hermetismo, o Grande Trabalho é uma referência à culminação do caminho espiritual: atingir a iluminação ou transcendência.)

Por trabalho incluem-se as seguintes coisas: viver, morrer, criar arte, ser pai ou mãe, ser irmão ou irmã, ter um animal de estimação, curar seu sistema nervoso, aprender uma nova tecnologia, receber um pagamento, estabelecer limites saudáveis, adquirir confiança, descobrir seu propósito de vida, namorar, transmitir vulnerabilidade, fazer rituais, manter uma prática meditativa, ser ativista, beber bastante água, desistir, fazer terapia, ler, comprometer-se com um projeto muito longo sem um fim aparente em vista, manter relações saudáveis, desapegar de maneira saudável, tirar o lixo, escutar, terminar um relacionamento, restaurar um relacionamento, começar novos relacionamentos, candidatar-se a bolsas, trabalhar num jardim, limpar o banheiro, tornar-se quem você é, criar um futuro feminista e nunca desistir.

A Lua crescente é o momento certo para se comprometer a fazer todo o trabalho que cerca seus sonhos da Lua nova. Trabalhar é o ingrediente secreto não tão secreto do seu sucesso. Trabalhar é estar presente para si mesmo. Estar presente para si mesmo é uma das melhores dádivas que temos a oferecer a nós mesmos. Também é muito difícil. Em um mundo que nos ensinou a confiar principalmente em autoridades externas e sistemas de permissão, recursos e validação, escolher trabalhar — investir em nós mesmos, nos tornar nossos melhores defensores — pode parecer pouco natural ou assustador. Priorizar a nós mesmos e o que queremos pode trazer muito à tona, especialmente se não fomos ensinados a fazer isso.

As pessoas querem um atalho, um método comprovado, e vão perguntar:

"Como conseguiu isso?"
"Como sabia?"
"Como fez isso acontecer?"

O que deveriam estar perguntando é:

"Há quanto tempo vem trabalhando?"
"Do que você mais gosta no trabalho?"
"O que o trabalho te ensinou?"
"Quais são os desafios que encarou?"
"Como seu trabalho cresceu ou mudou com o tempo?"

Quase sempre se trata de trabalho.

O trabalho de invocar a devoção repetidamente. O trabalho de seduzir sua inspiração. De escolher ouvir sua bússola interna. O trabalho de resistência e protesto. O serviço. O trabalho do seu trabalho.

Na Lua crescente, defina o que o trabalho representa para você naquele momento, principalmente em relação a suas intenções da Lua nova. Conecte seu propósito a sistemas mais amplos. Refine seus objetivos de modo que tenham um significado mais profundo. Faça o trabalho de retornar a si mesmo. Defina ou redefina sucesso.

A prática está na raiz da magia, do ritual, da vida. A verdadeira arte de viver é a prática de viver por si mesmo e por sua alma. Seja claro quanto ao que precisa ser, que ajuda deve pedir, como será seu sucesso. Escreva tudo, passo a passo, e se atenha a isso.

O trabalho é diferente para cada um

Trabalhar é investir em si mesmo. É investir no seu futuro. Dessa maneira, também é um investimento no coletivo.

Não se compare aos outros. Esse processo é seu e só seu. É fácil olhar em volta, para o que os outros estão fazendo, e pensar que seu trabalho deve se assemelhar ao deles. Mas comparações são perda de tempo. Você pode se inspirar nos outros, claro. Naquela pessoa que leva uma boa vida. Ou em alguém da internet que você acha que conhece, com seu sorriso fácil e estilo. Deixe que essa inspiração penetre sua corrente sanguínea, de modo a atrair o que deseja. Permita que sua imaginação seja um combustível. Celebre aqueles que estão fazendo bem seu próprio trabalho.

Se você começar a agir e não vir resultados depois de uma ou duas semanas, experimente. Tente trabalhar de modo diferente. Em um horário diferente. Torne as coisas mais fáceis. Escreva o fim primeiro. Experimente outro meio. Se tem certeza do que fazer em seguida, tudo bem. Você sempre pode se perguntar: se eu soubesse que o que estava fazendo não tinha como falhar, se eu soubesse que os resultados com que sonho estão a caminho, o que faria nesse meio-tempo? Então faça.

O trabalho é diferente para cada um. Não há outro lugar em que você poderia estar que não na sua própria vida. Seu trabalho é habitar seu próprio espaço plena e confortavelmente. Seu trabalho é crescer como precisa crescer, lembrando-se de desfrutar o processo.

Às vezes, o trabalho é duro

Às vezes, o trabalho é duro. Ainda mais se estivermos tentando algo radicalmente diferente e que não foi testado. Expor-se diante da rejeição repetidas vezes não é pouca coisa. A Lua crescente é o momento entre o princípio e a culminação. As pessoas criativas sabem que às vezes essa parte é árdua. Se estiver impaciente, faça um feitiço de paciência. Lembre-se toda manhã de por que estar fazendo isso.

Se seus desejos estão excessivamente ligados a um resultado específico — fama, fortuna, não sair da cama por menos de dez mil dólares ao dia —, talvez seja o caso de reavaliar suas metas. É preciso desfrutar de alguma parte do processo, alguma parte do trabalho deve lhe trazer alegria — ou conforto, consolo, libertação pessoal. O *Bhagavad Gita* ensina: "Você tem o direito de trabalhar, mas apenas por trabalhar. Não tem direito aos frutos do trabalho. Desejar os frutos do trabalho nunca deve ser seu motivo para trabalhar. [...] O trabalho feito com ansiedade em relação aos resultados é muito inferior ao trabalho feito sem essa ansiedade, na tranquilidade da entrega pessoal. [...] Quem trabalha por resultados, de maneira egoísta, é infeliz."[2]

Embora se sentir desconfortável possa fazer parte, há algumas maneiras de verificar se está realizando o trabalho correto: se sonha acordado com ele; se envolve ajudar os outros de alguma maneira; se não exige que você compita com absolutamente ninguém além de si mesmo; se está conectado à sua intuição; se você não consegue definir por que vale a pena, mas sente que há algo mais adiante que vale a pena buscar; se ele parece tão importante que chega a assustar; se te traz alegria e satisfação; se faz com que você perca a noção do tempo.

Trabalhar é um ato de fé.

Às vezes, o trabalho é difícil porque estamos sendo exigentes. Porque pedimos grandes coisas de nós mesmos. Porque decidimos nos cercar de pessoas que realizam bem um trabalho autêntico. Operar ligeiramente fora de sua zona de conforto implica testemunhar um grande crescimento. Quando miramos um pouco além do que acreditamos que somos capazes, os resultados costumam ser surpreendentes.

Às vezes, o trabalho é difícil porque você escolhe se relacionar consigo mesmo de uma maneira mais amorosa. Suspendendo a culpa, o julgamento, a punição. A mente pode entrar em curto-circuito. O antigo roteiro é riscado e apagado. Os estágios iniciais do trabalho de amor-próprio e da prática da recuperação são brutos e desorientadores. Não há recompensa rápida. Lembre-se de aguentar firme, de continuar caminhando na direção do horizonte cintilante, passo a passo.

Às vezes, o trabalho é difícil porque se trata de um processo de escolher a si mesmo. Fazer coisas para conseguir amor e atenção, ou nos sentir necessários, pode ser automático. É fácil fazer coisas em nome de contratos invisíveis entre sua família, relacionamentos mais proeminentes, certas ideias quanto ao que você acha que deveria estar fazendo, em relação à identidade sustentada. É o que foi ensinado a muitos de nós: colocar os outros, ou basicamente qualquer coisa, antes de nossa faísca, da alegria e do investimento em nós mesmos. A Lua crescente é o momento de reconhecer que o trabalho é uma metáfora para habitar a própria vida tão plenamente quanto ousar.

Cultivar uma obsessão positiva com o trabalho ajuda. Em seu ensaio "Obsessão positiva", Octavia Butler escreve: "A obsessão positiva é uma questão de não ser capaz de parar só porque se tem medo e se está cheio de dúvidas [...] obsessão positiva [é] uma maneira de objetivar a si mesmo, sua vida, o alvo que escolheu. Decida o que você quer. Mire alto. Vá com tudo."[3]

Qual é sua obsessão positiva? Como ela vai sustentar você nos momentos difíceis? Como pode aproximar você de suas verdades?

Às vezes, o trabalho é simples

A Lua crescente é o momento de permear suas ações diárias de sua intenção na Lua nova. Isso pode ser simples. Se uma das suas intenções na Lua nova era desacelerar, desacelere. Ande mais devagar. Lave a louça mais devagar. Respire mais devagar.

Às vezes, o trabalho na Lua crescente é básico. Você só tem que seguir seu plano. Se perder um dia, é só voltar ao começo. Pronto. Só isso. Conheça bem seu plano. Marque na agenda, no telefone. Coloque alarmes. Faça o que for preciso.

Parte da lição de casa durante a Lua crescente deve ser examinar honestamente seus hábitos diários e criar alguns mais positivos. Sem julgar, escreva tudo o que você faz em um dia. Sua rotina matinal e seus hábitos diários: quando você come, aonde vai, o que você vê, com quem fala, quais são suas defesas, como lida com o estresse e no que pensa antes de ir para a cama. Quais desses hábitos são úteis? Quais desses hábitos podem ser substituídos por outros que te sirvam melhor de apoio?

Escolher hábitos saudáveis e alinhados, que apoiem suas intenções e coloquem um foco sustentável nelas, é o primeiro passo a dar depois que um feitiço é feito. Quanto mais tempo e energia você gasta se concentrando em hábitos restaurativos e de apoio, menos tempo tem de desenvolver hábitos destrutivos e que não ajudam em nada. É uma bela equação.

Seus novos hábitos também podem ser pequenas preces e oferendas mágicas. Acrescente pequenos rituais a seu dia, para tornar as transições mais suaves. Entre as tarefas, você pode fazer uma pausa, reunir sua energia, reiniciá-la. Diga "por favor" e "obrigada" com frequência para as portas que atravessa. Ações se tornam mais intencionais quando se põe atenção e ênfase na energia por trás delas.

A LUA CRESCENTE É O MOMENTO DE SEGUIR O CURSO

A Lua crescente é o momento em que somos instados a dar forma aos nossos sonhos. A transformá-los em algo que podemos tocar, quantificar, sentir. Nossa Lua interna pode ser um recurso. Podemos usar a fase da Lua crescente para notar o que surge para nós interna e externamente, e encontrar maneiras de transformar nossos bloqueios em aliados. As mensagens se tornam guias, oferecem soluções, nos ajudam a repensar nossos bloqueios e trabalhar com nossos medos.

Carretéis de linha se desenrolam por nós todos os dias. Eles nos levam de um ponto a outro, e podem ser internos ou externos. Internamente, nos conectamos com impulsos que derivam do nosso conhecimento. Nossa intuição age como uma orientação a ser seguida. Isso leva a uma mudança externa.

Por exemplo, vamos dizer que um de seus objetivos seja caminhar, se exercitar ou simplesmente se movimentar mais. Quais são seus bloqueios? Falta tempo? Bom, esse é o seu trabalho: arranjar vinte minutos por dia para si mesmo. A parte mais difícil é botar uma roupa e calçar o tênis assim que acorda? Durma de roupa e deixe o tênis e as meias à porta. Parece bem básico, mas esse é o tipo de coisa que nos impede.

Você também pode ir mais fundo. Vamos fingir que sua questão é a procrastinação. Investigue do que se trata. Sob a procrastinação está o perfeccionismo. Sob o perfeccionismo está a sensação de que você nunca será bom o bastante. Padrões impossíveis são estabelecidos. Eles nunca serão atendidos, o que reforça sua crença de que você não é bom o bastante e te faz procrastinar mais. De repente, ali está você, sentindo-se distante de si mesmo e de seu objetivo. Na verdade, seria simples voltar a se conectar a si mesmo: bastaria redirecionar sua energia.

Aliada à entrega, a percepção equivale à aceitação. Com um pouco de compaixão, nos damos espaço para nos movermos. A aceitação é um terreno fértil por onde começar, porque reconhecemos as coisas como de fato são. Trata-se de uma prática libertadora. Vá além da primeira camada de resistência para se conectar a um lugar com o qual trabalhar.

Outra maneira de seguir o curso é dialogando com o mistério. Peça ajuda e espere recebê-la. Peça respostas e sinais que te tranquilizem. Abra-se, mantenha a crença e veja novos caminhos e novas oportunidades se apresentarem. Dê um passo à frente para acessar essas possibilidades e siga rumo ao desconhecido.

Isso pode vir em forma de sincronicidade, ou seja, da ocorrência simultânea em um período específico de eventos que estão relacionados de maneira significativa. Sincronicidades podem agir como afirmação, podem nos oferecer dicas e respostas, podem ajudar a seguir nosso caminho.

Sincronicidades estão um passo além da coincidência — há uma sensação de raridade, mágica ou destino relacionadas a elas. Encontrar um vizinho na loja da esquina é uma coincidência. Um grande número de coincidências — muitas surpreendentes ou relacionadas a algo específico fermentando dentro de você — em um curto período constituiu uma sincronicidade.

Decida-se a fabricar sincronicidades. Torne sua vida um templo da sincronicidade. Peça ao universo para lhe dar apoio ou abrir portas de alguma maneira. Esteja aberto a que elas se apresentem em todas as áreas de sua vida. Uma de suas marcas registradas é a sensação de fluxo. Para mantê-las disponíveis, é só fazer o que é pedido a você. Pratique criando sincronicidades menores na sua vida. Treine-se a procurar opções, não limites.

Também confio nas sincronicidades se uma ocorrência incomum ou um passo à frente são imediatamente seguidos por uma facilidade, um fluxo, ou se as oportunidades se alinham em termos de momento ou programação. Uma amiga chama a sorte e a oportunidade deixando tempo livre em sua agenda durante a semana, ou mesmo o mês ou o ano seguintes. São momentos intencionalmente abertos para as bênçãos desconhecidas que estão a caminho dela. Quando há espaço intencional aberto para que oportunidades empolgantes surjam, elas surgirão.

A Lua crescente é um bom momento para notar o que já está em sua vida e que deseja compartilhar revelações com você. Procure objetos físicos, talismãs ou símbolos que queiram falar com você, ou que indiquem uma mensagem do universo, ou pelo menos do seu subconsciente. Eles podem aparecer como símbolos físicos de afirmações psíquicas. Meu companheiro vê falcões em todas as partes. São seu guia animal, seu lembrete de expandir seu olhar e sua perspectiva. Quando deparo com uma moeda no chão, considero um símbolo de que estou no caminho certo. A Lua crescente pode ser o momento perfeito para criar um banco de símbolos significativos, ou ter maior consciência dos que já estão com você.

Tente relacionar coisas diferentes. Tem dois ou três interesses diferentes? Talvez eles não devessem ser mantidos separados. A colaboração autêntica facilita o aprofundamento exponencial do poder. Gosta de jardinagem e poesia? Escreva poesia da perspectiva de uma peônia. Se um dos caminhos que estiver seguindo é o da confiança e outro é o de reacender sua criatividade, forme um grupo criativo que se reúna mensalmente.

Uma prática de centralização que me ajuda a manter a consciência de diferentes cursos e sincronicidades é tirar algumas cartas de tarô, meditar e escrever no meu diário pela manhã. Isso pode ser acrescentado a seu rastreamento lunar diário. O tarô é um lembrete incrível da magia, uma vez que espelha com frequência exatamente o que está acontecendo em algum nível de sua psique. Se você não gosta de tarô, talvez possa escrever no seu diário, desenhar, cantar, cozinhar, se movimentar ou exercitar, ou meditar. Faça o que quer que te conecte a você.

Seguir o curso exige ouvir e confiar em sua intuição. Também exige tomar uma atitude que pode não parecer lógica na superfície. Deixar o "trabalho dos sonhos" para voltar a estudar. Terminar com alguém legal que todo mundo achava que era a pessoa certa para você, mas que na verdade não era. São escolhas dolorosas de se fazer no momento, mas que acabam valendo a pena. É preciso ter paciência e coragem na mesma medida. O momento pode coincidir com a importante mensagem de que você deve fazer uma escolha difícil, mas correta, para seguir em frente com a vida que precisa viver. Lembre-se de que há ajuda disponível em sua comunidade, seus guias e sua intenção.

A LUA CRESCENTE É O MOMENTO DE CONSIDERAR A ABUNDÂNCIA

Antes do advento da eletricidade e da agricultura industrial, a Lua crescente, com sua luz abundante, permitia que os fazendeiros dedicassem mais tempo por dia à colheita. Eles podiam trabalhar até mais tarde, o que resultava em maior produtividade e maior fartura. Cultivar uma mentalidade de abundância é um dos mais importantes trabalhos que podemos realizar.

Grande parte do que a cultura dominante valoriza é baseada em números e objetos materiais. No entanto, podemos desfrutar de uma boa parte de nossas vidas com muito menos do que achamos que precisamos. A definição de riqueza apenas como "dinheiro herdado ou recebido através do trabalho" é bastante limitada. Riqueza, prosperidade e abundância são estados mentais. Redefina o que isso representa para você. Inclua aí tempo, inspiração, saúde, experiências interessantes, uma mentalidade positiva, um coração tranquilo e amoroso, comunidade, conexão, risadas, pensamento crítico, o cultivo de talentos naturais, a brisa batendo na pele, comunicação autêntica, escuta profunda, criatividade, curiosidade, altruísmo, carinho, natureza e muitas outras coisas que costumam ficar fora do escopo do que o dinheiro pode comprar. Passe um tempo de cada semana priorizando qualidades e atividades capazes de centrar sua abundância.

Se você tem dificuldade com o termo "abundância", se tem dificuldade de se conectar com um sentimento de abundância, comece com o que tem. Identifique as fontes que já possui. Sua lista pode incluir:

- As línguas que fala
- As habilidades que possui

- Seus muitos talentos
- Relacionamentos fortes com outras pessoas
- O que você viveu, a que sobreviveu e o que aprendeu
- O que te dá alegria
- Experiências interessantes e aventuras
- Sua educação (acadêmica, profissional, autodidata, o que a vida te ensinou)
- Habilidades e conhecimentos que foram transmitidos por seus ancestrais
- Certas práticas de que gosta
- A comida na sua cozinha, as roupas confortáveis no seu armário, o teto sobre sua cabeça

Foque tudo o que você tem para se conectar à energia da abundância.

A artista Jennifer Moon escreve que a única abundância verdadeira é aquela que flui para beneficiar os outros. A verdadeira abundância deve ser compartilhada. Caso contrário, é apenas um acúmulo, o que perpetua a escassez.[4] Cultivar uma mentalidade de abundância é algo anticapitalista. O capitalismo quer nos manter assustados e complacentes, quer perpetuar a exploração, a competição e os relacionamentos baseados em transações. O capitalismo quer que sejamos dependentes do dinheiro como nosso mais importante ou o único recurso. Cultivar uma mentalidade de abundância nos permite ajudar aos outros de maneira autêntica. Operar de um lugar de abundância significa que há maneiras infinitas de levar uma vida que valha a pena.

Quando estamos em ressonância com a abundância, abrimos mão das coisas facilmente. Aqueles que não podem nos apoiar autenticamente ficam livres para partir. Cenários que não funcionam porque não são exatamente do que precisamos não são gatilho de estresse ou culpa. Sempre haverá outras oportunidades mais apropriadas aos nossos interesses. Não adianta nos agarrarmos às coisas, então nem tentamos fazer isso. O bastante basta. E *nós* somos o bastante.

Para aqueles que já ouviram que são "um pouco demais", o trabalho com a abundância é vital. Pessoas intuitivas, empáticas, sensíveis e criativas, femme, queer, drag queens, pessoas afeminadas, gênero-desviantes, visionárias, mulheres que sabem o que querem e outros marginalizados e ignorados pela cultura dominante por "dar trabalho demais" se beneficiam da prática da incorporação da abundância. Isso permite que nos sintamos confortáveis em nossa singularidade e acaba elevando nossa autoestima e apoiando nossas várias expressões criativas.

Utilize ações de equilíbrio para se reconectar com uma fonte produtiva. Se você se sente sozinho, recorra a alguém que talvez sinta a mesma coisa. Se sente que não tem nada, liste tudo o que tem e abra mão de alguma coisa. Se alguém é cruel com você, seja mais bondoso consigo mesmo e depois seja bondoso com os outros. Ações assim nos lembram de que temos a habilidade de moldar e transformar nosso mundo a partir de um lugar de abundância.

Durante a Lua crescente, use seus recursos para avançar de maneira resoluta na abundância em relação a seus objetivos. Recursos podem ser uma fonte de engenhosidade, comunidade e apoio emocional. Pode significar saber onde tudo está no seu ambiente de trabalho, no seu quarto, no seu apartamento. Pode significar saber em que pé estão seus relacionamentos mais importantes (incluindo o que você mantém consigo mesmo). Pode significar ter clareza quanto a seu sistema de valores central, a missão que lhe possibilita ter pontos de vistas mais amplos. Abundância pode significar ter o privilégio de viver de acordo com essas ideias todos os dias.

Em geral, nossa cultura relaciona abundância com "mais", quando para muitos a abundância representa menos. Menos distrações, menos desordem, menos complicações, menos obrigações, menos estresse, menos atividades improdutivas, menos amizades falsas. Abundância pode significar simplicidade. Segurar a onda. Fazer menos, para poder focar o que é mais importante.

Invocar abundância é nos dar mais amor e carinho. Afirmar que valemos a pena, que temos um valor infinito exatamente como somos, a despeito das circunstâncias internas, invoca abundância. Priorizar alegria, erotismo, calma, segurança e sensualidade na nossa vida cotidiana — nos pequenos momentos, nas horas em que você se sente desanimado, derrubado pelo mundo — pode ser parte da sua prática na Lua crescente.

No entanto, a quantidade de abundância que estamos prontos para receber pode ser limitada pela nossa "capacidade de recebimento". Se você for honesto consigo mesmo, talvez descubra não acreditar merecer um tratamento respeitoso, intimidade, ou certa quantia de dinheiro. Se for o caso, trabalhe para ampliar sua capacidade de recebimento. Fazer isso durante a Lua crescente, relacionado com suas intenções da Lua nova, é bastante útil quando ansiamos por algum tipo de expansão. Essa prática nos ajuda a reprogramar e nos relaxa, permitindo que recebamos mais abundância.

Sente-se em silêncio e feche os olhos. Pense em quanto amor você quer deixar entrar na sua vida, ou em quanto dinheiro gostaria de ganhar, ou em quão mais calmo gostaria de ser etc. Pense em um cenário, sentimento ou número que se relaciona com esse objetivo em particular. Note o que acontece na sua mente ou no seu corpo assim que o cenário/sentimento/número se materializa por completo em sua consciência. Se certa tensão ou ansiedade surgir, respire. Você pode precisar adentrar o cenário/sentimento/número devagar, aos poucos, até que ressoe forte e não seja preciso fazer nenhum esforço para aceitá-lo somaticamente. Conecte sua consciência a isso: afirme que seu desejo já está disponível e a caminho. Treine dizer: "Estou em alinhamento com minha capacidade de receber _____."

Reflita sobre a sensação de ter o bastante. De dar o bastante. De receber o bastante. De gerar o bastante. De ser o bastante. Então pegue essa energia e a aplique a seus desejos e ações.

A MAGIA DA LUA CRESCENTE ESTÁ NO DIA A DIA

A Lua crescente é um momento oportuno para a mágica prática e cotidiana. Cerimônias mágicas não precisam ser longas e complicadas para funcionar. Nosso ofício não precisa ser superdramático, não precisa envolver um punhal cerimonial caro, cálices de prata e materiais difíceis de encontrar. Pequenos feitiços repetidos ao longo do dia estão no cerne de algumas das magias mais eficazes. Dito isso, em algumas comunidades mágicas existe certo estigma em relação à magia prática (magia para um resultado físico específico ou externo). Isso porque esse tipo de magia (não cerimonial) era tradicionalmente praticado por bruxas da classe baixa ou trabalhadora, pessoas tentando sobreviver em um mundo em que as chances estavam contra elas. Sou grande fã de executar magia prática todos os dias, se necessário, porque sei em primeira mão que, quando você está sem dinheiro ou tem recursos limitados, obter esses recursos e se tornar financeiramente estável é o problema mais urgente em suas mãos. A prática de fazer pequenos feitiços e utilizar magia cotidiana é excelente tanto a curto quanto a longo prazo. Essa prática desperta e incrementa nossa energia, nos mantêm focados e concentrados, reafirma nossa mentalidade e mantém nossas ações alinhadas e fluindo. O fato de ser econômica — trabalha-se apenas com o que já se tem — também atrai. Entre os itens usados na magia cotidiana estão inclusos nossa voz, nossos pensamentos, papel, caneta, listas de feitiços, água, roupas, velinhas, playlists e outras coisas com que deparamos na vida. Uma pedra lisa que para a seus pés durante uma caminhada no parque ou um dente-de-leão crescendo no meio da calçada podem ser materiais bastante mágicos.

Durante a contagem regressiva para a Lua cheia, podemos pensar em como honramos nossas intenções por meio de nossas ações: desde a rotina diária até as palavras que costumamos usar e objetivos mais amplos como mudar de carreira, ativar o coletivo, executar um trabalho que vai durar muito além de sua breve e brilhante vida. Pense em pequenas ações que pode tomar, e nas não tão pequenas. Chamo de "ações simbólicas" as ações tomadas especificamente para apoiar as intenções mágicas de alguém. Trata-se de ações carregadas com a energia de seu objetivo. Elas fazem com que você se lembre do feitiço que é sua vida. A magia não é algo externo: ela se origina dentro de você. Na Lua crescente, faça uma lista de ações simbólicas e certifique-se de colocá-las em prática diariamente.

Faça magia todos os dias. Receba o dia com um agradecimento, antes mesmo de pôr os pés no chão. Encante seu café ou chá. Enquanto adiciona mel, faça uma bênção. Reconheça a doçura e o sustento em sua vida.

Faça magia todos os dias. Imagine que a água do chuveiro leva tudo o que é indesejado. Desenhe um pentagrama, escreva uma palavra positiva no espelho embaçado do banheiro. Olhe fixamente para ele, até que pulse ou brilhe, como um emblema ativado de sua vontade.

Faça magia todos os dias. Guarde um item que simbolize proteção no bolso de trás da calça. Aterre e proteja sua energia antes de sair de casa. Passe um minuto fazendo o ar da respiração subir e descer pelo seu corpo, do coração aos pés. Prometa colocar seus objetivos primeiro, antes de dedicar todo o seu tempo aos pedidos dos outros.

Palavras podem ser feitiços, por isso, use-as com sabedoria. Componha suas cartas com cuidado. Preste atenção em sua linguagem e no que se diz diariamente. Nas mensagens que circulam em seu cérebro, no que sai de sua boca para o mundo. Sua senha do computador, seu endereço de e-mail, as letras das músicas que ouve, as mensagens de texto que envia: tudo isso deve incorporar sua intenção para o presente e o futuro. Deve descrever como você deseja ser descrito pelos outros. Resuma sua intenção para o dia em uma palavra e a proclame em voz alta.

Pratique o amor-próprio. Coloque pedras de quartzo rosa sobre as pálpebras fechadas. Encontre maneiras de desfrutar mais de prazeres simples, como arco-íris, a luz bruxuleando na parede, a emoção passageira do pôr do sol. Afirme seu poder de modificar seu entorno, alterar suas escolhas e sua jornada quando quiser. Dê a si mesmo aquilo de que mais precisa: dance, coma uma porção de morangos, passe uma tarde no parque com um livro.

No fim do dia, reserve um tempo para se desconectar de qualquer estresse ou turbulência. Conforme relaxar, promova um sono tranquilo. Diminua as luzes e acenda duas velas, uma para você e outra para o sobrenatural. Quando for se deitar, agradeça a seu corpo, a seus ancestrais, a seus anjos, a seus apoiadores, por mais um dia.

Pequenos rituais e atividades para experimentar na Lua crescente

Faça um esforço para ir a algum lugar aonde nunca foi e converse com um desconhecido. Pense na energia que concede ao espaço. Sua cama é um espaço. A internet é um espaço. Em diferentes momentos do dia, chame sua energia de volta. Abra uma poupança. Escolha algo que você sempre quis fazer e torne um hábito. Só faça, e depois repita diariamente. Se colocou bons hábitos em prática na Lua nova, coloque mais. Encante seu quarto, a água que você bebe, os encontros que tem, a si mesmo. Priorize ser mais encantador, especialmente consigo mesmo. Acrescente vitaminas ou infusões de ervas à sua rotina diária. Concentre-se em sua saúde. Inclua erotismo em grandes e pequenos momentos. Faça mais sexo, com outras pessoas e consigo mesmo. Peça um aumento ou cobre valores mais altos. Diga "não, obrigada" para ofertas que não estão adequadas. Entre em contato com uma ou mais pessoas que admira e as chame para jantar. Comece a trabalhar uma hora mais cedo ou fique até uma hora mais tarde, focando o que ama. Alinhe mais das suas ações com o que valoriza.

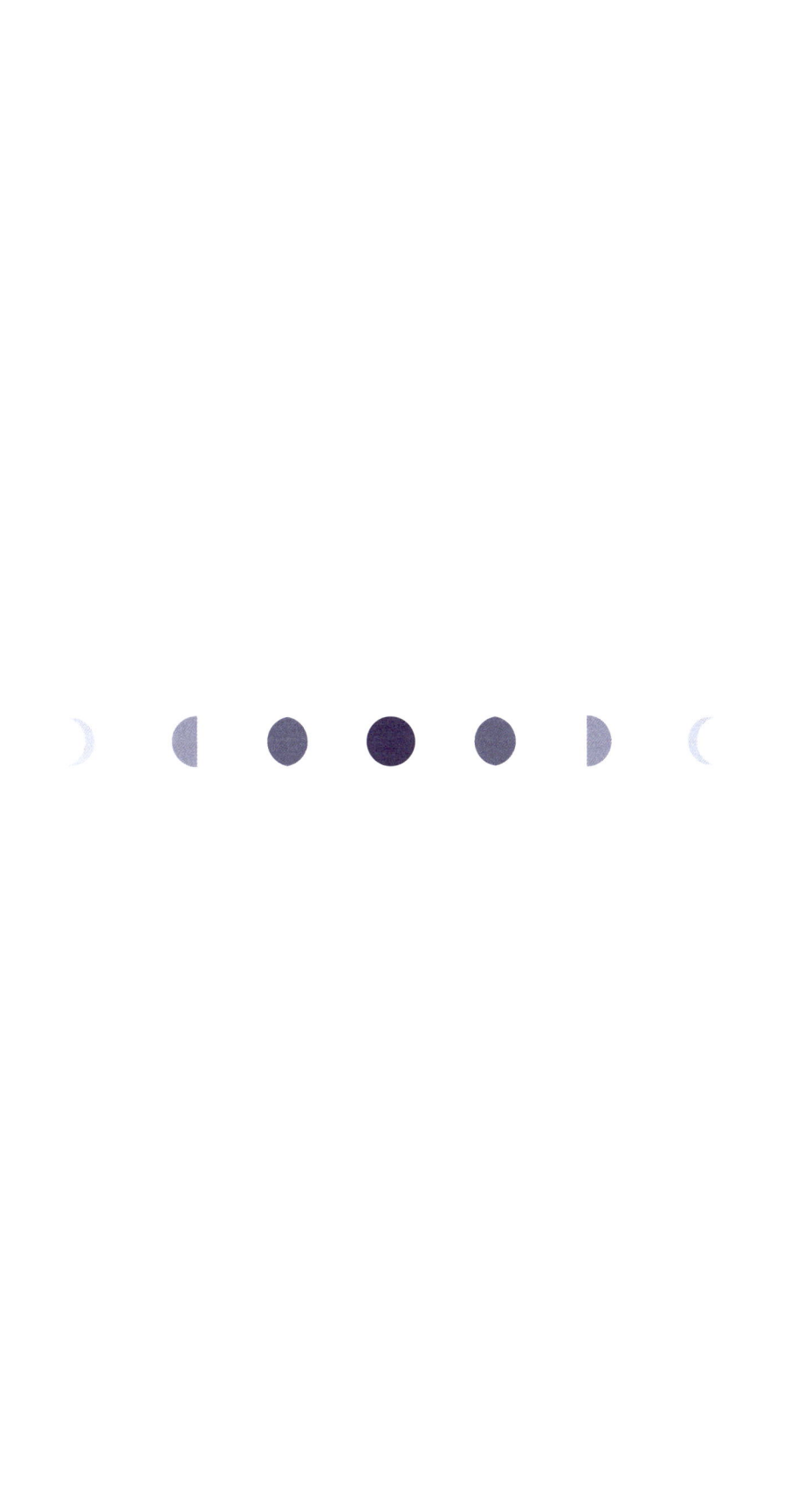

Magia da Lua crescente

Abundância, expansão e resultados externos são o foco da magia da Lua crescente. Feitiços protetivos ou relacionados a amor, dinheiro, fertilidade, beleza, criatividade, abundância, saúde, reconhecimento, fama, promoção e reconhecimento são todos incrementados pela Lua crescente. Feitiços arrasa-quarteirão caem perfeitamente bem aqui. Feitiços de vitória, sucesso e superação de obstáculos são ótimos para a Lua crescente. É o momento dos feitiços para fazer as coisas. E é o momento de fazê-las, claro.

Magia sexual, magia empática e magia criativa, como fazer arte, amuletos e talismãs, tudo isso recebe apoio especial nesse período. O trabalho com feitiços repetitivos — repetir o mesmo feitiço ao longo de um período ou fazer um feitiço que se prolonga por alguns dias — também é apoiado pela energia crescente da Lua.

CRIANDO SEU ALTAR DE LUA CRESCENTE

Um altar de Lua crescente pode ficar montado por alguns poucos dias ou duas semanas inteiras, até a Lua cheia. Também pode ficar montado até a próxima Lua crescente — embora eu mesma nunca tenha feito isso, sei de pessoas que têm outras práticas e que deixam seus altares montados durante toda a lunação.

O altar de Lua crescente pode ter objetos simbólicos importantes que correspondam às ações e ao foco da sua Lua crescente. Ele pode ser uma interpretação da sua energia na Lua crescente. Também pode servir de lembrete daquilo em que você está trabalhando. Crie representações visuais dos pontos em que gostaria de crescer. Pessoalmente, gosto de manter meu altar de Lua crescente cheio de objetos simbólicos, oferendas e pedidos.

Seu altar Lua pode ser um vaso de cerâmica com uma pintura significativa, que fica no seu ambiente de trabalho. Pode ser você dizendo o que quer fazer e depois fazendo, não importa o friozinho no estômago que isso lhe cause. Lembre-se: seu altar é você, e isso pode mudar! Seu altar é sua devoção e o que você conspira para criar. É o trabalho com que você contribui para o mundo. É como você se trata e como decora seu precioso vaso.

Correspondências mágicas com a Lua crescente

Seguem algumas sugestões de correspondências com a Lua crescente. É importante desenvolver um conjunto de correspondências pessoal, dependendo de suas interpretações. Deixe o que não lhe diz nada de fora e faça seus próprios acréscimos.

Pirita, citrino, olho de tigre marrom e azul, cornalina, pedra da lua rosa, calcita mel, quartzo amarelo, malaquita, opala verde, jaspe — como jaspe policromo e jaspe kambaba —, botões de flores recém-abertos, chifres e cascos; cores rosa, vermelho, verde, amarelo, laranja, marrom; urtiga, pólen, alecrim, milefólio, gengibre, raiz dourada, ginseng indiano, bambu, terra, norte, seixos, casca de árvore, mel, quaisquer flores quase maduras, as cartas Imperatriz, os Amantes e os Cavaleiros no tarô, quaisquer objetos pessoais com que deseje trabalhar ou que queira carregar sob a luz crescente da Lua.

Deusas que correspondem à Lua crescente: Vênus, Zirna, Hator, Brígida, Iemanjá.

Arquétipos que correspondem à Lua crescente: o trabalho e a vida de Frida Kahlo, Beyoncé, Mary Oliver, Kate Bornstein, Marie Laveau, Kerry James Marshall, Ana Mendieta.

Guias animais que correspondem à Lua crescente: leopardos, cavalos, cabras da montanha, coelhos, formigas e abelhas.

Feitiço simples de humanifestação para atrair dinheiro

Você vai precisar de:

- Uma caneta branca e uma vermelha
- Uma vela verde ou dourada que não seja votiva (você vai precisar entalhar a vela)
- Um punhal cerimonial, um alfinete, um prego ou outro utensílio afiado
- Dinheiro, se possível relacionado à quantia que gostaria de atrair, por exemplo, oito dólares para representar oitenta mil dólares (moedas ou notas)
- Pedras e cristais que conotem abundância e prosperidade, como pirita, malaquita, jaspe kambaba

Preparação:

Organize seu altar de modo que os ingredientes do feitiço cerquem a vela.

Pense no que quer criar ou atrair. Seja específico: escolha uma única coisa. Se for uma quantia em dólares, seja preciso. Dica: é melhor determinar a quantia que deseja receber ao longo do ano (ou o total de uma renda estável para os próximos anos) em vez de fazer feitiços para tapar buracos (por exemplo, "preciso pagar o aluguel"), para não ter que repetir o feitiço a cada mês. Além disso, vale experimentar estar aberto à entrada de dinheiro por meio de diferentes maneiras, desde que saudáveis e para o bem de todos. Da mesma maneira, desejar saúde no longo prazo ou profissionais da área prestativos pelos próximos anos faz mais sentido do que fazer um feitiço para curar uma gripe. Seja cuidadoso e específico na formulação de feitiços.

Escreva seu desejo e acrescente "isso ou melhor".

Execução:

Faça seu círculo e inicie quaisquer ações específicas que costume realizar para se aterrar seu feitiço e incrementar seu poder.

Entalhe seu desejo na vela e a decore. Três sugestões de como fazer isso são: 1) de maneira simples, com as notas e uma ou duas palavras que expressem o desejo; 2) de maneira criativa, entalhando um símbolo do desejo; 3) com seu próprio sigilo.

Acenda a vela.

Entoe seu feitiço ou leia seu desejo em voz alta três vezes. Queime o papel na chama.

Pegue o dinheiro para carregá-lo com sua intenção energética.

Visualize o resultado pretendido ou invoque a energia ou os sentimentos que o resultado pretendido espalharia por seu corpo enquanto segura o dinheiro. Desenho o símbolo, a palavra ou o sigilo que entalhou na vela no dinheiro, se forem notas.

Deixe a vela queimando por pelo menos três dias quando estiver em casa. (Nunca a mantenha acesa sem alguém por perto.)

Depois que a vela tiver queimado, desfaça o altar. Gaste ou doe o dinheiro usado no feitiço, de uma maneira significativa. Comprometa-se com fazer todo o trabalho necessário para expandir e receber mais prosperidade.

Feitiço energético

Este é um feitiço para ampliar sua energia e apoiar o impulso e as motivações relacionados a suas ações.

Itens sugeridos:

- Papel
- Caneta vermelha

- Fio vermelho
- Vela (de preferência vermelha, amarela ou laranja)
- Folha de louro
- Pedras e cristais que simbolizam energia e movimento, como cornalina, citrino, heliotropo, prata, cobre, fluorita ou quartzo transparente
- Você também pode querer escolher uma trilha sonora para o feitiço ou para ouvir depois, com músicas animadas e revigorantes

Antes de começar, pense no que você realmente deseja e no que vem adiando. Este é um feitiço para dar força a seus impulsos e trazê-los ao mundo. Também é um feitiço para coragem e ativação de energia.

Purificação: tome um banho, lave o rosto e as mãos, acenda um ramo de plantas secas e passe-o de cima a baixo do corpo e do seu campo energético ou tome um banho com sais.

Prepare seu altar colocando os ingredientes escolhidos para o feitiço em algum lugar que simbolize o apoio, a energia ou a motivação de que necessita. Por exemplo, se precisar de disciplina e consistência, você pode dispor seus itens em um quadrado no seu altar. Talvez você precise de mais liberdade: nesse caso, disponha seus itens de maneira descontraída e espaçada. Proceda como lhe parecer bom.

Faça seu círculo.

Acenda a vela e foque a chama. Posicione as mãos em volta da vela e imagine a luz penetrando-as e se movendo pelo seu campo energético. Conecte-se à sensação da chama bruxuleante e traga essa energia para seu coração, seu terceiro olho, suas mãos e seu corpo todo.

Escreva em que direção você pretende avançar. Coloque a folha de louro no papel e embrulhe-a.

Coloque uma pedra ou cristal em cima.

Amarre com o fio enquanto entoa ou canta seus desejos.

Movimente-se de maneira a fazer a energia circular. Vibre, bata os pés ou dance — faça o que for preciso para se animar.

Afirme que vai começar a dar os passos necessários para avançar no reino físico durante a Lua crescente ou o quanto antes. Saiba que isso ou algo melhor virá a você assim que começar a avançar.

Coloque o talismã que fez (com a pedra ou cristal, o papel e a folha de louro) perto da vela. Se tiver outros itens em seu altar, disponha-os em torno do talismã, para carregá-los. Quando sua vela queimar, tire o talismã do altar. Leve-o consigo para se lembrar do que precisa fazer.

Tarô da Lua crescente: Mantendo-se centrado

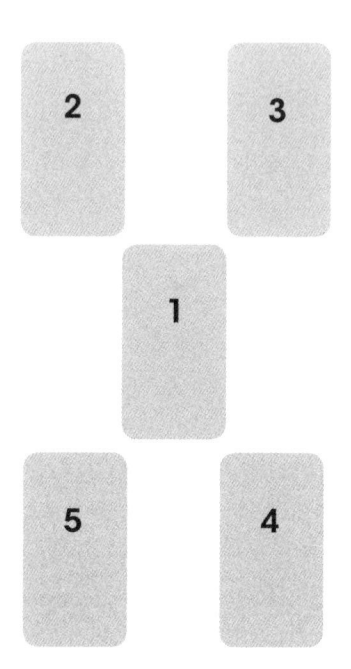

Essa é uma sequência simples de quatro cartas, no melhor estilo "escolha sua própria aventura", para se manter centrado em seu trabalho e movimento durante a Lua crescente.

Carta 1: Pegue o baralho e escolha uma carta que corresponda àquilo em que está trabalhando no momento. Ela deve espelhar o estado final do objetivo e como você pretende se sentir ao realizar o trabalho.

Relaxe o corpo e faça algumas respirações profundas. Concentre-se no seu desejo enquanto embaralha as cartas. Cada pessoa tem seu próprio ritual:

você pode querer embaralhar sempre que tira uma carta ou embaralhar uma única vez e tirar as cartas em sequência.

Você vai criar um quadrado com as outras quatro cartas, em sentido horário.

Comece colocando a carta 2 em cima e à esquerda da carta 1. Esse é o próximo passo a dar ou a próxima ação a realizar para conquistar seu objetivo.

Coloque a carta 3 em cima e à direita da carta 1. Ela é o bloqueio, a sombra ou o desafio que vai se apresentar conforme você avançar.

Coloque a carta 4 embaixo e à direita da carta 1. É como você pode abordar ou trabalhar com o desafio. (Preste bastante atenção nisso, notando se o desafio é um tema constante em sua vida e se lhe soa verdadeiro. Agir também pode ajudar a romper com padrões antigos.)

Coloque a carta 5 embaixo e à esquerda da carta 1. Ela representa o que vai se transformar ou o que vai ser curado em você depois de realizar o trabalho.

Você pode escolher uma carta de tarô dessa sequência que sirva como um arquétipo de patrono, para mantê-lo focado e avançando. Ela pode ser o fundo de tela do seu celular, ou você pode desenhá-la e anotar o conselho que representa.

Amuletos da Lua crescente

A Lua crescente e o quarto crescente são um ótimo momento para criar um amuleto mágico. Um amuleto é um feitiço ou objeto em que se infunde sorte e intenção. Em todo o mundo, as pessoas se utilizaram desses símbolos: a Vênus de Willendorf provavelmente foi um amuleto para a fertilidade; o Olho de Hórus, o olho que tudo vê, foi um amuleto egípcio para proteção, poder e saúde; o hamsá é um símbolo judaico de boa sorte, saúde e proteção. Talvez você queira fazer um amuleto com itens da simbologia ou história de sua própria cultura.

Amuletos são lembretes tangíveis e portáteis de nossa intenção. Faça um amuleto ou talismã para proteção: você pode colocar turmalina negra, milefólio, alecrim, um escudo pequeno e um poema escrito à mão sobre segurança em uma bolsinha escura. Um amuleto para o amor pode utilizar pétalas ou água de rosa, quartzo rosa, violetas e uma carta de amor que você escreveu para si mesmo.

Algumas bruxas fazem um círculo, aterram-se e carregam seu amuleto com os elementos: passam-no pela chama de uma vela, sopram-no, respingam água e jogam sal nele (você também colocá-lo em seu pentagrama, se tiver um). Você pode visualizar suas intenções com o amuleto em mãos, depois aterrá-lo. Pode deixar o amuleto em seu altar até que uma vela acesa se apague, e depois usá-lo ou mantê-lo sempre no bolso. O amuleto pode ser utilizado indefinidamente, ou até que você sinta que fez o seu trabalho e ofereça algo a ele em agradecimento.

Se você não é uma bruxa muito prendada, há maneiras mais fáceis de ter um amuleto, em vez de produzir o seu. Você pode comprar ou usar um item que simbolize o que precisa, como uma ferradura para sorte, ou um escudo para proteção. Segure o item em suas mãos e se concentre. Cante uma música ou entoe um feitiço. Visualize a energia desejada fluindo de suas mãos para o item, de modo a infundi-lo e envolvê-lo com sua magia. Depois coloque-o em algum lugar onde possa vê-lo e onde lembre você de seu propósito.

Meditação e bênção neutralizante da Lua crescente

Você pode fazer isso sentado ou deitado, desde que esteja em uma posição confortável. Depois que estiver acostumado com o exercício, pode executá-lo de pé ou até mesmo andando.

Inspire e expire algumas vezes, com atenção. Desacelere a respiração e a mantenha equilibrada, de maneira que a inspiração leve o mesmo tempo que a expiração. Quando inspirar, encha os pulmões tanto quanto possível e expanda a barriga. Quando expirar, solte todo o ar.

Imagine que com a expiração você se livra de toda a energia indesejada, que penetra as camadas da terra até seu núcleo derretido, transformando-se em algo diferente, útil. Talvez essa energia saia na forma de alguma cor.

Talvez ela possa ser descrita, e tenha uma qualidade tangível, seja pegajosa ou alcatroada. Talvez você tenha que se desapegar conscientemente dessa energia para que ela vá embora. Depois de algumas respirações, faça uma verificação energética. Você se sente diferente? Com mais espaço? Precisa liberar mais? Mantenha-se no modo de regulação do sistema nervoso pelo tempo que precisar.

Quando se sentir pronto, volte a seu centro levando sua atenção ao seu corpo no momento presente. Na inspiração, imagine a energia da terra, que dá a vida e é cheia de recursos, entrando em você e te rejuvenescendo a partir das solas dos pés, aterrando você e te apoiando, sustentando suas células. Deixei que essa energia se espalhe por todo o seu corpo, até seus pulmões e o topo da sua cabeça, seus braços e suas mãos.

Com a inspiração, abençoe algo de bom. "Abençoe este apartamento", "Abençoe meu gato", "Abençoe minha saúde", "Abençoe minha respiração" etc. Faça a bênção em voz alta, se possível.

Com a expiração, abençoe uma fonte de estresse. "Abençoe esta conta", "Abençoe esta demissão", "Abençoe este medo" etc.

Com a inspiração, responda à fonte de estresse com uma solução ou afirmação. "Abençoe o fato de que sei me virar", "Abençoe minha capacidade de pedir ajuda", "Abençoe minhas economias" etc.

Faça isso pelo tempo necessário para abarcar todas as bênçãos de sua situação atual. Respire mais algumas vezes. Talvez você queira soltar alguns suspiros altos ou até gritar, sacudir seu corpo ou desopilar de outra maneira para concluir o exercício.

Reflexões para o diário na Lua crescente

Escolha alguns desses temas para considerar e escrever na Lua crescente:

Como estou traduzindo minhas intenções da Lua nova em ações na Lua crescente?
Qual é meu trabalho neste momento?
A que sou resistente? Por quê?

Como posso trabalhar com essa resistência, ou apesar dela?
Que caminhos estão se abrindo?
Como sigo esses caminhos?
Que sincronicidades estão ocorrendo no momento? O que simbolizam?
Preciso criar alguma sincronicidade? Como faço isso?
Como eu descreveria minha energia?
Onde preciso alinhar minha energia?
Como faço isso?
Onde preciso melhorar?
Como é a abundância para mim?
Como posso operar em um lugar de maior abundância?
Como posso ocupar mais espaço na minha própria vida?

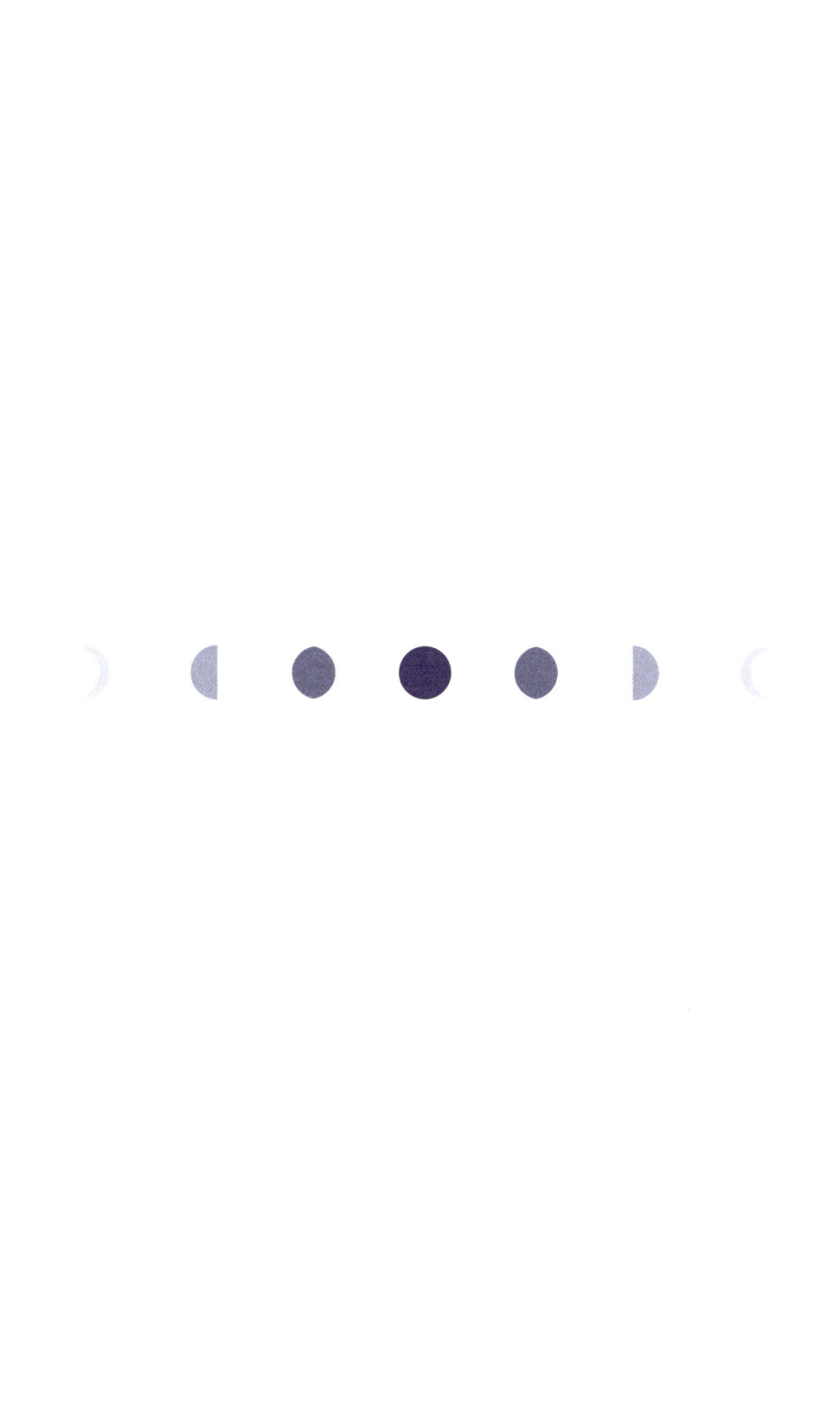

A Lua cheia

A alquimia da consciência

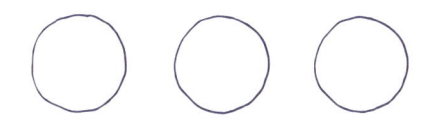

A Lua cheia ocorre quando a Terra está localizada exatamente entre o Sol e a Lua. Na Lua cheia, as longitudes elípticas do Sol e da Lua estão separadas em 180 graus. Trata-se do único período no ciclo lunar em que esses dois corpos celestiais estão completamente opostos. Devido às posições da Lua e da Terra, podemos ver toda a luz do Sol refletida na superfície da Lua, o que a torna nossa lanterna coletiva, nossa bola de cristal brilhante no céu.

A Lua cheia surge ao Leste no pôr do Sol e se põe a oeste no nascer do Sol. Dependendo do clima, podemos vê-la acima de nossas cabeças a noite toda. Se nossa observância do ciclo lunar começou na Lua nova, a Lua cheia é a terceira das fases lunares primárias. Marca a metade do ciclo lunar, e é um ponto importante do mapeamento lunar. Reconhecemos o que sabemos, o que aprendemos e nomeamos todos os lugares por que passamos desde a Lua nova. A Lua cheia ilumina nosso caminho rumo à personificação de tudo o que estamos nos tornando.

Antes da eletricidade, a noite era um lugar escuro e ameaçador. Era sinônimo de perigo e desconhecido. Antes que a iluminação de rua existisse, a Lua era uma lâmpada no céu. Luas cheias tornavam a conexão mais fácil. Seu amor podia olhar em seus olhos brilhantes e te adorar. Tradicionalmente, a Lua cheia era o momento em que as bruxas se reuniam. Os sabás, encontros religiosos e espirituais de bruxaria, aconteciam na Lua cheia. Esse termo vem da palavra hebraica *shabbat*, que significa "cessação" ou "descanso". No judaísmo, o sabá é um dia sagrado semanal, observado de pôr do Sol a pôr do Sol, ao fim de toda semana. Como o judaísmo segue o calendário lunar, muitos de seus principais feriados coincidem com a Lua cheia. Muitas tradições indígenas e pagãs também realizam rituais e festividades nessa fase da Lua. Assim as pessoas podiam se reunir, festejar e comungar em segurança, depois voltar para casa também em segurança. A Lua cheia se tornou um momento auspicioso. O caldeirão — um meio de nutrir, um recipiente de misturar mágicas, um lugar de alquimia — é uma metáfora para a Lua cheia.

A Lua cheia também tornou possível que as pessoas realizassem o trabalho agrícola, como a colheita, até mais tarde. Tradicionalmente, é quando os herboristas fazem seus remédios. Nela, as pessoas sabiam que comeriam bem, que seus entes queridos estariam bem cuidados. Ainda é o momento em que os fazendeiros semeiam. Dependendo da época do ano, também é quando os jardineiros tiram mudas e as plantam, uma vez que a água do solo está mais próxima da superfície.

É uma época de maré alta. A água dentro de nós se aproxima da superfície. Dizem que sangramos mais na Lua cheia. Nesse momento, nossa água e nossas emoções se movimentam, vêm à tona, e somos forçados a lidar com elas. Isso pode ser perturbador. Emoções são poderosas — controlam eleições, fazem as pessoas atravessar oceanos velejando, liderar movimentos por direitos civis, escrever óperas, criar vida. Quando não sabemos em que direção as ondas vão quebrar ou como pegar onda, experimentamos incerteza e instabilidade emocional, o que implica medo.

As emoções mais intensas que experimentamos durante essa fase levaram à crença de que ficamos levemente lunáticos na Lua cheia — somos tomados pela emoção e pela luxúria, por reações acaloradas supostamente despertadas por ela. Mas a Lua não cria nada que já não esteja lá. Ela só destaca o que precisa encontrar uma saída. Seu reflexo apenas nos mostra os aspectos de nós mesmos que precisam de atenção e cuidados.

Quando estamos em contato com nossas emoções, nossas necessidades se revelam. Quando conseguimos trabalhar com nossas emoções, emocionalizamos pensamentos; quando programamos nossas emoções para nos ajudar a nos curar, evoluir e seguir rumo a nossos desejos, nos tornamos um veículo profundo da alquimia.

A Lua cheia é a Lua das lendas: transforma humanos em lobisomens, faz bruxas rirem em volta de caldeirões, faz as pessoas perderem a cabeça. O estigma de lunático talvez tenha suas origens nas tentativas da Igreja de afastar as pessoas da veneração à Lua: um dos nomes da deusa romana da Lua era Luna. Seus seguidos eram considerados malucos pela Igreja.[1]

Muito do medo relacionado à Lua cheia pode ser atribuído à velha misoginia. A Lua cheia há muito é associada com o feminino, com a sexualidade feminina, com o sangue menstrual, com o indomado, o incontrolável, o selvagem. O feminino há muito é associado com o interno e tudo o que reside no reino do emocional, do intuitivo, do intangível.

A Lua cheia é onde o subconsciente e o consciente se encontram. Nossos desejos e medos se misturam. É um lugar de alquimia. É uma oportunidade. A sensação de "tudo ao mesmo tempo" que a Lua cheia amplia em nós não é um dom a ser desperdiçado. Recebemos revelações e somos iluminados. O que devemos abordar a seguir em nosso processo particular nos é mostrado. Quanto mais a encaramos como uma porta para nosso corpo, um decodificador de emoções, uma corda que nos leva aos túneis do subconsciente, mais acessamos seus poderes de guia. Nossa transformação se torna tangível sob o portal da Lua cheia.

O MOMENTO DA LUA CHEIA

Tecnicamente, a Lua só fica em sua fase cheia por alguns segundos. Ao olho humano, no entanto, ela parece cheia por cerca de quatro dias. Isso porque leva cerca de quatro dias para a Lua passar de 95% luminosidade cheia a 95% de luminosidade no outro estado — ou seja, minguante.[2]

Em média, a Lua fica num signo astrológico por dois dias. Se você está trabalhando com a astrologia da Lua cheia para aproveitar a energia particular da "Lua cheia em áries", então tem cerca de dois dias para criar seu ritual e fazer seu feitiço. Uma boa regra geral é observar a Lua cheia depois de três dias. Se você é muito sensível às epifanias psíquicas e mensagens intensas dessa Lua, talvez possa fazer um feitiço ou criar um ritual um ou dois dias depois, quando estiver mais orientado. A melhor maneira de decidir quando e como trabalhar com a *sua* Lua cheia envolve um processo similar a descobrir as nuances da sua experiência pessoal com a Lua nova. Verifique como você se sente física, energética, emocional e intuitivamente. A prática é sua, e você pode criá-la de uma maneira que faça sentido para você.

O momento da Lua cheia é uma coisa e as sensações da Lua cheia são outras. As sensações podem ter início até uma semana antes dessa fase. Sono espasmódico, insônia, tensão, ansiedade ou emoções à flor da pele são todos efeitos de uma Lua quase cheia ou cheia.

A Lua cheia, assim como a Lua nova e a Lua escura, é uma das fases lunares em que tudo é escrito em maiúsculas e seguido de pontos de exclamação. A Lua cheia nos lembra de que tudo, uma hora, volta. Se pudermos, lidamos com isso; estamos aqui agora. Se estivermos sobrecarregados, se formos exigidos demais, se estivermos distraídos demais para olhar para ela e receber suas mensagens, teremos outra oportunidade na noite seguinte, ou na próxima Lua cheia. Se prestarmos atenção, se nos concentrarmos, ficamos mais disponíveis para nós mesmos e para aqueles ao nosso redor.

SE A LUA CHEIA É DIFÍCIL PARA VOCÊ

A fase da Lua cheia é bastante desconfortável para muitas pessoas. Ficar exposto é desafiador: seus segredos sinuosos e o que parecem ser suas piores partes são projetados na telona da sua vida. A Lua cheia pode reabrir feridas muito particulares. Pode parecer uma lanterna cruel e forte apontada para o ponto exato que você deseja manter escondido. Se isso acontecer, tente refletir acerca das emoções que surgirem. Fique com a ferida, dê espaço a ela. Ofereça à criança interior ou à sua sombra o apoio e a validação de que precisa.

Sob a intensidade da Lua cheia, não podemos mais ignorar a tensão entre o que precisamos e o que queremos. Ou entre o que temos e o que realmente precisamos. Esses contrastes podem ser insuportáveis. A ambivalência pode ser uma amiga, porque o ponto entre o coração e a lógica, os sonhos e a ação, o presente e o futuro são espaços vitais a explorar. O tempo passado misturando essas coisas em vez de dividindo-as pode transformar padrões.

A Lua cheia também pode ser um momento difícil se é desafiador nomear seus desejos e necessidades e pedir que sejam atendidos. A vulnerabilidade não é para os fracos de coração. Esse momento de epifanias e mensagens também pode ser difícil para os mais sensíveis que não praticam a limpeza energética regularmente, ou que poderiam se beneficiar do estabelecimento de limites mais firmes.

Também há os efeitos psicológicos. Para muita gente, é um momento de pouco ou nenhum sonho. Se a Lua cheia e brilhante te mantém acordado, trabalhe com o que se revela. Registre as epifanias do meio da noite. Preste atenção nos padrões familiares que se escondem sob a falação interna. Se você sabe que não costuma ter muito sono de qualidade nessa época, proceda de acordo. Não marque coisas demais. Planeje as refeições, as tarefas, as decisões difíceis e as conversas difíceis. Seja seu melhor amigo.

A Lua cheia cai bem no meio do ciclo lunar. E meios são complicados. A fagulha do desconhecido e das experiências novas nos mantém envolvidos no início de um processo. Todo mundo ama a Lua nova! Mas, conforme avançamos, questões se apresentam. Problemas surgem e precisam ser resolvidos. Há mais motivos para desistir do que para seguir em frente. Na Lua cheia, já passamos pela fase da Lua crescente. Subimos a montanha, houve suor e lágrimas. Talvez estejamos machucados ou baqueados; talvez tenhamos encarado o constrangimento de quando as coisas não saem como pensávamos. Talvez tenhamos desistido e isso nos deixe envergonhados. Ou pode ser que tenhamos feito todo o trabalho, feito hora extra, sobrevivido a conversas difíceis, feito o esforço espiritual e físico necessários, de modo que a Lua cheia nos encontra simplesmente esgotados.

Também pode haver certa pressão para fazer um ritual ou um feitiço na Lua cheia, como se fosse a única chance disponível de acessar magias fortes. Não é. Para um feitiço ser bem-sucedido, é preciso estar presente e ser capaz de transformar a energia e até se divertir com isso. Se você não consegue fazer essas coisas, essa é sua realidade. Não se culpe. Talvez para você a Lua cheia represente um filme na cama, tirar algumas cartas de tarô, escrever no diário. Talvez você se permita ficar dez minutos do lado de fora, olhando a Lua, para que a gratidão reflita em seu corpo. Trabalhar com o ciclo holisticamente significa fazer magia em toda a sua espiral — e não apenas na Lua nova ou na Lua cheia. Conforme colaboramos com a energia da Lua em cada fase, nos conectamos com todo o ciclo, incluindo a Lua cheia.

QUANDO VOCÊ SE ENCONTRA NA FASE DA LUA CHEIA

Quando você se encontra na fase da Lua cheia, está totalmente ligado. Não cabe em si, e a sensação é muito, muito boa. Você se sente um anjo na terra, precioso, vivo, inspirado, revigorado. Sente que é você mesmo. É mantido pelo cosmo, enquanto navega em meio à correnteza de um rio chamado destino.

Pratique gratidão através da alegria e da celebração. Em qualquer outro dia, talvez quisesse mudar uma ou duas coisas, mas o presente é imune a críticas. O fato de que esses momentos mágicos não surgem todos os dias valoriza ainda mais a experiência. Tenha calma na hora de acompanhar o show de fogos de artifício, no entanto — se não tomar cuidado, pode acabar se esgotando.

Quando você está na fase da Lua cheia, é nutrido por suas conexões com os outros. Você encontra as pessoas, ouve, mantém-se presente. Os caminhos que seguiu agora se misturam com a magia do coletivo.

Quando você está na fase da Lua cheia, você se ancora profundamente, se reconecta com a pura vontade, e vai até a linha de chegada. Alcança o que antes não conseguia. Faz aquela última forcinha para chegar ao topo da montanha metafórica.

Quando você está na fase da Lua cheia, há respostas em toda parte, porque você prestou atenção à sua sabedoria interior. Você mergulhou e nadou para longe demais para que seja possível voltar. São a intuição e a fé que vão te levar até o outro lado.

A ENERGIA "TUDO DE UMA SÓ VEZ" DA LUA CHEIA PODE SER USADA COMO VOCÊ QUISER

O futuro não está garantido. Cada ser humano tem uma lista particular de desejos para "um dia". Um dia vou andar de balão. Um dia vou superar meu medo de pisar no palco. Um dia vou fazer um curso de reanimação cardiorrespiratória, vou parar de chegar atrasado à ioga/à terapia/ao cinema, vou explorar minhas fantasias sexuais, vou meditar toda manhã, vou me desculpar com aquele amigo com quem dei mancada, vou me comprometer a sempre tomar café da manhã, vou escrever uma carta de agradecimento àquele professor ou àquela professora que foram fundamentais para mim, vou dormir oito horas nas noites de semana. Um dia, um dia, um dia, um dia!

Em certo momento, nossos "um dia" precisam se tornar "hoje".

A situação de nossa vida depende em parte do que fizemos no passado. E muito do futuro será diretamente influenciado pelo que fazemos hoje. Que feitiços de Lua cheia você pode realizar ao fazer o que já era necessário há muito tempo? *Como "um dia" pode ser hoje, de alguma maneira?*

A Lua cheia nos mostra esses "um dia". O que estamos prontos para examinar, o que estamos prontos para incorporar, o que estamos prontos para liberar. O que foi esquecido e agora está pronto para ser recordado. Deixe que a Lua cheia te ajude a ver e aceitar todo o espectro de si mesmo. A fase da Lua cheia é um momento especialmente poderoso para considerar temas e padrões mais amplos, que se relacionam tanto com o subconsciente quanto com o consciente.

A Lua cheia pode nos mostrar o que precisamos abordar para virar a esquina em uma ou mais áreas de nossas vidas. Esse reflexo muitas vezes ilumina os pontos em que somos mais vulneráveis, que mais temos medo de tentar transformar, assim como nossos desejos e nosso potencial mais profundos. A vida tão sonhada que você se impede repetidamente de buscar, porque caso a busque e fracasse com certeza ficará destroçado e nunca se recuperará, é exatamente aquilo em que deve investir. Não há maneira errada de proceder, não há maneira certa de decidir encontrar seu verdadeiro eu. Quando operamos a partir de uma posição empoderada, sabemos que podemos suportar a dor e a vergonha. Nossa energia se altera quando nos lembramos de que *nós* somos a magia, *nós* somos os feitiços.

Na magia e no trabalho com feitiços tradicionais, sabemos que a Lua cheia é o momento mais poderoso para lançar feitiços para o que quer que a pessoa se sinta atraída: manifestação, direção, proteção, aumento energético, abundância, fertilidade, encerramento, paz, harmonia, apoio, criatividade, mensagens psíquicas e muito mais. Aqueles que sabem claramente o que querem estão mais propensos a se beneficiar disso.

Algumas luas cheias exigem mais introspecção. Às vezes, podemos apenas nos sentar e nos atentar ao intervalo entre a inspiração e a expiração. Às vezes, a vitória é recordar que esse intervalo está sempre à nossa espera, como uma forma de expandir o tempo e o espaço. Às vezes, conseguimos apenas sobreviver ao dia, deixando as coisas como estão. A cama é motivo de celebração. O fato de que acabou é motivo de celebração. Isso pode ser o suficiente.

Lembre-se de que as estrelas e a Lua não sabem a forma que brilham, mas brilham e encantam mesmo assim. Lembre-se de que você também brilha. Dê uma piscadela para seu reflexo no espelho. Permita-se abrir um sorriso que ilumina todo o seu rosto. Depois faça o que for preciso sob a energia poderosa da Lua cheia.

A Lua cheia é o passe livre mais reluzente do céu noturno.

Ela nos reassegura de que a resposta é "sim".

Sim, tudo bem chorar.

Sim, tudo bem desistir.

Sim, tudo bem dizer não. Ou sim.

Sim, tudo bem amar a si mesmo.

Sim, você é lindo.

Sim, tudo bem deixar de seguir/ignorar/bloquear aquela pessoa.

Sim, você pode se defender.

Sim, tudo bem seguir seu próprio caminho.

Sim, você pode ir com tudo.

Sim, é seguro e não tem problema confiar em si mesmo.

Sim.

A LUA CHEIA É O MOMENTO DA COLHEITA

Colher se refere a reunir o plantio que já está pronto. Colher é se encontrar em um estado de discernimento e trabalho. Colher é a culminação de todos os esforços envolvendo semear, promover o crescimento e nutrir. É porque semeamos e lavramos na Lua nova e cuidamos na Lua crescente que na Lua cheia levamos aos lábios os frutos que colhemos.

Nas fazendas, a colheita é a atividade mais exigente do ciclo do cultivo, envolvendo o maior número de recursos e de braços. A colheita pode ser um pouco mais longa e consumir um pouco mais de energia do que você imaginava. Se você deu tudo de si na Lua crescente, provavelmente chegará à Lua cheia com a energia comprometida, e talvez precise fazer alguns ajustes.

A colheita nem sempre envolve um fruto material. Pode envolver aprender uma lição importante. Ou ganhar experiência. A colheita interna é tão significativa quanto a externa.

Há uma pressão muito real em nossa cultura para oprimir, apressar e forçar, de maneira que a vida cotidiana de muitos de nós fica à beira da insustentabilidade. O crescimento está tão relacionado a um enraizamento seguro quanto a irromper o solo. O solo precisa ser mantido fértil, precisa possibilitar a vida durante longos períodos. Queremos que nosso sucesso esteja ligado com as raízes fortes dos outros. Queremos que o dossel coletivo permaneça vibrante e forte. Parte de um processo sustentável inclui a aceitação de que nosso sucesso está intimamente ligado ao processo do todo. Precisamos uns dos outros. Essa é a mudança do estado de espírito do "eu" para o "nós".

O que significa colher de maneira saudável? Não se forçar até a exaustão. Ser cuidadoso consigo mesmo, como se você fosse seu recurso mais precioso. Reconhecer que nossa energia é infinitamente mais valiosa que ouro. Expressar gratidão pelos recursos, pelos ancestrais, pelas lições que nos trouxeram até aqui. Não falar só porque podemos. Valorizar a vida humana e a terra acima do lucro. Pensar nos outros — talvez até em pessoas que nunca chegaremos a conhecer — e em como podemos ajudá-los. Esse é o tipo de colheita que vai nos manter nutridos por mais tempo.

Pergunte a si mesmo: O que estou colhendo? Como e por quê? Quais são meus planos no longo prazo e meus objetivos? Estou no modo sobrevivência? Por quê? Como posso passar ao modo florescer?

Seja estratégico quanto ao que vai colher

Esta parte do ciclo exige estratégia. Não trabalhe mais: trabalhe melhor. O ritmo da colheita deve ser medido pela quantidade de autocuidado administrado ao longo do caminho. Se você tende a pensar em si mesmo por último, só depois que quase toda a sua energia foi distribuída, o tempo de colheita pode ser uma oportunidade de transformar todo o cuidado em autocuidado. Se seu padrão é desistir pouco antes da linha de chegada, descubra como contornar sua tendência a dar as costas pouco antes que o fruto amadureça. Desenvolva uma estratégia para fazer mais com menos.

Pode ser que parte da sua estratégia de colheita na Lua cheia, ou quando sua vida se encontra na fase da Lua cheia, seja permitir que as bênçãos que cultivou cheguem até você. Tire o pé do acelerador. Aproveite o impulso. Compartilhe trabalhos mais antigos que não receberam a devida atenção da primeira vez. Se aprendeu certas lições, houve um motivo. Use e compartilhe essa sabedoria.

A colheita eficaz está relacionada a escolher o caminho de menor resistência. E não tentar fazer ceder o que não cede. Imagine que você está em um corredor de hotel comprido, com 82 portas, e eu lhe digo que atrás de uma está rolando uma festa incrível, planejada por um ente querido em sua homenagem. As pessoas de quem você mais gosta estão lá, sua comida preferida está sendo servida, sua música preferida está tocando e tem uma pista de dança ao lado de uma jacuzzi. Tudo o que você tem que fazer é abrir a porta certa. Você pararia na primeira porta e, quando ela não abrisse, passaria a noite toda batendo? De jeito nenhum. Você bateria em todas as portas até encontrar a certa. A vida pode ser assim. Temos que encontrar a porta que se abrirá facilmente para nós, em vez de forçar as que não cedem. Não se trata de desistir de um sonho, e sim de tentar uma variedade de maneiras diferentes de atualizar seu sonho. Não permita que um resultado insatisfatório determine a próxima fase da sua vida. Não force uma situação que não está funcionando mesmo depois de uma tentativa honesta e saudável de sua parte. Vá aonde é querido. Vá aonde o amor está.

Olhe em volta e identifique o que na sua vida está pronto para ser colhido. O que está florescendo? Tudo tem seu próprio ciclo, seu próprio tempo. Só porque algo não está pronto no momento não significa que não estará depois. Paciência envolve experimentar diferentes métodos, mentalidades e vibrações. Concentre-se no que está aqui agora. Concentre-se no que você pode tentar fazer diferente.

A incorporação como colheita

A incorporação é onde nos ajoelhamos e sujamos as mãos com nossos desejos reais, verdadeiros, empolgantes. A incorporação é a magia da colheita. A colheita é o momento de receber plenitude. Assim, faria sentido a Lua cheia ser o momento de redobrar os esforços relacionados à incorporação, diretamente relacionada à nossa abundância — cumprir a distância entre o que desejamos e o que realmente acreditamos que merecemos. Praticar conscientemente o recebimento. Nos comportar como se vivêssemos na abundância, e não na escassez.

Comece de maneira simples, se necessário. Uma aluna definiu uma intenção relacionada a um encontro que estava organizando com o pessoal do trabalho: "Quero que minha festa de fim de ano do trabalho seja uma celebração divertida." A intenção estava bastante clara. As palavras "celebração" e "divertida" definem as sensações a incorporar. Seja claro em suas intenções no seu trabalho de colheita. Identifique os sentimentos inerentes à intenção, conecte-se com eles, transforme-os em ações.

Pode ser difícil se tornar uma ponte entre estados de desejo e incorporação. Pode ser difícil passar da promessa de uma expectativa a horas encarando a realidade do necessário para atender a nossas necessidades. Não é mentira quando as pessoas dizem que, às vezes, a parte mais difícil é sair da nossa própria frente.

A incorporação exige tempo e prática. Os únicos ingredientes necessários são um corpo, sua consciência e seu desejo. Com a prática vem o progresso. Com o progresso, praticamos presença. Depois que a presença foi estabelecida, nos enraizamos. O momento presente se torna nossa técnica de aterramento. Nenhum tempo é perdido. As besteiras que fazemos não são mais motivos para nos odiar ou desistir. A mentalidade baseada no medo perde importância, de forma que passos em falso não são mais adagas perfurando nossos sonhos. Na prática da incorporação, é fácil reunir nossa colheita anual.

Colheita e livramento

Muitos astrólogos e pessoas que trabalham com magia consideram o livramento um dos temas dominantes da Lua cheia. Sugerem se livrar de emoções fortes que se possa sentir nesse momento, em geral deixando-as de lado. Na minha perspectiva, trata-se de um desperdício da energia da Lua cheia, que decorre do medo que as pessoas têm das emoções.

A primeira reação de muita gente ao ser inundada de emoções é se livrar delas, o que muitas vezes implica contorná-las ou ignorá-las. O problema é: quando reprimimos nossas emoções em vez de processá-las, elas não são liberadas, são apenas sufocadas.

O verdadeiro livramento inclui fazer o trabalho emocional de processamento que a Lua cheia às vezes exige de nós. Não descarte suas emoções nem as rejeite: sinta-as. Ouça-as, reflita sobre elas, canalize-as em algo maior que você. No mínimo, nomeie sua emoção, reconheça sua fonte, demonstre compaixão consigo mesmo, depois expulse a energia indesejada de seu corpo de alguma maneira.

Se você vai trabalhar com livramento na Lua cheia, seja claro quanto a como pensará de maneira diferente, o que fará de diferente, e se comprometa a mudar, para que o que você está liberando se vá facilmente e não retorne. Pergunte a si mesmo: estou usando o livramento para não lidar com sentimentos bastante desafiadores? Onde preciso assumir responsabilidade? Essa situação exige apenas que eu a encare de cabeça erguida em vez de ignorá-la? Como posso pegar essa energia e canalizá-la em algo maior?

Às vezes, a colheita é malsucedida

Às vezes, a colheita serve como lição do que realmente não queremos. Resultados podem ser usados no aprendizado, como informações a utilizar no futuro. Às vezes, a maior lição que podemos dar a nós mesmos é reconhecer que somos resilientes — que podemos suportar qualquer clima.

Com frequência, o fracasso significa apenas que tentamos.

O sucesso costuma ser encontrado do outro lado de muitos fracassos. Não deixe que uma ou duas colheitas malsucedidas em sequência te façam sentir que o problema é com você. Há diferentes doenças na natureza. Nem todas as sementes germinam e crescem. Tente mudar sua perspectiva e manter a compaixão consigo mesmo quando houver contratempos.

Os assim chamados "fracassos" são necessários para se desfrutar do sucesso. Aprender o que não fazer é inestimável a empreendimentos futuros. Às vezes, aprendemos da maneira mais difícil. Quando um fracasso ou contratempo acontece, não conseguimos ver o futuro, e o obstáculo parece maior do que é. Com o tempo, o que aprendemos desdobra-se em ideias, oportunidades e relações.

Se sua Lua cheia não está sendo exatamente maravilhosa, seja gentil consigo mesmo. Respire fundo algumas vezes. Note o que está surgindo para você. Algum padrão que ecoa um problema maior está sendo iluminado? Será que a questão não é como você se trata em relação aos supostos fracassos? Note onde você pode fazer escolhas diferentes. O momento vai acabar passando. Desligue o telefone, feche os olhos e leve as mãos ao coração. Se puder, saia e deixe a Lua te ouvir chorando. Ela é capaz de suportar sua tristeza. Ela estará presente no seu sofrimento. Em seus 4,53 bilhões de anos, testemunhou muitas lágrimas. O próximo começo está logo na esquina. Mas, por enquanto, descanse. Nós nos recompomos sob o perdão de um longo suspiro. Depois, reavaliamos. O que posso aprender com essa situação? O que fiz direito? Onde posso me sair melhor? Quem sou eu agora? Em todo fim aparecem diferentes começos.

A LUA CHEIA É O MOMENTO DE SE CONECTAR COM SUA INTUIÇÃO

Trabalhar com a Lua é trabalhar com sua intuição, sua sabedoria interna. Os processos do trabalho lunar revelam aspectos variados do eu conforme se avança pelas fases da Lua, ampliando o escopo de sua intuição. Nossos sentidos, nossa sabedoria interior, nossos impulsos, nossa criatividade, nossas emoções e nossas ações estão todos sob esse guarda-chuva. Nossa intuição é a entrada mais direta à intimidade do eu.

É na Lua cheia que esse portão está mais aberto. É um momento incrivelmente rico de experimentar com atividades focadas que possam expandir nossa intuição de maneira consciente. Tradicionalmente, acredita-se que há sete tipos de habilidades psíquicas: clarividência, clariaudiência, clariempatia, clarisciência, claritangência, clariolfação e clarigustação. Cada um deles é um canal para a intuição. Embora quase ninguém seja capaz de acessar fortemente todas essas habilidades, cada um de nós tem pleno acesso a pelo menos uma — e podemos praticar afinando nossa intuição através do fortalecimento de nossos dons naturais. Tente não complicar demais o acesso a sua intuição. Ela é parte de você, independentemente de qualquer coisa — ainda que você tenha ansiedade ou não se sinta confiante acessando nenhuma das habilidades mencionadas.

Só perceba o que for perceptível. Preste atenção no que mais te atrai. Se é arte e o visual, você pode ter uma conexão mais forte com a clarividência.

Clarividência não é apenas ser capaz de visualizar coisas com o terceiro olho: também é a habilidade de receber mensagens e interpretações através do visual, como os leitores de tarô, críticos de cinema e historiadores da arte fazem. As habilidades funcionam todas do mesmo jeito. Se você é particularmente sensível a música, ou se é músico, então talvez seja clariaudiente. Não se trata apenas de ouvir vozes internas. Também pode ser que, quando você fala, improvisa, canta ou simplesmente cantarola em estado de fluxo, acessa essa área de sua habilidade psíquica. Você pode ser particularmente sensível a letras de música; ouvir o refrão certo na hora certa pode te ajudar a responder a um dilema em que se encontre. O único jeito de desenvolver sua intuição é experimentar e brincar com práticas que te atraem — você não precisa explicar por que gosta de caminhadas na natureza, tarô ou meditação. Comece com aquilo em que está mais interessado e que mais te atrai. Nade nos lagos mais familiares da sua natureza.

Canalizar é outra habilidade e atividade relacionada à intuição que se conecta diretamente com a Lua cheia. Trata-se de um processo de conexão com algo maior que nós mesmos. Permitimos que informações, emoções, arquétipos e o espírito fluam por nós. Somos tanto o invólucro quanto o conteúdo. Somos tanto o meio quanto a mensagem.

Ser ao mesmo tempo receptor e transmissor exige concentração. Isso envolve ouvir com atenção antes de transmitir informações. Ao reunir as informações que recebemos e passá-las adiante, permanecemos em estado de fluxo. Esteja aberto a brincar com a canalização. Faça perguntas a si mesmo, ou a sua fonte espiritual, seus anjos, seus guias ou a Lua e permita que energias fluam por você para obter respostas.

De vez em quando, deparo com alguém que fica tenso com a canalização, que se preocupa que espíritos ou entidades cruéis passem por eles, ou que possa perder o controle. Acredito que muitos desses medos vêm de dogmas religiosos e dos estigmas sociais em torno das habilidades psíquicas, como resultado de representações enganosas na mídia. Quando definimos intenções e instruções claras para receber apenas amor, ajuda e orientação bondosa, é isso que vamos receber. Aterrar-se e estabelecer limites energéticos antes de canalizar é sempre uma boa ideia.

É um equívoco pensar que, se você estiver em contato com sua intuição, tudo se torna muito mais fácil. Não é necessariamente assim. Muitas vezes, confiar em sua intuição e seguir sua orientação significa fazer mudanças inconvenientes e até difíceis. Mudanças, términos e perdas na carreira podem vir acompanhadas de seguir sua intuição. Segui-la pode ser doloroso. Implica atender ao chamado da alma e do espírito, o que nem sempre é conveniente.

A intuição nos ensina a nos desapegar das partes insalubres do ego. Daquilo que nos mantém separados da transcendência, ou indisponíveis para ela. Embora as informações que recebemos às vezes não sejam o que esperávamos, se colaborarmos com elas, promoverão o crescimento.

Nossa intuição nos ajuda a nos ajudar, e a ajudar ao coletivo. Na minha experiência, o que deriva da intuição tende a carregar verdades poderosas não apenas para nós, mas também para os outros. Quando recebemos uma mensagem ou temos uma epifania sem qualquer envolvimento do ego ou resistência, é um sinal de que ela contém uma sabedoria coletiva maior.

Algumas maneiras de acessar mensagens lunares

Há muitas maneiras de acessar o espírito e o eu. As ferramentas divinatórias incluem borra de café, folhas de chá, pêndulos, cartas de tarô ou oráculo, bibliomancia, runas, entre outras.

Perscrutar é a arte de olhar para um objeto reflexivo para receber informações por meio de imagens e revelações. Objetos que já foram usados nesse sentido incluem pedras, cristais, espelhos pintados de preto e até mesmo tigelas ou copos de água com algumas gotas de tinta preta. Pense nisso como um teste de Rorschach psíquico.

Quando a Lua cheia estiver no céu, observe uma tigela de água. Se possível, posicione-a de modo a ver o reflexo dela, e concentre-se nele. Observe por um bom tempo. Deixe que todas e quaisquer respostas ou impressões flutuem por seu subconsciente, sem qualquer censura.

Você também pode tentar encher uma tigela preta de água e ficar olhando para ela no escuro. O que você vê na água, na escuridão? Notar padrões ou símbolos que aparecem frequentemente na divinação ajudam você a se conectar com sua própria intuição.

Use a Lua cheia como um mecanismo de perscrutador. Praticantes de magia fizeram isso através dos tempos. Olhe tanto para a Lua que ela vai olhar de volta. Encare tão profundamente até começar a se ver. Descreva o que vê.

A escrita livre também se conecta com a nossa intuição. Sente-se, leve a caneta ao papel e comece a escrever o que quer que lhe venha à mente. Se tiver interesse em receber mensagens de seu subconsciente, comece com essa intenção. Não edite nada, não pare. Continue escrevendo, ainda que o que saia seja ininteligível. Continue escrevendo até identificar algum tipo de mensagem, conteúdo ou forma. Até que algo interessante se revele, algo se encaixe, ou você tenha uma ou duas pistas.

Comece devagar. Sente-se à janela ou fora de casa, em um lugar seguro. Fique em silêncio e olhe para a Lua. Faça uma pergunta a ela e depois responda. Pense em todas as maneiras como as mensagens soam verdadeiras. Aja em relação a uma ou mais verdades. Permita que a intuição alimentada pela Lua se espalhe pela expressão artística que é sua vida.

A LUA CHEIA É O MOMENTO DE CRIAR NOSSAS PRÓPRIAS MITOLOGIAS

A Lua cheia já foi um coelho, um búfalo, uma tartaruga, uma rã, um sapo, um homem, uma mulher. A Lua já foi a amante do Sol, a irmã do Sol, a maior deusa no céu. Divindades da Lua cheia são embaixadoras da paz, precursoras da destruição, criadoras de todo o universo. Toda cultura tem divindades lunares, todos os povos têm suas mitologias relacionadas à Lua.

Mitos dão significado a nossas vidas. Mitos são uma tradução do nosso subconsciente e de seus anseios. Às vezes, os mitos atuam como guias metafóricos de como viver nossa vida. Mitos também são espelhos de suas culturas — e das ideologias problemáticas delas. Há muitos mitos culturais que precisam ser revistos ou simplesmente abandonados. Há mitos atuais que precisamos reconhecer como mentiras e deixar para lá. Fazendo isso, teremos espaço para explorar o que realmente pensamos. Para nomear quem realmente somos.

Há poder em compartilhar nossas histórias. Descobrimos e redescobrimos a nós mesmos através dessa expressão. Há poder e liberação em compartilhar partes de nós mesmos que nos disseram que eram erradas, esquisitas, selvagens demais para este mundo. Quando contamos histórias sobre essas partes, o reprimido é expressado. Nosso eu subconsciente, nossas partes exiladas são reasseguradas de que podem se expor, podem brincar, podem existir. Essa é uma maneira de integrar a sombra. É uma maneira de se curar.

A Lua cheia é uma oportunidade de refletir sobre que mitos a seu próprio respeito que não são verdade você absorveu inconscientemente. Os mitos que contou a si mesmo e que te impediram de ter a coragem de viver sua vida como queria. Pense no seu relacionamento com essas crenças. Pense nas histórias pessoais que está prestes a revisar e reescrever.

Escreva no passado e escreva no futuro. O passado nos ajuda a virar a página. "Eu costumava ter medo de falar em público, mas agora fico feliz em usar minha voz." Fique atento para o fato de que, quando estamos começando a reescrever nossas histórias, é provável que a síndrome de impostor comece a tentar sublocar espaço em nossa psique. Preste atenção às vozes da dúvida, mas não permita que assumam o controle. Prove a si mesmo quem você verdadeiramente é com suas ações e sua energia. Isso pode ser uma parte importante de seu processo de mapeamento lunar. Contamos nossa própria história da maneira como queremos ser lembrados. É através da nossa escrita e da nossa fala que existimos.

Na Lua cheia, pense com cuidado em todas as maneiras que você deseja compartilhar sua história. Talvez você prefira compartilhá-la em um círculo lunar, ou em um relato memorialista. Talvez sua história funcione melhor na mentoria: ajudando alguém mais jovem que possa estar precisando de aconselhamento ou orientação.

Precisamos de cada lembrança. Sem exceção. Precisamos encorajar outras pessoas a contar suas histórias, particularmente as que são historicamente marginalizadas e oprimidas. Precisamos perguntar a nossos entes queridos sobre a vida deles. Precisamos ouvir com compaixão, precisamos comprar livros e fanzines que contam a história das pessoas, precisamos nos sentir seguros para compartilhar. Precisamos erguer e impulsionar uns aos outros tanto quanto possível.

Muitos de nossos ancestrais não puderam contar sua própria história. Há apenas resquícios de parte de seu legado, em ruínas e fragmentos, em obras de arte que não foram destruídas pelo tempo e pela violência. Em alguns casos, há somente pequenas pistas em livros antigos daquilo que a cultura dominante temia, queria ignorar, queria enterrar. Em geral, há mais relatos do modo como os humanos tentaram destruir uns aos outros, de como tentaram fazer certas crenças e tradições desaparecerem. É parte de nossa responsabilidade pesquisar modos de vida que foram esquecidos e criar modos novos. Escrever histórias é como enviar cartas de amor ao futuro. O adágio da bruxa atenta: "O que é lembrado vive!" Nós nos lembramos, e nossas histórias vivem.

Rituais e atividades para experimentar na Lua cheia

Planeje um círculo de Lua cheia com amigos. Uma noite para fazer artesanato, ver um filme, fazer feitiços, preparar o jantar. Divida algo de você com alguém que ama. Abra-se como nunca se abriu. Mergulhe em uma parte de si, suas habilidades, seus talentos, sua intuição, interesses que não persegue. Pense em onde precisa amarrar pontas soltas, fechar o círculo. Reflita sobre onde e como o tempo funciona como uma espiral na sua vida. Faça um feitiço que nunca fez. Escolha uma atividade que faz a energia se mover: caminhar, fazer exercícios respiratórios, limpar, gritar. Passe uma hora ouvindo o canto de uma baleia ou absorvendo a música das ondas. Aceite que você talvez nunca se cure por completo, mas mantenha em aberto a possibilidade de isso acontecer. Massageie seu corpo e diga a si mesmo que sempre merece carinho. Desenhe a Lua. Passe óleo essencial nas mãos, faça uma cuia com elas e inspire profundamente. Diga "por favor" e "obrigada". Dê uma chance às pessoas de lhe dizer "sim".

Magia da Lua cheia

A Lua cheia amplifica nossas emoções e afeta nosso corpo. Faz com que queiramos transar, dançar, gritar, festejar e nos comportar mal. É natural que reunamos nossos desejos, anseios, talentos e conexões para fazer todo tipo de magia lunar.

Sexo, procriação e criação de todos os tipos estão associados com a Lua cheia. Barrigas de grávida, menstruação, o reino da vida crescendo e do nascimento são do domínio da Lua cheia há milênios.

A imagem icônica da bruxa montada na vassoura tem sempre a Lua cheia de fundo. Esse visual indelével é uma parte masturbação e uma parte ervas psicodélicas. Diz-se que as mulheres aplicavam ervas alucinógenas — para induzir o voo — em suas membranas mucosas. Centenas de anos atrás, elas "levantavam voo" esfregando essas ervas em seus genitais e adentrando um mundo muito mais brilhante e muito mais livre que a vida real. Sem dúvida, a visão de uma mulher voando feliz em uma vassoura resistiu à magia irreverente e às metáforas a que faz referência.

Reunir-se é magia da Lua cheia

A Lua cheia é tradicionalmente um momento em que as pessoas se reúnem. É uma reunião cósmica, com o Sol, a Lua e a Terra em alinhamento. Por que não íamos querer espelhar isso nos reunindo com outros? Reunir-se com outros afirma que não estamos sós. Círculos de Lua cheia podem apoiar a conexão e facilitar belos trabalhos mágicos em grupo. Reunir-se com os mesmos poucos amigos consistentemente ao longo do tempo. As doces testemunhas do tempo e os amigos são os animadores de torcida de seu progresso.

Círculos têm relação com compartilhar e ouvir. Ser capaz de relaxar e de aparecer, de maneira honesta e vulnerável, com intenção, são os melhores ingredientes. Muitas pessoas querem se sentir mais espiritualmente conectadas; só precisam de um convite. Se você puder servir de organizador, faça isso. Pergunte a seus amigos o que eles querem e criem juntos.

Se você já tem um conciliábulo, então já tem uma reunião mensal e/ou nos sabás da Roda do Ano, ou durante os solstícios e equinócios. Mesmo que seja um praticante solitário, rituais com outras pessoas de tempos em tempos são importantes. Compartilhar seus desejos em grupo implica impulso e amplificação. Ter uma testemunha é importante para uma bruxa. Se você se identifica fortemente como praticante solo, reúna-se com pelo menos uma pessoa na Lua cheia de vez em quando para compartilhar e honrar seu crescimento e seus sonhos.

A intenção transforma uma reunião casual em ritual. Um jantar é só um encontro. Mas se todo mundo cozinha receitas significativas e vocês se reúnem em uma roda para compartilhar e falar sobre seus maiores desejos, depois meditam de maneira coletiva, trata-se de um ritual.

Entre todas as fases, a Lua cheia é a que mais apoia feitiços pelo coletivo. Bruxas usaram feitiços como ativismo por eras. O grupo de bruxas britânicas que fez magia cerimonial para manter o Reino Unido a salvo durante a Segunda Guerra Mundial é famoso. O grupo ativista anônimo W.I.T.C.H., sigla de Women's International Terrorist Conspiracy from Hell [Conspiração Feminina Terrorista Internacional do Inferno], que foi criado no fim dos anos 1960 nos Estados Unidos, ressurgiu em várias cidades durante o movimento político atual. Faz todo o sentido que muitas bruxas sejam ativistas, de modo que também faz sentido que sua magia seja ativista.

Feitiços realizados para o coletivo sem nenhum acompanhamento baseado em ações, claro, têm mais ou menos a mesma estatura de pensamentos e orações depois de outro terrível tiroteio em uma escola. Sempre combine o trabalho mágico com ações. Reúna-se com outras pessoas depois de um trabalho e inicie um abaixo-assinado. Escreva cartas para seus representantes e senadores ou se voluntarie para uma campanha política. Quando for fazer feitiço para os elementos ou para os animais, ou pelo planeta, tome uma ação prática de acordo. Por exemplo, se for lançar um feitiço por água limpa, faça uma doação para uma organização que apoie o fornecimento de água limpa para comunidades sem acesso a saneamento básico na sua cidade.

Em pelo menos uma Lua cheia por ano, faço um feitiço para proteger e honrar a própria Lua cheia. Reservo um momento para agradecer a ela. Você pode fazer isso pela terra, por um animal, um elemento ou uma divindade que venere. Acompanhar seu trabalho com feitiços com ações consistentes vai tornar sua magia protetora ainda mais sagrada, ainda mais poderosa.

Se você se considera uma bruxa e não está tentando fazer magia para tornar o mundo um lugar melhor, o que está fazendo? Historicamente, bruxas são curandeiras, ajudantes, conselheiras, herboristas, prestadoras de serviços na área da saúde e ativistas. Bruxas são inerentemente políticas. Parte de seu trabalho é cuidar e oferecer segurança e equidade.

Bruxaria na cozinha

Feitiços de cozinha se relacionam naturalmente com a Lua cheia. Estamos mais nutridos quando provemos para nós mesmos, alimentamos outros e aceitamos presentes.

A Lua e a comida andam de mãos dadas. Muitos feitiços tradicionais em grupo não estão completos sem algum tipo de banquete. A Lua cheia pode ser o momento de considerar nosso consumo e focar e acompanhar o que faz nosso corpo se sentir melhor. Não na dieta tóxica que a cultura nos manda seguir, não no que funciona melhor para os outros. Prestando atenção em que tipo de alimento faz com que nos sintamos melhor, podemos continuar a cuidar de nós mesmos.

Na cozinha, as bruxas em geral trabalham com a magia e a energia da estação, o lar e o que ele contém. Isso inclui a cozinha em si e a lareira, mas bruxas que trabalham na cozinha costumam ser prendadas. Fazem arranjos de flores, criam belos jardins e produzem obras de arte para as paredes de sua própria casa e as de outras pessoas. Essas bruxas costumam utilizar sua magia enquanto cozinham ou preparam alimentos. Integram certos ingredientes de sua simbologia no processo. A magia pode ser utilizada diariamente na cozinha. Correspondências podem ajudar, mas você também pode criar as suas. Canela e mel para amor. Pimentão vermelho para paixão. Alecrim para proteção. Violetas para perdão.

Criar essências florais vibrantes sob a Lua cheia é uma atividade tradicional. Você pode inventar as suas, como um feitiço estendido que ajudará em seu trabalho de manifestação. Para mais informações sobre como criar essências, consulte um livro escrito por algum herborista, como *The Gift of Healing Herbs*, de Robin Rose Bennett.

Você também pode deixar comida como oferenda. Se venera alguma divindade, se é budista ou hindu, ou se deseja honrar seus ancestrais, deixar um prato de oferendas para o deus/deusa/divindade/orixá/espírito em questão é uma prática comum. Participe de um banquete de Lua cheia com seus entes queridos. Talvez o banquete tenha um tema: sazonal, mágico ou metafórico. Você pode fazer a comida de seus ancestrais ou qualquer prato reconfortante, usar os produtos locais da estação, basear-se em seu signo astrológico lunar ou cozinhar uma refeição que expresse os sentimentos que deseja incorporar e as sensações que pretende compartilhar. Você pode se expressar por meio da comida.

Ou simplesmente deixe a Lua *te alimentar*. No século XIX, as bruxas das ilhas Shetland passavam a noite deitadas sob a Lua para reunir poderes. Uma tradição muçulmana-indiana envolvia "beber a Lua": despejar água em uma tigela de prata, segurá-la sob a Lua cheia e depois bebê-la, supostamente para curar distúrbios nervosos. As mulheres bretãs costumavam "beber a Lua" para engravidar.[1] Saia e se abra. Abra suas mãos, seu coração, sua mente. Abra seu campo energético sob o rosto também aberto da Lua cheia. Permita que o Lua inunde você, permita que te imbuia de cura, amor e poder. Beba a Lua com todas as células de seu corpo. Deixe que ela lhe ensine como receber plenamente.

Criando seu altar de Lua cheia

O altar de Lua cheia pode ficar montado por quase uma semana, desde cerca de três dias antes da Lua cheia até três dias depois. Ou você pode montar seu altar só para realizar seu feitiço. Se a Lua cheia parece particularmente vibrante, elétrica ou potente, mantenha seu altar até a Lua cheia seguinte. Você pode mantê-lo por uma estação inteira, se lhe parecer particularmente ressonante ou se você estiver trabalhando com resoluções sazonais.

Muitas bruxas fazem a magia da Lua cheia em ambientes externos. Se possível, vá para um lugar seguro e próximo de casa, ou fique em seu próprio quintal, e crie um altar com a terra, o farfalhar das folhas, a música dos grilos, suas mãos abertas em oferenda e estendidas para a vasta extensão do ar fresco.

Um altar de Lua cheia pode ser uma interpretação de como você sente que a energia da Lua está ressoando em você, aqui e agora. Pode ser uma meditação própria, um labirinto inventado que percorre em sua mente. Seu altar pode ser o canto das baleias que você acompanha, enquanto traça lentamente os comprimentos de onda de seu coração em um papel cor de turquesa. Seu altar pode ser um jantar com seus entes queridos, em que se abre espaço para as histórias de todos, a alegria de todos, tudo perfeito, com água com gás para beber e crumble de blueberry de sobremesa.

Lembre-se sempre: seu altar é você. Lembre-se sempre: sua vida é seu altar. Você o adorna com suas intenções, seus pensamentos, a qualidade da sua respiração e como precisa ser apoiado. Como você se trata, se expressa e se comporta é a magia!

Correspondências mágicas da Lua cheia

Sabendo para que você vai fazer feitiços indicará os ingredientes de que você precisa. Um feitiço de perdão é bastante diferente de um feitiço de fama, de modo que os ingredientes necessários serão muito diferentes também.

É importante desenvolver seu próprio conjunto de correspondências dependendo de como você interpreta cada fase da Lua e de como se sente. Sua Lua cheia pode significar torta de maçã e vinho tinto, velas cor-de-rosa, brinquedinhos sexuais e dança no quarto, porque amor-próprio, seduzir a si mesmo e fazer amor é do que você precisa no momento. Para outra pessoa, um ritual de Lua cheia pode parecer mais com chorar na banheira quente. No mínimo, cada bruxa deve carregar ou purificar sob a Lua as pedras, cristais e objetos que estão interessadas em trabalhar com seus objetivos atuais.

Seguem alguns exemplos de correspondências com a Lua cheia para inspirar você. Afine sua intuição e crie suas próprias correspondências. Podem envolver cores específicas, animais ou palavras que lhe surgirem na Lua cheia e que têm, para você, um significado especial.

Água — da torneira, do mar, ou que foi carregada com a energia da Lua (água lunar). Fluidos corporais (sangue, saliva, lágrimas); pedra da lua (de todos os tipos), pedra do sol, prata, cobre, selenita, lápis-lazúli, quartzo herkimer, quartzo transparente, celestita, jaspe de todos os tipos. Alga marinha, vidro marinho, concha, espuma do mar, corais, pérolas, brisa marinha, a energia das cachoeiras. Espelhos, caldeirões, tigelas, círculos, espirais, sal, hologramas, terrários, copos cheios, projeções de luz ou visões. Uma gargalhada longa e sincera; um recipiente cheio de suas coisas preferidas; a direção Oeste. Qualquer tom de azul, branco, preto, cinza ou prata. Lótus (todas as partes, da raiz à flor), alecrim, artemísia, agripalma, urtiga, rosas se abrindo, girassóis, maçãs. As cartas da Lua, do Sol, do Mundo e das Rainhas no tarô.

Divindades: Ch'ang-O (ou Chang'e), Tsukuyomi, Kuan Yin, Mawu, Oxum, Hator, Vênus, Afrodite.

Arquétipos: o trabalho e a vida de Solange, Frank Ocean, Collette, a Vênus de Willendorf, Tara Brach, Octavia Butler, Remedios Varo.

Guias animais: baleias, golfinhos, cangurus, cavalos-marinhos, caranguejos, lagostas, tartarugas, escaravelhos, garças-azuis, leoas, ornitorrincos, lobos, aranhas e mariposas — especialmente a mariposa-lua.

FEITIÇOS DE LUA CHEIA

Trabalho com feitiços na Lua cheia

Neste capítulo, discutimos todos os tipos de feitiços que a Lua cheia apoia. Feitiços coletivos, em grupo, na cozinha, de abundância, de expansão, de proteção, ancestrais, para divindades lunares, oferendas, feitiços de sustentação de longa duração, feitiços de reverso para o incremento intuitivo e psíquico, feitiços de alquimia, de amor, sexuais, de saúde, de reescrita, de livramento e feitiços para quebrar padrões são apoiados neste momento. Em termos de magia, não temos como errar na Lua cheia. Se estiver fazendo um mapeamento lunar, conduza o feitiço ou ritual que apoie seus objetivos atuais, ou um que sirva para celebrar e afirmar todo o trabalho que você já realizou.

Feitiço de expansão na Lua cheia

Você pode fazer esse feitiço a qualquer momento entre a crescente gibosa e a Lua cheia. Sugere-se que comece alguns dias antes, de modo a terminar na noite de Lua cheia oficial.

Antes de começar, prepare um espaço ou um altar de acordo com os objetos/elementos de que dispõe.

Ferramentas sugeridas: baralho de tarô ou oráculo; quatro velas, em suas cores preferidas ou numa combinação de cores que represente o que está invocando e o que quer que aconteça nos próximos seis meses ou antes.

Pedras e cristais sugeridos: granada, cinábrio, pirita, calcita mel, celestita, ametrino.

Óleos/aromas sugeridos: gergelim, olíbano, ylang, gerânio, pimentão ou pimenta-preta.

Plantas/ervas: plantas, flores ou ervas que representem expansividade e prazer para você.

Elementos em seu altar que representem água, terra, ar ou fogo.

Esclareça quais quatro aspectos você está pronto para expandir ou incorporar mais. Eles podem corresponder aos quatro elementos ou ser completamente diferentes e representar o que você precisa cultivar mais na sua vida. Seja muito claro quanto a quais são e se comprometa a trabalhar com eles de maneira energética, espiritual e física/comportamental. Escreva esses aspectos em pedacinhos de papel. Depois, você vai colocá-los sob as velas.

Escolha a carta de tarô que mais representa você e seus desejos, em um nível ampliado. Coloque-a no meio. Decore e posicione quaisquer outros elementos poderosos e significativos em seu altar. Se sua prática mágica envolve ungir as velas, faça isso de acordo com seus propósitos. Posicione-as em círculo, perto da carta de tarô. Coloque o que escreveu sob cada uma delas. Quando acendê-las, no sentido horário, você pode entoar um encanto ou ler seus pedidos.

Quando as velas estiverem acesas e queimando, passe um tempo visualizando a si mesmo mudando e moldando sua energia desejada. Experimente incorporar todos os sentimentos que vêm junto. Imagine-se realizando o trabalho energético e físico de amplificar os desejos que está invocando nesse momento.

Ao longo dos três próximos dias, passe um tempo intencional diante de seu altar. Diariamente, distancie as velas alguns centímetros da carta de tarô que representa você. Volte a acendê-las e a imaginar sua expansão. Visualize seus desejos, seus sentimentos e suas ações chegando a um público maior, alcançando mais e mais seu potencial, convidando oportunidades infinitas.

Na última noite, enquanto suas velas queimam, imagine-se enviando sua luz específica para que o universo a reflita de volta, mais forte. Talvez você queira queimar seus desejos, carregá-los, colá-los em um espelho ou guardá-los na carteira por um tempo, para continuar atento a eles.

Nos dias e semanas que se seguirem ao feitiço, faça o trabalho que se prometeu fazer, com o intuito de dar continuidade ao processo de expansão.

RITUAL DE ABUNDÂNCIA DE DEZOITO MINUTOS

Dezoito é um número sagrado no judaísmo: corresponde a *chai*, a vida. É um bom presságio para uma vida longa e bem vivida.

O nome desse feitiço é um pouco enganoso, porque a preparação dura mais que dezoito minutos, e você pode passar muito mais tempo do que isso diante do seu altar. Mas, para os novatos no mundo dos feitiços, na visualização focada e na meditação, dezoito minutos é um bom começo.

Você vai precisar de:

- Coisas que definam abundância para você
- Uma a quatro velas em suas cores preferidas
- Duas folhas de papel
- Uma caneta

Monte seu altar de abundância
Acrescente o que simboliza abundância. Maçãs, joias, batom, passagens de avião, lingerie, plantas etc. Não se contenha nem se censure. Inclua qualquer coisa que tenha a ver com o que você deseja invocar. Cheques nominais com o valor descrito, uma carta de aprovação na instituição de ensino de seu interesse, frutas e vegetais que simbolizam a boa saúde são todos exemplos de itens que representam abundância contínua.

Pegue suas folhas de papel
Escreva no topo: "Coisas pelas quais sou grato." Enumere, de 1 a 18, coisas pelas quais você é grato, sempre no presente: "Eu sou grato por ter saúde", por exemplo.

Expresse sua gratidão futura
Na outra folha, escreva: "Coisas pelas quais sou grato por estarem a caminho de mim." Então escreva todas as coisas pelas quais é grato que ainda não se

realizaram, sejam sonhos, desejos ou recompensas. Use o presente. Não se censure! Coloque dezoito minutos no alarme do celular.

Acenda suas velas.

Passe um tempo lendo sua lista de gratidão presente, até ficar em êxtase. Absorva quão sortudo e abençoado você é.

Faça o mesmo com a lista futura. Deixe toda a energia futura penetrar sua consciência e seu subconsciente. Permita que penetre suas células. Permita que tudo se torne crível até se integrar energeticamente e parecer muito real.

Faça isso repetidamente, o quanto quiser ou precisar, até que o alarme do celular toque. Talvez você queira passar mais tempo nesse estado feliz e abundante, observando suas velas brilharem, vendo e sentindo tudo o que você tem, animado com todas as bênçãos vindo rumo a você.

FEITIÇO DE ESPELHAMENTO

Este é um feitiço para se alinhar com seu verdadeiro eu e encontrar o amor-próprio.

Você vai precisar de:

- Cartas de tarô
- Um espelho (pequeno, como um espelhinho de mão)
- Papel e caneta
- Velas, pedras, cristais e outros itens para o altar simbolizando amor e compaixão

Antes de começar, tome um banho relaxante, coloque uma roupa de que gosta, passe seu perfume preferido e se arrume de maneira a se sentir o melhor possível.

É melhor fazer este ritual apenas à luz de velas. Desligue todos os aparelhos eletrônicos. Permita que a iluminação venha apenas da Lua e das velas acesas.

Coloque o espelho no centro de seu altar.

Depois que tiver feito seu círculo e se acomodado em seu espaço, pegue o espelho. Olhe profundamente em seus próprios olhos e conecte-se com o amor.

Ainda segurando o espelho, invoque sua criança interior. Imagine que uma versão mais nova de si olha de volta para você. O que ela quer que você saiba? O que precisa de você?

Pegue uma carta de tarô. Anote quaisquer mensagens que vierem.

Volte a pegar o espelho e se conecte com seu eu atual, de maneira amorosa. O que seu eu atual quer incorporar? O que está pronto para se apresentar?

Pegue uma carta. Anote quaisquer mensagens que vierem.

Volte a pegar o espelho e se conecte com seu eu mais elevado, seu futuro eu. Que mensagens está recebendo do futuro? Que presentes te esperam? Qual é a mensagem do universo para você?

Pegue uma carta. Anote quaisquer mensagens que vierem.

Passe um tempo meditando e recebendo as mensagens que possam vir. Disponha as cartas que tirou de uma maneira que faça sentido. Faça qualquer outro feitiço ou trabalho energético que se sinta instado a fazer. Feche seu círculo. Depois que o feitiço foi feito, comece a trabalhar nas mensagens que recebeu.

Afirmação sugerida: "Minhas ações externas se alinham a meu eu interior. Sou reconhecido por tudo o que sou e por tudo o que compartilho e mostro."

TARÔ DA LUA CHEIA

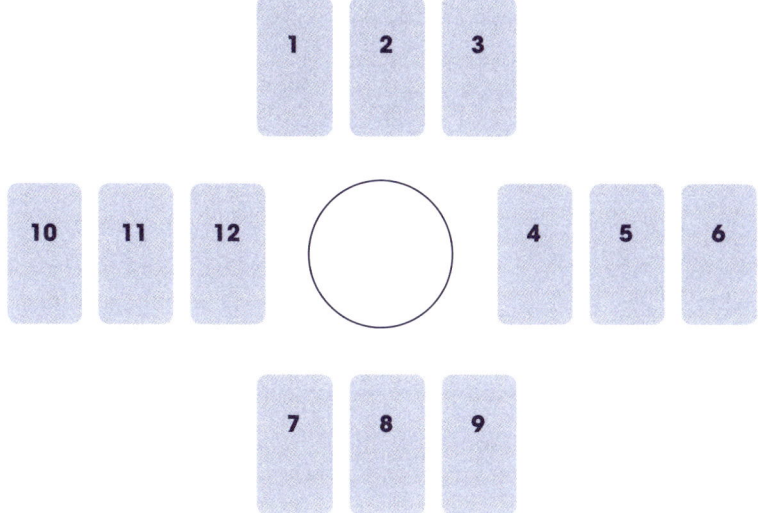

Essa sequência pode ser usada como uma ferramenta divinatória, assim como uma previsão do ciclo lunar à frente. Você vai precisar de um baralho de tarô, do seu diário, de algo para escrever e de pelo menos uma hora.

Fique confortável e relaxe. Respire profundamente algumas vezes ou medite antes, se tem esse costume. Embaralhe uma única vez ou antes de tirar cada carta.

1. Tire três cartas para a Lua cheia de hoje.
    Carta 1: Do que minha alma precisa neste momento?
    Carta 2: Como posso pertencer a mim mesmo e apoiar essa necessidade?
    Carta 3: O que o espírito/fonte/universo quer que eu reconheça neste momento?
2. Tire três cartas para a Lua minguante.
    Carta 4: Que dura lição posso receber nesse período?
    Carta 5: Onde residirá a solução?
    Carta 6: Do que devo me livrar para receber a mudança nesse período?
3. Tire três cartas para a Lua nova.
    Carta 7: Que mensagens devo estar aberto a receber nesse período?
    Carta 8: Que recompensas posso começar a receber?
    Carta 9: Que sementes devo plantar?
4. Tire três cartas para a Lua crescente.
    Carta 10: Onde está/qual é meu trabalho nesse período?
    Carta 11: Que passos práticos posso dar?
    Carta 12: Qual é a melhor coisa que eu posso explorar/expressar neste momento?

TRABALHO COM FEITIÇO DA MITOLOGIA LUNAR

Faça uma pesquisa para descobrir com que divindades lunares seus ancestrais trabalhavam (se é que trabalhavam com alguma). Há quaisquer elementos das histórias, tradições ou divindades que fazem sentido considerando sua vida e seu processo atual?

Escreva seu próprio mito. Sua própria mitologia da Lua crescente. Pode ser um mito relacionado a esse período, um mito da sua vida, uma história sobre seus desejos, seu medo, sua linhagem.

Considerando os mitos e tradições que estão surgindo, crie uma maneira de incorporá-los em seu feitiço. Talvez você possa fazer um bolo como oferenda a seus ancestrais, talvez precise usar uma erva, uma palavra ou uma frase que ecoe em você. Se está criando seu mito do zero, trata-se de um feitiço do tipo "escolha sua própria aventura"! Torne-se os temas sobre os quais escreve. Tente traduzir sua própria mitologia em cores, movimentos e num ritual específico. Torne-se a essência ou os elementos das partes mais importantes da transformação que está invocando no momento.

EXERCÍCIO PARA O CONSCIENTE E O SUBCONSCIENTE

Para este exercício, você vai precisar de pelo menos quatro folhas de papel e lápis ou caneta. Dê a si mesmo cerca de uma hora para se preparar.

Desenhe um círculo grande em cada uma das páginas. Eles simbolizam você e seus desejos nesta Lua cheia.

Folha 1. Considere seu desejo: tudo de uma só vez

Anote todos os seus pensamentos, planos, sonhos, temas e palavras-chave relacionados ao seu desejo nesse círculo, tudo de uma vez só! Talvez você precise de mais espaço, ou precise fazer anotações no seu diário. Siga seu processo mental. Não se censure.

Folha 2. Considere seu desejo: medos, resistência e onde residem

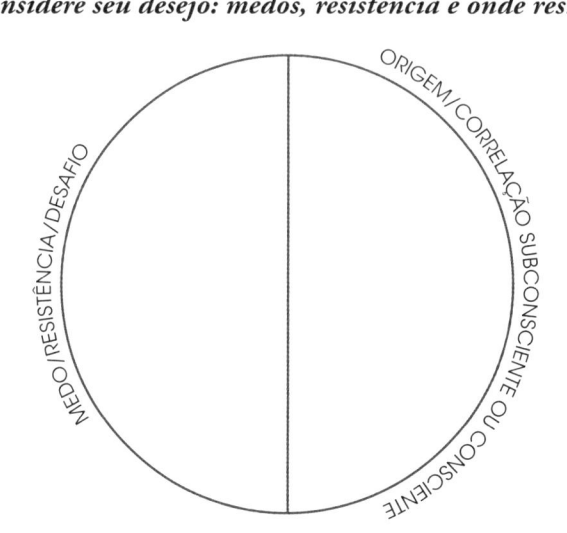

Agora examine alguns dos medos ou a resistência que envolvem seu desejo. Eles residem no plano do subconsciente ou do consciente? Estão contidos no seu corpo? Se for o caso, onde? Por quê? São resultado de sua história pessoal, um trauma, ou algo que alguém lhe disse? São um resultado da nossa sociedade, da cultura dominante onde vivemos? Abra-se e vá até o fundo de seus medos e bloqueios.

Folha 3. Considere seu desejo: atração, alinhamento e propósito

(círculo dividido ao meio verticalmente, com os rótulos: DESEJO / SONHO / OBJETIVO — ORIGEM / CORRELAÇÃO SUBCONSCIENTE OU CONSCIENTE)

Agora foque as correlações maravilhosas que envolvem seu desejo. Como seria vivê-lo? Quais são as palavras-chave e os temas centrais relacionados a ele? Onde está a origem dessas crenças: na consciência, no subconsciente, na história, na cultura dominante etc.? Faça o mesmo que fez em relação a suas crenças relacionadas ao medo, aprofundando-se em por que quer se sentir dessa maneira, o que isso diz a seu respeito e quem você é.

Folha 4. Incorporação: tudo ao mesmo tempo

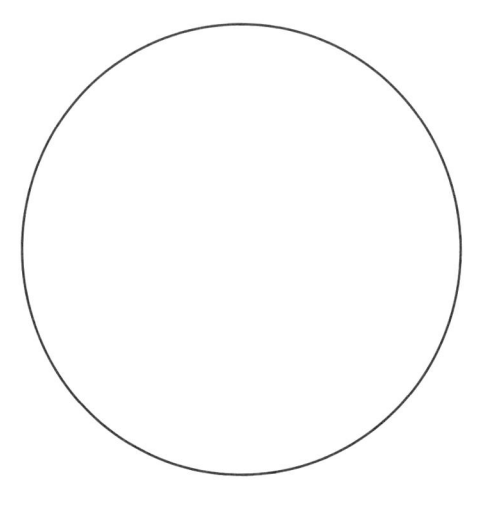

Depois de rever sua resistência e seus desejos, é o momento de não ser linear! Escreva as palavras-chave mais poderosas relacionadas tanto a seus medos quanto a sua animação. Coloque tudo no mesmo lugar. Elas podem conviver. Leia todas e pense a respeito. É em relação a isso que você vai trabalhar, o que pode ou não refletir também outros padrões em sua vida. Saiba que podem existir no mesmo espaço — não é uma questão de "ou isso ou aquilo". Você não precisa ser perfeito em uma área para seguir em frente, amar a si próprio e reivindicar seus desejos. Reflita sobre onde está pronto para trabalhar com essa percepção e em que sentido. Absorva tudo, permita-se aceitar-se por inteiro.

* Depois de rever o estado do seu desejo, você pode usar essa informação para fazer um feitiço específico, definir objetivos específicos ou tomar ações específicas.

REFLEXÕES PARA A LUA CHEIA

Escolha alguns desses pontos para se inspirar a escrever em seu diário:

- O que o momento presente me traz?
- O que exige minha atenção?
- Como posso honrar a mim mesmo?
- Como posso incorporar totalmente minhas necessidades?
- O que minhas emoções me dizem?
- O que minha intuição me diz?
- Como estou respeitando minha intuição?
- Se eu me distanciar dos padrões da minha vida, que padrão emocional ou comportamental recorrente consigo identificar?
- Como posso mudá-lo? Que passo posso dar hoje nesse sentido?
- Como isso pode me curar e/ou curar meus ancestrais?
- Como isso pode me curar e curar o futuro coletivo?
- Para onde estou caminhando?
- Como posso me celebrar e desfrutar mais de mim mesmo?

Qual é meu superpoder mágico?
Como a alquimia me parece agora?
Quem é minha comunidade? Como me conecto com ela?
Qual é minha mitologia pessoal da Lua cheia?
Como posso honrar e agradecer à Lua?

A Lua minguante

O portal para o desconhecido

O período da Lua minguante começa logo depois da Lua cheia e termina dias antes da Lua nova. Erga sua mão esquerda e faça um "C" com ela. A Lua minguante vai se aninhar na parte esquerda dela. Nosso coração está do lado esquerdo do corpo. Antigamente, acreditava-se que nosso lado esquerdo fosse mais receptivo e intuitivo. Ao longo de cerca de duas semanas, enquanto a Lua orbita para mais perto do Sol, a luz em sua face declina e o céu fica mais escuro. A Lua em retirada abre caminho para as estrelas dançarem no palco escuro da noite.

É na Lua minguante que colhemos as recompensas de toda a lunação. Se você fez seu trabalho durante a Lua nova, a Lua crescente e a Lua cheia, agora pode ter a chance de descansar e se integrar. Se é do tipo controlador e às vezes não sabe a hora de parar, esta fase lunar pode te ajudar a abandonar essa tendência de forçar as coisas ou a um apego a uma atividade sem fim, que prejudica o crescimento e a evolução.

A Lua minguante sinaliza que é hora de limpar o campo. Antes de plantar novas sementes, é preciso capinar, arar e deixar o solo descansar. Antes de entrar em outra fase, precisamos cuidar do *nosso* solo: nossas fundações, nossas raízes. Assim como precisamos permitir que o campo repouse, temos que nos permitir repousar, criar e ocupar espaço em diferentes áreas de nossa vida, em diferentes momentos. Pratique permitir e receber.

Se durante a Lua crescente você fez grandes mudanças no seu comportamento, a Lua minguante é o período em que você se mantém no curso e começa a notar os benefícios de suas decisões anteriores.

Ainda que o período da Lua minguante ocupe metade do ciclo lunar, a cultura popular, os sites de astrologia e as redes sociais raramente o mencionam, muito menos o celebram. Nas comunidades "amor e luz", muitas vezes há um preconceito contra qualquer coisa mais sombria, escura ou silenciosa. Examinar nossas sombras e nossa vergonha não vai viralizar, muito embora nossa cultura precise desesperadamente abordar esses processos de maneira coletiva. Temos todos que dar atenção à nossa dor com o objetivo de nos curar. A Lua minguante é o melhor momento para abordar aspectos difíceis de nossa vida.

Como mencionado anteriormente, a Lua cheia pode trazer tudo à superfície. Na Lua minguante, processamos essas informações. Se não examinarmos todas as partes de nós, especialmente as de que parece que não podemos falar, nunca seremos íntegros.

Enquanto orbita em torno da Terra no sentido anti-horário, a Lua se aproxima de Vênus, o planeta do amor e dos valores. Se necessário, podemos nos mover rumo a um amor e a um autocuidado maior. No mito de Inana, uma antiga deusa suméria, é na Lua cheia que ela começa seu trajeto rumo ao submundo. Trata-se de um momento de desprendimento que impede a transformação quando tudo o que é falso desaparece, a intimidade com nosso âmago é conquistada.

Na Lua minguante, a seiva desce para a raiz das plantas e árvores. É na minguante gibosa que se plantam raízes comestíveis. O fim do quarto minguante é o período ideal para capinar e revolver o solo. Essa informação também pode ser usada no cuidado de nosso jardim metafórico.

A Lua minguante é sinônimo de interioridade. O trabalho interior é crucial para nosso desenvolvimento. Ainda que nosso trabalho não fique claramente visível para os outros ou nas redes sociais, isso não significa que não vale a pena investir nosso tempo e energia nele. O trabalho interior também é incrivelmente ativo — exige muita energia, muita disciplina e muito foco! Dê crédito a si mesmo e se permita um espaço para descansar, descomprimir e se reintegrar.

FASES DA LUA MINGUANTE

A Lua minguante tem quatro fases distintas. Cada uma é caracterizada por seus próprios temas. Algumas delas ressoarão mais com sua experiência do que outras.

A minguante gibosa

A fase da minguante gibosa tem início com a Lua minguante e espelha a crescente gibosa. Vai desde o fim da Lua cheia até o começo do quarto minguante. Durante a minguante gibosa, a Lua passa de aproximadamente 99% a 51% de luminosidade.[1] Ela vai surgindo cada vez mais tarde conforme mingua. Em geral, fica aparente das nove da noite às nove da manhã. A minguante gibosa dura cerca de uma semana. Você pode relembrar o que aconteceu com você durante a Lua crescente para tentar obter mais informações sobre essa fase. Às vezes, tudo de que precisamos para ter mais clareza é inverter nossa perspectiva.

O astrólogo Dane Rudhyar chama esse período de "Lua da disseminação".[2] Disseminar é sinônimo de espalhar livremente. As informações que tem, sua sabedoria única e quem você se tornou devem ser compartilhadas com o mundo. Esse é o momento de reunir seu poder e compartilhar sua voz.

O período que se segue à Lua cheia é o momento da segunda colheita, quando se recebe mensagens úteis — caso se esteja prestando atenção.

Tranquilize seu sistema nervoso e tente compreender as experiências mais surreais pelas quais já passou.

O quarto minguante

O quarto minguante consiste no dia passageiro em que a Lua está 50% iluminada. Como no quarto crescente, o quarto minguante apresenta marés mais baixas, com potencial de evocar uma sensação de calma ou equilíbrio. Como se trata de um ponto de virada, o quarto minguante também pode provocar tensão interna: podemos nos sentir divididos entre o velho e o novo. Mágoas e ressentimentos passados podem exigir nossa atenção. Pode haver coisas de que precisamos nos libertar — talvez seja necessário tomar uma importante decisão.

O quarto minguante é o despertador da natureza, um lembrete de que a Lua vai se renovar antes do que pensamos. Ele marca a metade do período de Lua minguante, por isso é um chamado final para fazer quaisquer atividades associadas a que nos sintamos incitados. Arranque as ervas daninhas que cresceram entre as frestas de sua vida. Livre-se da culpa e da tristeza, limpe sua caixa de e-mails. Arranque a pele morta do perfeccionismo. Arranje tempo para conversas difíceis que poderão aliviar o clima ou representar despedidas necessárias. A Lua minguante é o momento de refletir sobre o que você está pronto para sacrificar para receber algo melhor.

A Lua minguante

A Lua minguante às vezes também é chamada de Lua "balsâmica" (termo que vem de "cura" e "calmante" — bálsamo). Depois da calmaria do quarto minguante, as marés voltam a subir. Você pode experimentar sentimentos de entrega e uma sensação de recuperação. O que quer que tenha acontecido ao longo do ciclo lunar com que você ainda não tenha lidado pode voltar para você. É um bom momento para examinar os impulsos do nosso ego e dissolver redes de segurança falsas.

Esse momento também se relaciona a uma queda de energia: o vazio e a exaustão podem tomar conta do seu corpo. Permita-se descansar e prestar atenção no que sua voz interior tem a lhe dizer enquanto faz isso. Limpe e organize. Desenvolva práticas que aperfeiçoem a intuição, como meditação ou tarô. Execute o trabalho da preparação: conclua, revise e reconcilie. Olhe para trás com o objetivo de avançar.

A Lua escura

A Lua escura corresponde aos últimos três dias antes da Lua nova. Como a energia e as tradições da Lua escura são complexas e tendo em vista que muitos praticantes, incluindo eu mesma, honram esse período como uma fase separada, tratarei especialmente dela no capítulo a seguir. A Lua escura marca o fim da Lua minguante e de toda a lunação.

SE A LUA MINGUANTE É DIFÍCIL PARA VOCÊ

Se a Lua minguante é difícil para você, saiba que não está sozinho. Muitos de nós não vieram equipados com as ferramentas exigidas para examinar e lidar com nossas feridas, sombras e crenças limitantes. Muitos de nós foram ensinados a ver nossa poderosa intuição como algo de que se envergonhar, algo a ser temido. Parte da sua prática da Lua minguante pode ser curar seu relacionamento com sua intuição. Conectar-se com sua voz interior silenciosa.

A quietude desse período pode ser desafiadora para os impacientes. Quando não vemos resultados imediatos, podemos ficar tentados a desistir. Parte do seu trabalho da Lua crescente pode ser um cultivo paciente. Humanos adoram saber quando algo desafiador ou doloroso vai se encerrar. Se não sabemos, tendemos a resistir, a entrar em pânico, a nos entorpecer de alguma forma. De que maneiras você pode estar presente nesse momento sem se descabelar?

A Lua minguante pode ser difícil para aqueles que nasceram durante a Lua crescente ou nova. Para pessoas matinais, ou para quem se sente mais confortável em papéis orientados pela ação, esse momento de mistério e imobilidade, esse espaço que encoraja o não fazer, é bastante desconfortável. Se você se identifica com isso, procure compreender que não fazer nada *é* fazer algo. Fazer uma pausa é uma ação. Descansar também.

Seu humor na Lua minguante pode não corresponder às descrições convencionais para o período. Se você nasceu durante a Lua minguante ou escura, pode se sentir energeticamente em casa nessa fase: brilhando, em fluxo, bem-recebido. Durante a primavera e o verão, esse momento pode ressoar mais com descanso e brincadeiras. Durante o outono e o inverno, você pode se sentir motivado a fazer mais terapia ou trabalho de sombra. Esse pode ser o momento mais produtivo de todo o ciclo lunar para você; dei aulas e escrevi vários capítulos de livros durante a Lua minguante. Com o tempo, você será capaz de notar seus padrões pessoais e descobrir quais os benefícios dessa fase no seu caso.

A Lua minguante marca um fim. E fins são difíceis. Mesmo fins que não são negativos podem ser tristes. Em geral, tememos qualquer tipo de perda. Mas nossa tristeza em relação à perda também é parte do que nos torna sensíveis e empáticos, parte do que significa estar vivos. Fins são portais para o desconhecido. Dê-se espaço para processar fins de todos os tipos.

Tornar-se bem versado na arte do desapego nos deixa disponíveis para os presentes do momento. Livrar-nos de todo tipo de entulho — emocional, psíquico e literal — ajuda a entrar em um estágio de Lua nova mais amplo. Descanso e relaxamento ajudam a nos integrar. Abordar nossos vazamentos energéticos nos economiza um tempo precioso. A Lua minguante pode nos apoiar nisso e muito mais.

QUANDO VOCÊ SE ENCONTRA NA FASE DA LUA MINGUANTE

Quando você se encontra na fase da Lua minguante, cruzou o limiar do questionamento e está no reino de sua própria sabedoria. Há uma confiança tranquila que vem com o conhecimento que você possui. A dúvida já não castiga mais seu sistema nervoso. Sua intuição se tornou sua âncora.

Quando se está em fase de Lua minguante, uma ou mais áreas de sua vida estão prontas para ser revisadas. Algo precisa mudar. Mesmo que você ainda não saiba direito aonde vai, sabe que não pode ficar no mesmo lugar. Assim, você puxa pergaminhos da memória para relê-los. Seus arrependimentos apontam na direção daquilo que você agora sabe que deve ser encerrado. Você vai precisar de tempo. Vai precisar de distância. Vai precisar de espaço. Permita-se ter todos os componentes dessa lenta santíssima trindade.

Quando se está em fase de Lua minguante, partes nocivas de seu ego se dissolvem conforme você rompe com suas próprias besteiras. Se você conduziu os processos das fases lunares anteriores, na Lua minguante chegou a uma aceitação fundamental. Você está tranquilo com seu poder. Você já entendeu. Entendeu que pode ser seu e que pode ajudar, mas que não é só para você. Já recebeu suas ordens e prossegue com confiança. O mínimo não funciona mais. Não faz parte do seu paradigma.

Seguem-se algumas maneiras de pensar sobre e trabalhar com a Lua minguante. Confira seu mapeamento lunar e descubra quais das atividades sugeridas correspondem ao seu processo. Lembre-se de sempre seguir os desejos e a energia da Lua nova, os caminhos que se apresentaram durante a Lua crescente e que você experimentou na Lua cheia. Isso o ajudará a navegar de maneira focada.

A LUA MINGUANTE É O MOMENTO DA SEGUNDA COLHEITA

A segunda colheita ocorre nos primeiros dias da Lua minguante, durante a fase da minguante gibosa. O primeiro ou o segundo dia após a Lua cheia pode ser um bom momento para fazer um feitiço de colheita. Nesse momento, a Lua ainda parece estar cheia. A marca energética dos dias que se seguem à Lua cheia pode fazer com que a Lua minguante ainda funcione como Lua cheia, mas sem as arestas.

Conjure o que você precisa para se sentir saciado. Determine do que precisa e peça por isso. Comece a amarrar as pontas soltas de seu processo particular. Em praticamente qualquer processo criativo ou empreendimento grandioso, a colheita é escalonada. É o momento do engarrafamento, da fermentação, de secar ervas, de escavar a terra em busca de ouro. Olhe para sua vida e anote o que está surgindo e o que ainda pode ser colhido. Colha todas as oportunidades maduras que encontrar.

A segunda colheita tem pernas. Esse segundo momento pode nos levar a algum lugar. Podemos utilizar nosso crescimento para decidir o que focar e por quê. Há uma ênfase aqui, no que estamos nos concentrando e no que estamos cultivando no longo prazo. Nós nos afastamos do nosso processo para nos aproximar do que é mais importante. Soluções rápidas não funcionam mais. É hora de estabelecer sistemas que nos empoderem a responder, em vez de reagir. Fazer isso promove a segurança e a estabilidade; as raízes de nosso eu abundante são o que vai nos ancorar à resiliência.

Nesse momento, reconhecemos a importância de nossa soberania. Nossas considerações são de longo termo, compreendemos que o ciclo leva tempo — e que tornar esse momento precioso é um investimento com retornos infinitos. Raízes plantadas no terreno certo não têm escolha a não ser crescer infinitamente. Quando reconhecemos o que precisa florescer, não podemos retornar a nada menos que isso.

Nomear e reivindicar o que é mais significativo para nós é o potencial desse tipo de colheita. Enquanto reunimos, organizamos e arquivamos, consideramos questões mais abrangentes. Para quem estamos fazendo isso tudo? Quais são os temas curativos em nossa vida? Pelo que queremos ser lembrados? O que queremos realizar, experimentar ou aprender antes de deixar o planeta? Qual queremos que seja nosso legado?

A LUA MINGUANTE É UM MOMENTO DE LIBERAÇÃO E LIVRAMENTO

Depois da colheita, os campos ficam livres. Fica muito mais fácil capinar. Reserve um tempo para considerar o jardim da sua vida. Um jardim superlotado não oferece espaço para diferentes plantas. Raízes não podem crescer se não tiverem espaço para respirar. Talvez elas precisem ser transplantadas. Podemos começar fazendo listas das ações grandiosas e ousadas que precisamos executar. Podemos começar fazendo o mapeamento lunar do próximo ciclo, aproveitando toda a sabedoria adquirida.

É o momento de se livrar das coisas. Encare aquele quartinho extra, a gaveta de baixo, os armários. Se está rastreando seus próprios ritmos, talvez note uma inclinação natural à purificação nessa época. O que você precisa fazer para sentir que está se preparando para um novo começo?

Também é o momento de abandonar um hábito ruim. Substitua o que vai deixar para trás por algo saudável. Pense no que vai ajudar a te guiar e oferecer reforço positivo. Podem ser ações, mas também pensamentos. Escolha ativamente pensamentos que pareçam melhores — com o tempo, eles vão se tornar suas crenças centrais.

O trabalho de construção da disciplina começa na Lua minguante. Fazer coisas difíceis que depois vão tornar as coisas mais fáceis é o uso perfeito dessa fase. Muitas vezes, quando nos sentamos para fazer o que for, acaba levando menos tempo do que pensávamos e não sendo tão horrível quanto prevíamos. Talvez você queira montar uma lista de afazeres da vida, com itens que costumam consumi-lo e ocupar um espaço energético precioso. Coloque tudo em um único documento. Escolha pelo menos uma ou duas tarefas irritantes a cada Lua minguante para riscar da lista. Pouco a pouco, isso abrirá espaço no seu cérebro e na sua vida.

Às vezes, quando nos livramos de bagagem emocional, quando desentulhamos diferentes partes de nossa vida, somos absolutamente brutais conosco. O julgamento nos engole. A dúvida ameaça interromper todos os procedimentos. Observe seus sentimentos e os reenquadre. Isso vai ajudar você a navegá-los. As sensações que surgirem são informações. E informações são uma lição. Você não está preso, só está se entendendo. Não está quebrado, só mais consciente.

A limpeza emocional é importante

Uma das magias mais poderosas que podemos realizar durante essa fase da Lua é a limpeza emocional. Muitas vezes, sob um desejo há apegos emocionais: medo de que não sejamos dignos do desejo, crenças de que aquilo que desejamos está inacessível para nós. Quem se recupera de um trauma ou sofreu abuso está especialmente propenso a ver seus medos como uma espécie de mecanismo de sobrevivência, uma maneira de garantir sua própria segurança. Parte do trabalho de recuperação, e de terapia, pode ser ver onde nossas respostas baseadas em medos nos impedem de realizar nossos desejos. Não fugir de nossos desejos pode ajudar a dissipar alguns desses medos.

A limpeza emocional é o processo de nomear seus padrões de comportamento e mecanismos de defesas prejudiciais para transformá-los. Implica chegar à raiz de sua resistência ou de uma profecia prejudicial e autorrealizável. Faça um inventário honesto de seus padrões subconscientes. Compreenda por que está fazendo o que está fazendo. Descubra o que precisa implementar para se sentir mais saudável e apoiado, do que precisa para confiar em si mesmo e em sua capacidade de atender efetivamente às suas necessidades.

Concentre-se na raiz do padrão. Pergunte sempre a si mesmo *por que*, *como* e *o que*, até que algo se revele. Depois que tiver nomeado sua raiz e conhecer a fonte dela, pode transformá-la holisticamente. Por exemplo, você pode desejar mais intimidade em relacionamentos próximos. A raiz pode ser um medo de expressar suas necessidades, e o mecanismo de defesa pode funcionar de diferentes maneiras. Se o desejo exige que você seja mais vulnerável, examine onde praticar isso em sua vida cotidiana. Comunicação é o lugar perfeito pelo qual começar. Talvez antes, em uma discussão, você escondesse sua vulnerabilidade nos relacionamentos reprimindo a raiva ou a decepção em relação a qualquer coisa importante e, depois que o momento passasse, minimizasse suas necessidades, mas com algum ressentimento: *Não é nada de mais. O que eu preciso não é importante. Vou deixar isso pra lá.* Treine falar de um lugar de vulnerabilidade: *Sinto que você não está me ouvindo. Isso me magoa. Não sei se estamos nos entendendo. Eu te amo e quero que a gente fique na mesma página. Podemos ir um pouco mais devagar, juntos?* Esse é um exemplo de limpeza emocional. Arranque os modos antigos e plante novas sementes de ação e comunicação.

Você também pode fazer um ritual ou cerimônia para arrancar a raiz de seu corpo emocional. Antes da cerimônia, entre em contato com a parte de seu corpo que mais se relaciona com a crença ou resposta emocional que pretende liberar. É aí que deve focar sua respiração, sua energia e sua percepção. Você pode oferecer amor e aceitação a essa parte do seu sistema e deixar que a raiz saiba que agora você está abrindo mão do que for. Sinta enquanto deixa seu corpo, sua psique, e flutua para longe de sua energia, rumo à estratosfera, para ser transformado em algo melhor.

Quando capinamos os canteiros do jardim ou arrumamos uma gaveta de casa, em geral não associamos a isso emoções intensas. Mas muitas vezes o processo de limpeza espiritual é acompanhado de vergonha. Isso limita nosso acesso ao alívio; ficamos presos a velhas histórias. As ervas daninhas estão emaranhadas demais às pedras pesadas do passado para ser arrancadas. Se isso acontecer com você, note que a vergonha e o julgamento são apenas uma história e não definem quem você é. Isso pode ajudá-lo a se soltar. O humor e a bondade podem ajudar a redirecionar seu sofrimento em uma humanidade graciosa. Faça uma música sobre sua história, aproxime-se dela, como faria com uma criança inocente. Rume para a segurança perguntando do que sua história precisa, ou garantindo que agora é o momento de descansar.

Tente se livrar dela com compaixão e uma pitada de esperança. Tenho certeza de que você consegue pensar em um momento em que se desapegou de um relacionamento, um trabalho ou um hábito que não lhe servia mais. Por um longo tempo, pode ter sido bastante doloroso. Talvez parte sua tenha achado que você não conseguiria se recuperar. Por fim, algo diferente e mais saudável se seguiu. Como sempre acontece.

Quando estamos trabalhando, algo mais alinhado sempre vai aparecer. Mas primeiro precisamos abrir espaço e compreender que o que encontraremos a seguir é algo transitório. Para muita gente, é difícil ficar nessa posição. Somos criaturas de hábitos, que muitas vezes preferem o conhecido, mesmo que não seja tão bom, ao total desconhecido. Se isso tem sido um desafio para você, avalie seus bloqueios em relação ao desconhecido. Quanto do que você "conhece" não é uma promessa? A verdade é que a realidade pode mudar a qualquer momento. O desconhecido será discutido mais profundamente no capítulo sobre a Lua escura.

Livramento é reparação

Pode ser difícil se livrar da dor e do sofrimento que se estenderam por tanto tempo. Algumas de nossas feridas são tão profundas que parecem ter deixado uma marca em nossos ossos. Às vezes, quando estamos sofrendo ou lidando com a perda, nos identificamos tanto com essas tristezas que não conseguimos ver nada mais. Não se apegue tanto a sua dor a ponto de não ser nada além dela.

Permanecer estático não é natural. Tudo muda na natureza, incluindo nós mesmos. Os pássaros migrando no céu é natural. A lagarta no casulo, preparando-se para se dissolver e se tornar uma borboleta, é natural. O que não é natural é acreditar que a mudança não pode acontecer, que deve ser dolorosa, ou que, se seu mundo de repente se transformar, a culpa é sua.

Abrir mão e desapegar permitem novos começos. A princípio, não fazer as mesmas coisas que você vinha fazendo havia anos pode ser aterrorizante. Na Lua minguante, livre-se de uma de suas capas de invisibilidade tão confortáveis, mas também restritivas. Veja qual é a sensação de experimentar com diferentes formas de autoexpressão e identificação.

Parte do processo de abrir mão inclui compreender por que você vinha se apegando a um pensamento ou comportamento e se concentrar em atender suas necessidades de maneiras mais saudáveis. Parte da arte de abrir mão é compreender os sacrifícios que terá que fazer, o que muitas vezes se apresenta como uma corda emocional que precisará ser cortada. Abrir mão talvez signifique ter que lidar com as consequências de alterar profundamente padrões de toda uma vida. Decisões não convencionais e que não serão recompensadas imediatamente talvez tenham que ser tomadas. Por fim, sua coragem levará à realização espiritual e emocional.

Quando você abre mão de sua necessidade de agradar aos outros, menos pessoas gostam de você. Mas você vai gostar mais de si mesmo, e os relacionamentos que cultivar a partir da verdade serão mais autênticos.

Quando você abre mão de sua necessidade de fantasiar, projetar ou procrastinar, a vida pode parecer dura ou entediante. Mas, quando se parte de um lugar de aceitação radical — quando reconhecemos o que realmente está aqui, quem realmente está comparecendo, ou o que realmente estamos fazendo —, a clareza se solidifica. O discernimento nos ajuda a tomar decisões mais empoderadas, em vez de ficarmos presos no nebuloso reino da ilusão. Em vez de esperar que os outros mudem, em vez de dizer "um dia", nós mesmos mudamos, no presente.

Abrir mão pode representar não esperar mais por um pedido de desculpas que nunca virá. Pode implicar se desculpar consigo mesmo.

Abrir mão pode lembrar uma meditação para o perdão, quando você põe um quartzo de rosa sobre o coração e diz a si mesmo que sente muito por ter se traído e que agora está comprometido a ser guiado pelo amor.

Abrir mão é desemaranhar emoções. É se recalibrar emocionalmente. Abrir mão é mudar seu comportamento. É remover os obstáculos em seus futuros em potencial. Abrir mão envolve atenção, aceitação, espaço, tempo, doação, compaixão, prática, paciência e acreditar em outras possibilidades.

A Lua minguante é o momento de descobrir que hábito ou padrão está impedindo você de seguir rumo a seus desejos — ou dificultando muito isso. A Lua minguante é o momento de descobrir que aparência a arte de abrir mão tem para você e em que seu processo de livramento deve consistir.

Entregar algo à deusa ou a um poder mais elevado é trabalho de livramento.

Suportar uma vontade ou um impulso até que passe é trabalho de livramento.

Chorar também é.

Abrir mão é reparar. Livre-se do que te impede de ser quem é. Comece de novo. Finais são começos que são finais que são novos começos...

Eis alguns modos de praticar o livramento:

Responda de um lugar de crescimento: de onde sua melhor versão gostaria de estar agora, e não como seu eu atual está reagindo. Pratique isso repetidamente. Dê algo que você ama a outra pessoa. Saiba que nunca mais o verá. Dê ao mundo algo em que empregou seu trabalho criativo, sem esperar nada em troca. Sinta-se bem quando as pessoas são simpáticas, sinta-se mal quando elas são antipáticas, mas sempre se lembre de que quase nada disso tem a ver com você. Repita isso com a frequência necessária. Faça a próxima coisa amorosa que precisa fazer.

Considere seu consumo

A Lua minguante é um momento excelente para se examinar de maneira crítica enquanto consumidor — de coisas materiais, mas também um consumidor energético, um consumidor de pensamentos, um consumidor de espírito. Pense nos livros que está lendo, nos aplicativos que usa, na música que ouve, nas pessoas que permite que te influenciem — pessoalmente, na internet, na mídia —, nas vozes em que presta atenção — na sua cabeça ou em diálogos externos. Seja criterioso quanto a quem deixa entrar no seu espaço. Tenha consciência do que deixar entrar no seu cérebro. Seja claro quanto ao que tem permissão de acessar seu campo energético.

Questione se o que deixa entrar em seu campo energético é um reflexo preciso de quem você deseja se tornar e de quais são seus valores. Se durante o processo você precisar se distanciar de pessoas que te julgam, que te criticam ou que não apoiam as atividades positivas e saudáveis em que está embarcando, faça isso.

Essa fase também apoia todo tipo de desintoxicação. Talvez você precise deletar um aplicativo do celular nas semanas de Lua minguante — ou por mais tempo. Pode ser uma oportunidade de retornar ao básico da vida. Concentre-se em comer os alimentos que te deixam melhor, em fazer as atividades que mais lhe servem de apoio, em se cercar das melhores pessoas e em cuidar do seu corpo e do seu espírito de maneira apropriada. Essas são práticas básicas e que contribuem para nossa energia, mas que muitas vezes negligenciamos, quando a vida está acelerada. Nosso impacto mágico é muito maior quando comemos direito, dormimos direito e quando o que nosso corpo e nossa mente ingerem é intencional. Volte ao básico durante toda a Lua minguante e receba as recompensas.

A LUA MINGUANTE É O MOMENTO DE UM DESCANSO RADICAL

A Lua minguante é o momento de praticar o descanso radical. Trata-se do ato de descansar sem ser multitarefas. Sem ressalvas. Sem se condenar. Permitir que nosso corpo e nossa mente simplesmente descansem. A terra descansa por cerca de cinco meses ao ano.[3] Nos climas mais frios, animais entram em hibernação. Um período de descanso é absolutamente natural. Todos precisamos descansar mais. Todos precisamos diminuir o ritmo. Tentar fazer uma coisa, e só uma coisa, por vez. Contar nossa respiração e desacelerar o sistema nervoso.

O capitalismo quer que nos viciemos em receber validação em forma de produtividade. O que estamos fazendo, quem conhecemos, quanto estamos ganhando, o que temos. Supostamente, não temos valor a menos que possuamos um monte de coisas, a menos que estejamos sempre ocupados. Mas nunca sentiremos que somos o bastante, porque alguém sempre terá mais e será mais ocupado. É assim que o sistema funciona. Não temos valor a menos que a lista de afazeres esteja toda riscada, que o formulário tenha sido preenchido, que cada minuto de nossa vida esteja contabilizado em nosso currículo. Se isso lhe parece exaustivo, é porque é mesmo. O objetivo é nos exaurir. Priorizar o descanso, normalizar o descanso sem culpa, subverte o sistema.[4]

Pode ser difícil compreender a ideia de renunciar à produtividade. Mas há uma enorme diferença entre a produção do solo natural, orgânico e não tratado, que pôde descansar, e a produção do solo esgotado, que recebeu fertilizantes artificiais e foi cultivado em excesso. Os frutos são mais suculentos e mais impactantes quando descansamos. A qualidade do que oferecemos aos outros aumenta quando descansamos. O esgotamento e a fadiga são muito reais. Um longo tempo é necessário para se recuperar deles. Descansar como precisamos nos ajuda a tratar a nós mesmos como os tesouros inestimáveis que somos.

Quando praticamos o descanso radical e a atenção plena, somos capazes de completar nossas tarefas com tranquilidade, uma por vez. Com frequência, quando nos movemos rápido demais, nos contraímos. Pense no estado de seu corpo no dia a dia. Você fica tenso? Está sempre correndo, com pressa? Com os dentes trincados? Descanso e relaxamento verdadeiros ajudam a nos abrandar. Nossos pulmões recebem o ar de que precisam. Nosso cérebro recebe mais oxigênio e nos tornamos capazes de tomar decisões melhores.

Descanso e tempo passado em atividades relaxantes também são importantes porque estimulam a musa. Recebo a maioria das minhas mensagens criativas quando estou meditando, fazendo exercícios de respiração, correndo, caminhando ou tomando banho. Se eu não fizesse nenhuma dessas atividades regularmente, não teria um negócio! Cada processo criativo inclui um tempo livre, um tempo permitindo que as soluções fluam pelo éter. Depois da prática da ioga, vem o savasana. Descansar é se reintegrar.

O descanso reforça nossa intuição. Na quietude, retornamos a nós mesmos. O descanso fornece um espaço livre para que a intuição venha. Um lugar onde rezar, ter epifanias, receber. No modo descanso, nos afastamos da resposta "lutar/fugir/congelar/desfalecer" do sistema nervoso parassimpático. Nosso cérebro produz ondas alfa. Quando isso acontece, nossa criatividade é aprimorada. Assim como nossa sugestionabilidade. Se queremos reeducar nossas formas de pensamento de maneira tão efetiva quanto possível, precisamos descansar!

A maior parte de nós não pode descansar radicalmente ou ficar sem fazer nada por duas semanas inteiras do mês. Aborde isso de maneira diferente. Pelo menos uma vez por estação na sua prática lunar tente fazer o mínimo necessário por uma ou duas semanas durante a Lua minguante. (Faça o possível para pagar as contas ou manter a si mesmo, a sua família, a seus amigos alimentados, limpos etc.). Passe o restante do tempo descansando, vá para a cama mais cedo, não faça nada com mais frequência. Integre práticas restaurativas a seu cotidiano, como ler um livro, fazer uma massagem ou ioga restaurativa, tricotar, ouvir música ou passar um tempo com entes queridos, sem o celular.

Se você tem alguma deficiência ou doença crônica, ou se seu corpo exige que descanse com frequência, este pode ser um lembrete sutil para sempre descansar tanto quanto preciso sem sentir qualquer culpa ou vergonha. Você não é o problema. O problema é nossa cultura obcecada pela produtividade, capacitista, que condena o descanso e a doença.

Muitos de nós aprenderam que nosso valor deve ser medido pelo que podemos fazer pelos outros. Às vezes, isso pode substituir a vulnerabilidade e a intimidade. Doar-se pode se tornar um escudo. Pode parecer estranho, ou até mesmo assustador, parar de pensar nos outros, começar a colocar suas próprias necessidades em primeiro lugar ou exigir aquilo de que precisa. Para ter verdadeira intimidade uns com os outros e relacionamentos equilibrados, nossas necessidades precisam ser expressas e atendidas. Muitos de nós se sentem culpados ao pensar em desistir de todo o cuidado emocional que realizamos. A culpa virá quando pararmos de nos doar compulsivamente. Encare-a e deixe que passe. Use o período da Lua minguante para tentar dar um descanso ao trabalho emocional exaustivo.

Fazer intervalos e saber quando parar

Outra maneira de utilizar o tema do descanso é se afastar de algo que ocupa todo o nosso tempo. Artistas fazem um intervalo para poder retornar com um olhar renovado. Casais dão um tempo para decidir se querem seguir com um relacionamento ou se é melhor se separarem.

As bruxas costumam deixar seu altar logo depois que um feitiço é lançado, e focar sua atenção em outra coisa. Fazer um intervalo na ativação energética permite que ela adentre o universo. As intenções do feitiço agora podem se mover livremente; a poeira das estrelas começa a sair, subir e circular. Isso também sinaliza para o universo que você confia em sua ajuda. Não conseguimos sozinhos. Entregar à deusa é confiar que algo ainda melhor do que poderíamos ter imaginado está a caminho.

Às vezes, confundimos exaustão ou esgotamento com a necessidade de desistir. Precisamos mesmo acabar com o projeto em que passamos tanto tempo trabalhando? Talvez só precisemos nos distanciar por um momento.

Às vezes, confundimos impaciência com fracasso, ou silêncio confuso com feedback negativo. Não desista: as coisas apenas têm o tempo delas.

No entanto, há momentos em que a resposta é desistir. Do relacionamento, do emprego ou do projeto que já expiraram há muito. Descobrir quando fazer um intervalo e quando de fato desistir pode ser parte de seu trabalho na Lua minguante. Vale desistir quando:

- Você está tentando há muito, muito tempo, e sente sinceramente que esgotou todas as possibilidades e a situação ainda não está satisfatória em níveis fundamentais.
- No fundo, você sabe que não vai se arrepender de desistir, que não vai ficar se perguntando como poderia ter sido.
- A mera ideia de desistir faz com que você sinta um alívio imediato.
- Você vem falando sobre desistir de algo ou de um relacionamento há um bom tempo, sejam meses ou anos.
- Pessoas queridas apontam repetidamente que você está sempre frustrado e sempre reclama das mesmas coisas, e que isso está prejudicando o relacionamento de vocês.
- Algo maravilhoso vem atraindo sua atenção, como uma festa à luz de velas do outro lado do lago, uma perspectiva empolgante te chama, acena para que você siga por esse caminho. Desistir de uma coisa pode abrir espaço para outra.
- Aquilo de que vai desistir está prejudicando você, acabando com sua energia ou abusando de você. Nesse caso, desista imediatamente, ou assim que possível.

Nada a que dedicamos tempo e energia se perde. Você talvez não seja capaz de ver imediatamente os benefícios de desistir de uma situação em particular, mas, em retrospectiva, as conexões podem te surpreender. Uma habilidade que aprendeu pode vir a ser útil em projetos futuros. Alguém que conheceu em certa situação ou como resultado de uma parceria que deu errado pode acabar se tornando um futuro aliado. Desistir pode nos oferecer lições incríveis. Não deixe de tomar uma decisão que será dolorosa no curto prazo, mas implicará alegria e alívio no longo.

A LUA MINGUANTE É O MOMENTO DA MAGIA PROTETORA

A magia protetora é uma das magias mais importantes que uma bruxa pode dominar. A proteção nos mantém a salvo, aterrados e equilibrados. Quando estamos protegidos, é mais fácil nos manter focados, produtivos e alinhados.

É uma boa ideia fazer magias protetoras constantemente — antes que qualquer coisa aconteça a você. Vale a pena fazer feitiços de proteção toda estação ou com mais frequência, se você for uma pessoa pública, um provedor de serviços ou se tiver contato regular com bastante gente. Procure desobstruir seu espaço no fim de um longo dia por dias seguidos e veja como se sente. Quanto melhores forem nossas práticas de higiene energética, menos magias protetoras defensivas ou ofensivas precisaremos fazer.

Em geral, manter-se fora de perigo é o tipo de magia protetora mais eficaz que há. Não se envolver em dramas desnecessários, não dizer coisas cruéis por provocação. Quando um conflito surge, não se comportar de maneira nuclear — e não pensar em um conflito respeitoso como algo necessariamente ruim. Pense no que é melhor para todas as partes envolvidas. Foque em atender às necessidades mútuas e criar soluções. Se alguém abusa de você ou não parece confiável por outros motivos, afaste-se. Nunca se sinta culpado por se manter protegido e respeitado. Nunca se sinta mal por se defender e manter seus limites. Se mais gente se comportasse da mesma maneira, haveria menos necessidade da magia de proteção.

É claro que muitas vezes uma situação assustadora não é resultado de algo que fazemos. Em uma cultura em que o abuso está completamente normalizado, pessoas marginalizadas muitas vezes estão propensas a essa toxicidade. Muitos de nós precisam se proteger do espectro da violência que se impõe sobre nós — interpessoal e institucionalmente, assim como parte do governo e do Estado.

As seguintes sugestões de trabalho protetor não são específicas para a Lua minguante. Mas a Lua minguante é uma oportunidade de focar o livramento e a proteção, uma vez que aquilo que é mandado embora se mantém longe por mais tempo. Se você fizer feitiços protetores pequenos uma ou duas vezes ao dia, com o tempo notará a diferença. Seguem-se alguns atos diários a experimentar. Não levam mais que alguns minutos. (Também há alguns feitiços protetores no próximo capítulo.)

Entrando em contato com sua energia central

É importante estar afinado com seu estado energético central. Quanto mais acessa a si mesmo, menos espaço há para qualquer outra energia acessar você. Quanto mais você verifica sua energia central, mais fácil fica perceber quando ela está baixa.

Feche os olhos e respire profundamente algumas vezes, de maneira lenta e constante. Relaxe o maxilar, os olhos e tanto de seu corpo quanto conseguir. Quando inspirar, puxe o ar até o topo da cabeça. Ao expirar, parta da base de sua coluna. Imagine toda a energia que não é útil para você deixando seu corpo ao exalar, devagar e com cuidado. Convoque toda a sua energia de volta para o seu corpo. Ela retorna de onde quer que tenha ficado: no telefone, no trabalho, na semana anterior etc. Pense que toda a energia do seu corpo é sua e apenas sua. Talvez você queira visualizar uma cor ou dizer uma palavra tranquilizante, ou ainda dizer seu próprio nome em voz alta. Depois de respirar assim por um tempo, provavelmente vai se sentir calmo e presente, com mais clareza mental. Essa é sua energia central. Entrar em contato consigo mesmo assim uma vez ao dia vai ajudar a se centrar e a dispensar qualquer energia externa a que você possa estar se apegando inconscientemente.

Aterramento

Aterrar-se é uma prática importante. Quando estamos aterrados, as chances da energia deixar nosso corpo são menores. Uma prática de aterramento simples e eficaz é tirar os sapatos e pisar na terra. Se você tem um jardim, saia descalço. Se mora perto de um parque, vá até lá. Imagine a energia da terra subindo pelos seus pés. (Por isso falamos em "aterramento".) Se não puder sair, imagine um cordão dourado de energia fluindo a partir da base da sua coluna ou por suas pernas e seus pés, e se conectando com o núcleo da Terra. Sinta-se conectado com a gravidade e completamente apoiado pela terra. Fazer isso por um ou dois minutos ao dia já pode ser restaurador. Se tiver tempo e acesso, deite-se de barriga na terra e respire lentamente por um tempo, livrando-se de pensamentos e energia indesejados. Quando estiver se sentindo mais leve, permita-se receber a energia vibrante, verde e marrom da terra. Permita que ela sustente e apoie você. (Se tiver transtorno de estresse pós-traumático ou qualquer outro do sistema nervoso, reserve um tempo para investir em práticas somáticas propícias ao seu sistema nervoso.)

Criando proteção energética

Adquira o hábito de criar um escudo energético forte antes de começar seu dia (muitas bruxas chamam isso de "blindagem"). Imagine sua aura como uma concha energética envolvendo todo o seu corpo. Nenhuma energia prejudicial pode entrar. Não há buracos ou vazamentos. Talvez você queira atribuir uma cor a ela, escolhida aleatoriamente. Talvez você queira visualizá-la como um escudo de verdade, uma bolha, uma roseira. Algumas bruxas visualizam um símbolo, como um pentagrama, como uma proteção que está sempre à frente do corpo, a qual carregam de energia positiva. Você pode usar qualquer outro símbolo que faça com que se sinta seguro.

Você também pode desenhar pentagramas em todo o corpo como parte de uma meditação protetora. Pode trabalhar com símbolos de proteção, como cactos, turmalina, cianita, rosas e alecrim. Reflita sobre correspondências que lhe pareçam protetoras e crie seus próprios ingredientes.

Limites

Nenhuma proteção mágica pode te ajudar se seus limites forem frágeis ou inexistentes. A Lua minguante é um excelente momento para examinar nossos limites e verificar de que tipo de manutenção precisam.

Limites bons e consistentes permitem que você se sinta em casa e protegido em quase qualquer lugar. Limites são preferências razoáveis que te ajudam a se sentir visto, respeitado e cuidado. Limites podem incluir aspectos físicos, materiais, mentais, emocionais, sexuais e espirituais. Muitas vezes, fala-se de limites apenas como algo a utilizar com outras pessoas, mas o melhor lugar para começar é consigo mesmo.

Quando bem considerados e trabalhados, limites apropriados nos fornecem ainda mais alinhamento e impulso. Você, e apenas você, define o que precisa dar a si mesmo. Isso inclui espaço, hábitos, tratamento, afirmações, processo, mentalidade e mais. Alguns indícios de que é hora de verificar e recalibrar seus limites envolvem você se sentir sobrecarregado, ressentido, bravo ou irritável com pouca coisa ou até mesmo desmotivado, esgotado ou sentir inveja. Tudo isso pode apontar para a necessidade de limites diferentes em relação a tempo, pensamentos, hábitos, emoções e comportamentos. Nomeie tudo e exija isso sem precisar se justificar. Conforme desenvolve mais amor-próprio e autocuidado, seu relacionamento consigo mesmo não é o único que vai se transformar: os outros relacionamentos em sua vida também vão.

Relações humanas são complexas e desafiadoras. O conflito é normal e natural em qualquer tipo de amizade íntima, relacionamento amoroso, dinâmica familiar ou relação de trabalho. Qualquer relacionamento no longo prazo envolve muito perdão, muita paciência, muito diálogo e muita escuta. No entanto, se você já se esforçou ao máximo — se foi paciente, se tentou — e nada funcionou, seus limites e seu respeito próprio exigem que se afaste. Para cada pessoa que te trata com desrespeito há muitas outras que vão te tratar com o amor que você merece.

A LUA MINGUANTE É O MOMENTO DE FAZER O TRABALHO DE SOMBRA

A Lua minguante é o momento propício para o trabalho de sombra. A quietude dessa fase permite introspecção. Mergulhe em seu subconsciente, em seus medos, em suas crenças limitantes. Areje-os. Tire-os de sua psique e jogue no fogo. Do que você está abrindo mão? Que verdades ainda o encaram no meio da noite?

O conceito de "sombra", como popularizado por Carl Jung, envolve os aspectos da personalidade e do self que rejeitamos. As partes doloridas ou as quais fizeram com que nos sentíssemos inferiores. As partes de nós que não integramos totalmente à nossa consciência. Todos fomos ensinados em algum momento que precisamos sufocar aspectos de nossa personalidade, de nossos desejos ou de nossos dons. Às vezes, a sociedade transforma nosso brilho em sombra, e acabamos internalizando isso. Parte de seu trabalho de Lua minguante pode ser ressuscitar todos os aspectos de sua identidade, seus dons, suas habilidades, passar um tempo com eles, celebrá-los e nutri-los. Isso pode integrar a alma de maneira poderosa.

Parte do crescimento espiritual é reconhecer, examinar e amar toda a sombra do seu self — ver esses componentes rejeitados como professores e refletores ressonantes, ir além da dor e perceber sua origem. Algumas dessas partes são seus desejos e sonhos mais profundos. Algumas são traços básicos do ego, com que todos lidamos: inveja, insegurança, controle, arrogância, vergonha, culpa, ódio de si mesmo. A atenção plena pode te ajudar a analisar se você está sendo consumido por sua sombra. Procrastinar, fugir, projetar, ser passivo-agressivo, possessivo, mentir, ter surtos de raiva e ficar na defensiva podem ser indicadores de que partes de sua sombra subconsciente estão no controle.

Não é de admirar que costumemos evitar esse trabalho. Humanos são sensíveis. Nosso corpo processa a dor emocional como dor física. Esses aspectos envolvem verdades em relação a quem somos, quais são os temas do seu caminho de vida, como sua alma precisa evoluir.

Expor nossas partes mais vulneráveis em ambientes seguros é uma ferramenta poderosa. Nossa sombra contém todos os nossos medos, todas as motivações do nosso ego, todas as nossas crenças limitantes — e, nesse sentido, é como uma caixa de Pandora de revelações e lições relacionadas a nosso comportamento. As emoções de nossa sombra são como combustível criativo. Quais são os dons que apenas você possui, que pode ser ao mesmo tempo assustador e empolgante revelar ao mundo? O que aconteceria, em última instância, se você começasse a compartilhá-los? Abriria portas para novos mundos e experiências diferentes?

O trabalho de sombra é contínuo. Trata-se de um processo de descoberta, revelação, amor, integração e transformação que dura a vida toda. Fique sempre atento à sombra, mas não se identifique como ela. Veja-a pelo que ela realmente é: uma parte de você que pode te ajudar a conquistar mais liberdade. A compreensão e a inclusão de suas sombras vão ajudar você a aprender a se amar de maneira incondicional.

É perigoso ignorar a sombra. As consequências disso estão à nossa volta, na realidade atual. Vivemos na cultura da sombra. Abuso e violência foram normalizados. A crise climática é ignorada pelas massas. O vício aumenta de maneira galopante. A morte é temida. A cultura dominante ainda não sabe como processar a vergonha e a dor de uma maneira que as transforme. Não há processos de responsabilização coletiva verdadeiros para todo o mal que foi feito aos negros e aos indígenas nos Estados Unidos. Até desenvolvermos processos para lidar com nossa sombra coletiva, ela continuará causando danos.

Isso é frequente na cultura popular Nova Era, porque muitos de seus praticantes acham, convenientemente, que "amor e luz" é a solução para tudo. A isso chamamos de "negação espiritual" — ignorar as desigualdades estruturais, a colonização e como isso ainda afeta o coletivo, assim como muitos outros sistemas opressivos, diminuindo quem fala da condição humana e desses sistemas e dizendo que essas pessoas não trazem boas vibrações. O ímpeto de negação e culpabilização da vítima é sempre um sinal de alguém que não integrou sua sombra. É um sinal claro de uma pessoa envolta em projeções gigantescas, incapaz de lidar com a realidade, presa a ilusões criadas por seu ego desequilibrado. É o coach branco com rendimento na casa das centenas de milhares que nunca discute seu próprio privilégio, que nunca menciona a palavra "capitalismo", que nunca discute as desigualdades estruturais que afetam a vida financeira daqueles historicamente marginalizados. É o líder Nova Era que culpa as vítimas e condena as mulheres que se juntaram ao movimento #MeToo.[5] Esses exemplos e muitos outros servem de modelo do que não fazer, na medida em que sombras descontroladas acabam com a compaixão e o reconhecimento do sofrimento e das experiências dos outros.

Há muitas maneiras de explorar a magia de sombra na sua prática. É uma questão de focar o trabalho com os aspectos relacionados à sombra do self antes de tudo. A maior parte de nossa atenção é colocada no exame e na aceitação desses aspectos: dialogar com o subconsciente, entrar em transe, fazer uma jornada ao submundo, ser hipnotizado, abraçar nossos demônios interiores e navegá-los; datura e obsidiana; enterrar cinzas, quebrar vidro, quebrar ovos; espelhos pretos e pedra da lua cinza; Hécate, Medusa, Inana, Kali, Ishtar, Sedna, Pele, Ísis, Morrigan, a Sacerdotisa, Lilith, Baba Yaga e todas as pessoas inocentes que já foram transformadas em vilãs ou incompreendidas, todas as pessoas que precisaram se proteger e se mantiveram firmes sob ameaça ou que tentaram proteger outros.

Trabalhando com bloqueios e crenças limitantes

Crenças limitantes criam resistências ao nosso desejo. Crenças limitantes podem se tornar profecias autorrealizáveis. Nosso passado e nosso subconsciente são fontes de nossa programação. Se estamos programados para funcionar na escassez, então é nela que vamos nos sentir confortáveis, e escassez é o que vamos encontrar. Se nos treinamos para ver e encontrar abundância, para ser abundantes, vamos começar a nos identificar com a abundância.

Quando estiver fazendo o mapeamento lunar, note as crenças limitantes que surgirem como parte de seu desejo ou objetivo. Se não conseguir acessar suas crenças limitantes, concentre-se no seu desejo. Seu medo relacionado a ele é a sombra em questão. Por exemplo, ter seu trabalho publicamente reconhecido pode ser um desejo cuja sombra é ser ignorado, o que pode estar ligado a negligências passadas. Vá um pouco mais fundo e pode haver algum medo relacionado a ser visto. Se fizer uma investigação mais ampla, você começará a descobrir onde o medo se origina e todas as maneiras como foi desencadeado ao longo da sua vida, com a família, os amigos, no trabalho, na escola ou na comunidade.

Em geral, quando se passa por esse tipo de investigação, chega-se à crença limitante principal associada àquele medo com que seu subconsciente se identificou. *Ser visto significa que serei punido. Se quero ficar em segurança, é melhor ser invisível.*

A Lua minguante é o momento de enfrentar a resistência. Aborde o bloqueio primeiro. Escreva tudo o que é assustador para você relacionado ao seu desejo. Pense nas crenças limitantes com que esses medos estão conectados. Abra espaço para que essas crenças se revelem a você, ofereça amor e compaixão a elas, depois as reformule. Lembre-se de que isso pode acontecer sempre que você estabelece um objetivo. Quase sempre que você expandir haverá um impulso de contração, de sabotagem, de dúvida. Insista para chegar ao outro lado de seu novo eu.

Encarar e nomear crenças limitantes e bloqueios é imperativo para a criação e a humanifestação de processos. Não há como perseguir nossos desejos e ter satisfação no longo prazo sem trabalhar esses pontos dolorosos. Se fizemos nosso mapeamento lunar, os bloqueios relacionados a nossos desejos foram localizados. Sabemos quais são e como se revelam. A Lua minguante é um ótimo momento para dar os passos necessários para superar esses bloqueios e medos.

O que quer que crie medo e resistência em nossa psique e em nosso mundo talvez nunca desapareça por completo. Mesmo depois de anos de terapia, fazendo o trabalho e obtendo enorme sucesso, ainda encontramos dúvida e resistência internas. A sugestão é lidar com seus bloqueios transformando seu relacionamento com eles.

Se você costuma ignorá-los, pare com isso. Faça terapia para trabalhar suas crenças. Preste atenção nelas quando surgirem e aja como o guardião de um portão. Repare nas vozes e no que elas dizem. Quando surgem? Quais as correlações? Com o tempo, você será capaz de predeterminar que situações vão despertar uma parte de sua sombra. Suas ferramentas já estarão a postos para ajudar.

Conheça sua criança interior, aquela que não se sente segura com mudança — mesmo as mais fantásticas. Aquela que não se sente segura com reconhecimento, aquela que não se sente segura com vulnerabilidade, com a defesa de suas necessidades, com a criação de limites saudáveis. Conheça sua criança interior e descubra como lhe oferecer amor e apoio incondicionais com o intuito de seguir em frente.

Conheça seu sabotador interno, que deve ser irritantemente sorrateiro. Esse embusteiro começa a inventar histórias quando você se aproxima do que quer. Histórias sobre você não ser bom o bastante para ter o que deseja. Descubra uma maneira de dialogar com seu sabotador, de não lhe dar importância. Dê-lhe um nome e mande-o passar para o banco de trás do carro da sua vida, enquanto você continua ao volante.

Talvez você precise amar verdadeiramente essas diferentes partes de sua sombra. Talvez elas precisem de reafirmações contínuas de que você está em segurança, de que não tem problema mudar. Apoie essas diferentes partes do self. Procure provas do contrário. Há inúmeros exemplos em sua vida de que você é amado, de que é digno. Há inúmeros exemplos de coisas que deram certo. Escolha se conectar a eles.

Outra maneira de processar um bloqueio é considerar a ideia mágica de sacrifício. Na magia e no desenvolvimento pessoal, sacrifício não é algo ruim. (Sacrifício vem de "sagrado".) O que você está deixando para trás para poder se transformar em algo maior? A pequenez deve ser sacrificada a fim de que outros possam ver seu trabalho e se beneficiar de seus dons. Fazer sacrifícios não é ruim quando o que estamos sacrificando é o que nos impede de atingir nosso potencial.

Tenha claro o que vai ser sacrificado e agradeça a essa identidade ou a esse comportamento. Avance no amor — você pode preferir fazer isso formalmente, com um ritual ou feitiço, com uma cerimônia de transformação sacrificial. Agradeça e honre o antigo. Nomeie, celebre e habite sua nova identidade.

Passe um tempo examinando como você utiliza suas emoções e trabalha com elas. Examine onde e como sua necessidade de "consertar" as coisas te força a dar sentido a suas emoções, ou quando tenta transformar o que quer que seja em narrativas negativas. Se emoções desconfortáveis surgirem, não as deixe de lado. Isso cria resistência. Deixe esse aspecto de sua mente descansar e permita que uma mentalidade mais permissiva venha à tona. Essas duas posturas não podem coexistir.

A mente permissiva convida nosso subconsciente para conversar. Tem curiosidade quanto às mensagens que surgirão, mesmo que pareçam irracionais. A mente permissiva é observadora. Pode lhe dar muitas informações sobre suas crenças subconscientes centrais.

Você pode se perguntar: Que crenças limitantes estão se mostrando agora? Que informações me dão sobre minhas necessidades? Como me dão informações sobre minhas narrativas subconscientes? Como posso reformular essas narrativas na minha mente? Como posso transformar pensamentos circulares que não ajudam em nada em afirmações de apoio?

Atividades e rituais para experimentar na Lua minguante

Cultive a paciência. Envie aquele primeiro rascunho ou a versão final. Abençoe o que está saindo de sua vida. Honre sua intuição e confie nela. A cada dia da Lua minguante, revise, organize e desentulhe, seja uma gaveta, um armário, um guarda-roupa, uma caixa ou um canto da sua casa. Livre-se de quaisquer expectativas tóxicas. Deite-se no chão por dez minutos todos os dias, com quartzo rosa, turmalina ou qualquer outra pedra de apoio sobre o coração, a barriga ou os órgãos reprodutivos. Respire e libere qualquer estresse que seu corpo esteja carregando. Se tiver algum problema, peça a seu futuro eu antes de ir dormir para ter uma solução pronta para você quando acordar. Anote todos os seus "eu deveria" do momento. Leia-os em voz alta. Queime-os. Passe pela sua agenda do telefone e delete todos os números de que não precisa mais. Pratique o bem-estar. Entregue-se ao descanso radical. Jogue fora o que quer que você não precise mais ou que não te agrade mais. Pare de fazer coisas que não gosta para pessoas que não te tratam bem.

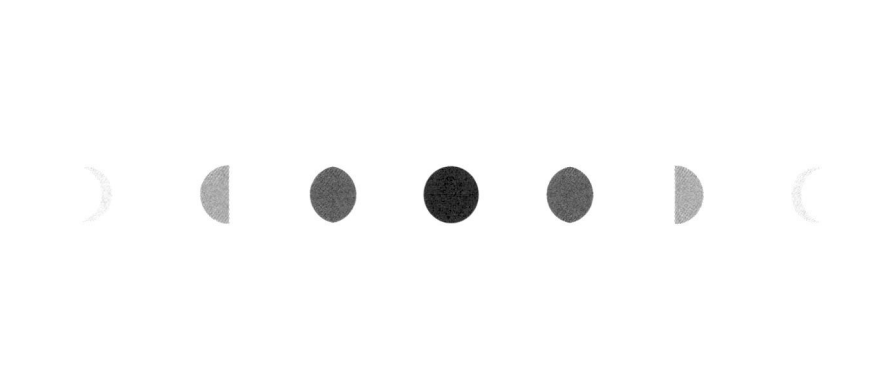

Magia da Lua minguante

A Lua minguante cobre uma ampla variedade de magias. Não se trata apenas de maldições e feitiços de banimento! (No entanto, se maldições e feitiços de banimento estiverem dentro da sua prática, esse é um bom momento para realizá-los, assim como a Lua escura.) Como dito antes, os tipos de magia mais apoiados são aqueles que facilitam livramento e o desapego.

Feitiços para resolver problemas, eliminar obstáculos, neutralizar adversários e reduzir danos são mais efetivos na Lua minguante. Tanto ela quanto a Lua escura são o momento ideal para desfazer maldições, apegos e alianças prejudiciais. Feitiços de reverso funcionam particularmente bem nessa fase.

Se você tem feito o mapeamento lunar, talvez esse seja o momento que escolha para se desapegar dos medos em torno dos seus desejos. A Lua minguante também pode ser a hora de fazer o trabalho de reprogramação subconsciente relacionado aos sistemas de crenças que têm ressaltado medos, dúvidas ou certas maneiras de resistir ao avanço. Você pode combinar um inventário pessoal com um ritual ou magia. Tome medidas para tudo o que está no caminho de sua atualização — autoimposta ou externa.

Esse também é o momento de focar feitiços de banimento. Feitiços de banimento podem ser usados para se livrar de qualquer energia indesejada em seu campo energético. Feitiços envolvendo enterrar, queimar ou congelar também funcionam bem na Lua minguante. (Alguns deles são detalhados mais para a frente, e há mais informações no capítulo sobre magia da Lua escura.)

Desde a Lua cheia e por toda a Lua minguante, estamos especialmente abertos a nossa intuição, a nossas habilidades psíquicas e a nossos sonhos. Comece a dialogar com sua intuição. Experimente maneiras diferentes de acessá-la. (Releia a seção sobre intuição na Lua cheia, se precisar de mais ideias.) Você pode experimentar trabalho de transe em um ciclo lunar, enquanto em outro pode se concentrar em conversar com as plantas.

Para muitas pessoas, esse é um momento de produtividade elevada e criatividade ampliada, e de fazer uma porção de coisas. A sensação da Lua minguante pode estar mais próxima da Lua crescente para você. Pode ser o momento de brilhar, iniciar novos projetos e assumir riscos. Se estiver se sentindo fantástico, faça uma lista e vá riscando todos os itens. Se já sabe disso, use esse período de acordo com seus padrões energéticos pessoais.

Seu altar da Lua minguante

Você pode deixar seu altar da Lua minguante montado durante toda essa fase. Ou pode fazer um para determinado feitiço e depois desmontar — até porque feitiços de Lua minguante tendem a incluir queimar ou enterrar. Livrar-se de energia indesejada é o foco no momento, portanto seu altar pode ser um lugar onde processar o luto e a tristeza. Seu altar da Lua minguante pode ter fotos antigas suas ou de seus ancestrais, e pode ser um lugar onde registrar aquilo de que você está abrindo mão antes da despedida final.

Podemos imaginar as atividades que realizamos nessa época como um altar também: post-its de planejamento, a estruturação daquele primeiro rascunho, ter que fazer uma ligação difícil, marcar um encontro, cuidar de algo de determinada maneira. Seu altar pode consistir em varrer e esfregar.

Seu altar também é você colhendo os benefícios do trabalho das luas nova, crescente e cheia. Um momento de praticar o recebimento, de confiar, de descansar. É sua voz interna sendo expressa de forma alta e clara. São as revelações que tem quando arranja tempo para ficar sentado à luz de uma vela no silêncio da noite.

Correspondências mágicas com a Lua minguante

É importante desenvolver um conjunto de correspondências pessoais dependendo de como você interpreta cada fase da Lua. Eis algumas sugestões que podem fazer sentido para você. Sinta-se livre para deixar de fora o que não se aplicar e fazer seus próprios acréscimos.

Raízes, como gengibre, açafrão, batata, bardana, raiz de dente-de-leão e de lótus; datura; ossos; as cores marrom, preto, vermelho e branco; sal de todos os tipos; alecrim, agrimônia, pimentão; pele de cobra, carcaça de inseto; rubi com fuchsita, artemísia, agripalma, fósseis, madeira petrificada, sequoias. Aranhas e teias. Pedras de quartzo fumê, milefólio, turmalina negra, ametista, crisálida. Cartas do Eremita, do Enforcado, do Diabo, e dos setes nos arcanos menores do tarô; quaisquer objetos com que deseje trabalhar ou que deseje carregar sob a luz da Lua.

Divindades que correspondem à Lua minguante: Hécate, a Sacerdotisa, Perséfone, Baba Yaga, Lilith.

Arquétipos correspondentes: o trabalho, a arte e a vida de Mark Rothko, Sylvia Plath, Robert Johnson e Nick Cave; anciãos de todos os tipos.

Guias animais correspondentes: cobras, lesmas, aranhas, corujas, morcegos, jaguares, toupeiras, cigarras.

FEITIÇO DE PROTEÇÃO

Este é um feitiço para auxiliar na proteção de padrões de pensamento ou comportamentos autodestrutivos, ou na proteção da energia de pessoas destrutivas.

Você vai precisar de:

- Uma vela branca ou preta, que queime por pelo menos um dia, ungida com suas ervas e/ou óleos protetores/de banimento preferidos
- Alecrim e sal (sinta-se livre para pesquisar e acrescentar suas plantas protetoras preferidas, como milefólio ou orégano)
- Uma tigela
- Quaisquer pedras que você relacione com proteção e clareza de coração, como azeviche, quartzo rosa, turmalina, obsidiana e quartzo transparente
- Papel, caneta e tesoura

Antes do feitiço:

Deixe claro o que você precisa de ajuda para banir. Pode ser algo interno, como a procrastinação, a dúvida ou inquietações fabricadas. Ou pode ser externo, como pessoas que fazem manipulação emocional ou colegas que roubam o seu trabalho. Responsabilize-se por qualquer compensação subconsciente. Por exemplo, você falar em "procrastinação", mas na verdade se sentir confortável em sua posição ou seguro na estagnação. Procure banir tanto a base interna quanto o(s) sintoma(s) externo(s).

Deixe claro se vai pedir ajuda a seus ancestrais ou guias, a uma consciência superior, planetas, divindades etc. Se há uma deusa em particular, como Vênus, ou um planeta, como Saturno, com quem vai trabalhar, você pode fazer seu feitiço no dia (ou na hora) associado com ele ou ela, sob a Lua minguante.

Deixe claro que sacrifícios terá que fazer para liberar energias e proteger a si mesmo de incidentes futuros. Se vai abrir mão da procrastinação, talvez precise sacrificar a desculpa sempre à mão, o estresse contínuo, o vício em cortisol ou seu apego inconsciente à automutilação psicológica. Garanta que tem certeza do que vai abrir mão. Se seu feitiço for focado em proteção, confirme qual como será a proteção e que atos apoiarão você no fortalecimento dela.

Se for trabalhar com uma divindade ou outra energia auxiliar, deixe claro como vai demonstrar seu apreço e devoção. Como vai agradecer?

É melhor concluir com um canto ou afirmação em relação ao que está deixando de lado. Sinta-se livre para escrever com antecedência sobre como será. Pode ser um poema, uma carta, ou o que quer que faça você se sentir poderoso e seguro.

Preparação do feitiço:

Junte ervas e sal em uma tigela, para uma mistura purificante. Um terço de xícara deve ser mais do que o bastante.

Corte um círculo de papel. (Você pode usar a borda da tigela para fazer isso.) O círculo deve ser grande o bastante para que você possa escrever o que vai banir e/ou aquilo contra o qual gostaria de proteção. No centro do círculo, desenhe um símbolo que lhe seja significativo e que vai ajudá-lo. Que símbolos fazem você se sentir seguro?

Em volta do círculo, escreva o que vai banir, do que vai se livrar. Coloque o círculo de papel no altar e a vela no centro. Disponha o alecrim e as pedras e cristais protetores em volta do papel. Deixe a mistura de alecrim e sal à mão.

Faça seu círculo ou comece o feitiço da maneira usual.

Acenda a vela. Entoe o feitiço.

Conecte-se com o que está liberando ou banindo. Isso provocará sensações de mal-estar ou tristeza. Tudo bem. Leve tudo à sua consciência. Com a respiração, faça isso circular por seu corpo de maneira tangível — como visualização, cores e formas com começo e fim, com limites. Pode ter uma temperatura específica. Pode se originar em determinado ponto de seu corpo. Continue respirando, ignorando qualquer contração. Espera-se que seja a última vez que você experimenta as emoções relacionadas a essa situação específica, portanto, permita-se sentir.

Imagine as formas indesejadas começando a deixar seu corpo e sua mente. Isso pode levar algum tempo. Imagine-se devolvendo-as a um campo de energia dourada, para serem transformadas de vez. Procure se livrar de qualquer angústia, culpa ou mágoa que surja com a respiração, o choro ou o desabafo. Faça isso até sentir uma mudança em sua energia. Leve o tempo necessário.

Assim que sentir a mudança, polvilhe o círculo de papel com a mistura de sal e alecrim. Cubra suas palavras devagar, mas completamente. Algumas bruxas trabalham no sentido anti-horário no caso de banimento.

Foque em restaurar e proteger sua aura. Imagine sua energia completamente protegida, completamente a salvo. Agora, uma cor nova e muito forte está cercando você. Coloque suas imagens protetoras em torno de sua aura. Conecte-se à terra e afirme que você está apoiado e protegido.

Agradeça a quem tiver ajudado, a uma consciência maior, a todos os elementos envolvidos. Feche seu círculo.

Mantenha sua vela queimando (mas fique sempre de olho nela). Quando tiver terminado, jogue a mistura de sal em cima. Se estiver em uma redoma de vidro, dobre o círculo de papel, coloque-o sobre a vela, jogue mais sal por cima e descarte em uma lixeira que não seja sua.

Por pelo menos três dias depois do feitiço, aterre e proteja sua energia. Nas semanas seguintes, faça qualquer trabalho de sacrifício adicional que sentir que deve — na vida desperta ou para suas divindades/espíritos. Caso se sinta atraído por um antigo comportamento, pensamento, padrão ou pessoa, retome seu símbolo protetor como um desvio e um lembrete. Desloque sua atenção e energia para outro lugar. Durante pelo menos alguns dias, concentre-se em fixar seus pensamentos e atitudes de forma bastante positiva.

RITUAL DE REVERSO

Esse é um ótimo ritual para fazer sempre que você se sentir estranho. Quando você não consegue identificar quem ou o que está te afetando, mas parece haver certa estagnação na sua vida. Talvez você venha lidando com uma série de eventos desagradáveis e sinta que não tem uma folga.

Você vai investir de duas a quatro horas nesse ritual, ou, caso se sinta disposto a realmente mergulhar fundo na expurgação, talvez prefira reservar algumas horas diárias por algum tempo, sempre se lembrando de desentulhar e limpar antes de começar.

Você vai precisar de: uma vela amarela, água, sal, uma tigela, um sino, lavanda seca, agrimônia seca, angélica seca, uma bucha ou esponja esfoliante, uma vassoura e/ou outros artigos de limpeza, uma trouxinha de plantas secas, se sua prática envolver uma para limpar um ambiente.

Parte 1: Limpe pelo menos um cômodo de sua casa. Se não sabe por onde começar, escolha o quarto e/ou o cômodo em que faz a maior parte de seus feitiços. Livre-se do que não precisa, espane e esfregue, depois mude alguns itens de lugar, para que a energia flua de maneira diferente pelo cômodo, ou só para dar outra cara ao ambiente. Faça com que a energia se desloque reposicionando a decoração ou mudando a posição dos móveis.

Parte 2: Monte seu altar. Use lavanda e angélica para ungir a vela. Coloque água na tigela, acrescente sal e a vela.

Acenda a vela.

Centre-se e reúna energia. Você pode fazer isso através da respiração atenta, contraindo todos os músculos de seu corpo e depois relaxando, movendo seu corpo, cantando, focando a energia que flui de todo o seu corpo, como uma fonte. Imagine-se movendo qualquer energia de que não precisa mais ou que não deseja mais dentro de você.

Diga: "Libero toda e qualquer energia estagnada, toda e qualquer energia inútil, toda e qualquer energia que não seja minha, agora e em todos os futuros."

Toque o sino.

Diga: "Libero toda e qualquer maldição ou trabalhos feitos contra mim, estando eu ciente deles ou não. Libero todo e qualquer contrato feito nesta vida ou em outras. Eles irão embora para nunca mais retornar."

Toque o sino.

Diga: "Libero todo e qualquer apego inconsciente à estagnação, agora e para sempre." (Ou nomeie o que quer que você vá liberar.)

Toque o sino.

Pegue e vassoura e comece a varrer. Varra o ar e qualquer energia estagnada para fora. Se o cômodo tiver janelas, abra. Você pode dizer: "Vão! Não retornem!" Também pode queimar ervas e plantas secas, como alecrim e lavanda, para purificar o ar. Também pode bater os pés, bater numa panela ou perseguir a energia indesejada para fora de sua casa. Quando sentir que a energia do ambiente se alterou, volte a se centrar.

Diga: "Dou as boas-vindas a qualquer e toda energia positiva."

Toque o sino.

Diga: "Dou as boas-vindas ao amor, à alegria e ao movimento."

Toque o sino.

Diga: "Faço tudo em meu poder para me centrar no movimento, na sorte e na alegria."

Toque o sino.

Diga: "Um novo começo, uma nova oportunidade, a clareza vem a mim, hoje e sempre! Minha mente/meu corpo/meu espírito estão protegidos agora e sempre, em todos os futuros por vir!"

Toque o sino.

Parte 3: Tome um banho. Despeje água com o sal, a lavanda, a agrimônia e a angélica por todo o corpo; se necessário, use um copo ou uma tigela para molhar a cabeça com ela. Ensaboe o corpo todo e esfregue com a bucha. Imagine todo o medo, a energia acumulada e indesejada e a estagnação escorrendo pelo ralo. Assim que seu corpo todo estiver bem esfregado, saia do banho.

Parte 4: Pós-cuidado. Descarte o que foi usado no feitiço, como as ervas e a vela queimada, assim que possível. Prometa fazer pelo menos uma coisa para se livrar de mais energia velha na semana seguinte, como limpar a geladeira, e alguma outra coisa para manter a energia em movimento, como visitar um lugar aonde nunca foi, convidar amigos para fazer algo divertido ou ajustar uma parte de sua rotina diária. Também sugiro mudar a aparência de alguma maneira: cortar/mudar o cabelo, mudar suas roupas ou a maquiagem. Botar a energia para circular e mudar a própria aparência torna mais difícil o retorno da velha energia.

TARÔ PARA SE CONECTAR COM AS LIÇÕES DA LUA MINGUANTE

Vá para um lugar calmo e limpo com suas cartas, água ou chá, um caderno e uma caneta. Deixe o celular em outro cômodo e reduza a iluminação.

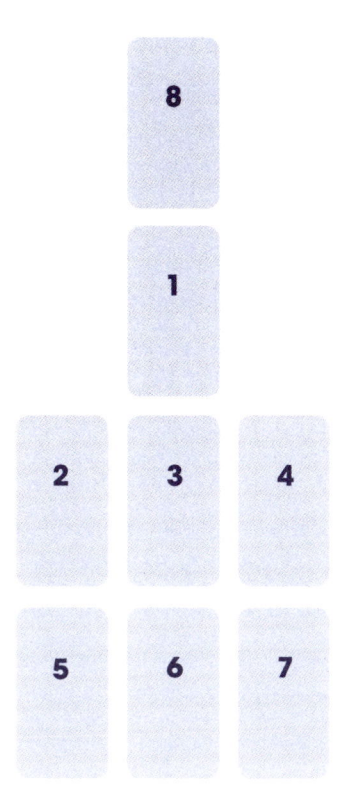

Escolha uma carta do baralho que seja um reflexo preciso seu neste momento. Coloque-a no centro. Essa é a carta 1.

Escolha a carta que melhor reflita o tema principal deste ciclo lunar para você. Coloque-a à esquerda, abaixo da carta 1. Essa é a carta 2.

Escolha a carta que melhor reflete aonde você gostaria de ir a seguir. Coloque-a à direita da última carta 2. Essa é a carta 3.

Escolha a carta pela qual você mais se sente atraído, mas que não compreende totalmente agora. Coloque-a à direita da carta 3. Essa é a carta 4.

Embaralhe o restante das cartas.

Pergunte-se: Que lições estou aprendendo? O que comecei a curar durante este ciclo, sentindo isso ou não? Tire uma carta e a coloque debaixo da carta 2.

Embaralhe de novo.

Pergunte-se: Qual é o superpoder secreto de que vou precisar para continuar avançando? O que minha energia e meu coração estão prontos para colocar em andamento em ciclos futuros? Tire uma carta e a coloque sob a carta 3.

Pergunte-se: Qual é a verdade quanto a minha situação atual? Tem algo que não consigo reconhecer por completo agora, mas que preciso ver ou saber para progredir? Tire uma carta e a coloque sob a carta 4.

Embaralhe de novo.

Pergunte-se: O que meu poder interno, minha fonte ou meus outros ajudantes querem que eu saiba sobre o que focar minha energia e meus esforços no próximo ciclo lunar? Tire uma carta e a coloque sobre a carta 1.

REFLEXÕES PARA A LUA MINGUANTE

Como posso colocar ainda mais gratidão em minhas bênçãos?
Sinto-me propenso a compartilhar meu conhecimento? Como farei isso?
Que trabalho nos bastidores me sinto pronto para realizar?
Se esse é um momento energeticamente equilibrado para mim, como posso tirar vantagem disso?
Quais são meus bloqueios atuais?
Quais são minhas narrativas subconscientes?
O que drena meu foco e minha energia?
O que posso fazer para diminuir o ritmo conscientemente?
Como posso proteger minha energia?
Como posso desenvolver limites melhores?
Quais são as limitações autoimpostas que devo reprogramar ou rejeitar?
Onde minha sombra me diz que estou pronto para começar a curar?
Como um aspecto da minha sombra é na verdade meu superpoder?
Com que estou evitando lidar?
O que devo liberar para começar um novo ciclo?

A Lua escura

Transformação no vazio

● ● ●

A Lua escura ocorre nos últimos três dias do ciclo lunar, marcando o fim da lunação. Nesse período, a Lua não está visível para nós. Até ela precisa se esconder de vez em quando.

Na Lua escura, o arquétipo da Grande Mãe criadora da Lua cheia se transforma na Mãe Sombria destruidora. Intensa, insubordinada, misteriosa e difícil de definir, a energia da Lua escura escapa das mãos que tentam segurá-la. Alguns dos arquétipos e das divindades mais poderosos do panteão que possuem uma qualidade de Lua escura — Hécate, Medusa, Inana, Baba Yaga, Ixchel, Lilith, o arquétipo da Bruxa — passaram de seres sábios todo-poderosos e autoatualizados para divindades que inspiram medo. Muitos de nós estão questionando essas narrativas agora, reivindicando essas deusas, acessando esses aspectos em nós mesmos. Ao fazer isso, a beleza liminar e o poder dessa Lua também são reivindicados.

A Lua escura nos reassegura de que períodos de depressão, descanso, doença, raiva, luto, tristeza, recolhimento, rebelião e criatividade desenfreada são completamente naturais. Muitas vezes, descobrir nossas próprias maneiras de encarar e transformar essas experiências intensas em significados visionários é o que nos cura. Abraçar os aspectos desconhecidos ou misteriosos de quem somos é passar pelo portal do vazio. Se a Lua cheia é o selvagem conhecido, a Lua escura é o selvagem desconhecido. A Lua escura nos ajuda a destruir, visualizar, despertar e ir além.

A Lua escura é a fase mais misteriosa do ciclo lunar. Como não conseguimos vê-la, nossa imaginação cria todo tipo de possibilidade quixotesca. É quando o desejo e a liberação acenam para nós do outro lado do espelho. É quando somos forçados a lidar com aquilo que nos manteve presos e de que decidimos nos livrar. A Lua escura é um momento de libertação.

Por muito tempo, fomos ensinados a ignorar ou reprimir os aspectos da Lua escura que existem dentro de nós e em nossa vida: o divino feminino, o queer, a morte, o sexo, as excentricidades, a subversão, a fúria, o poder, a transmutação, a intuição e o sonho. Quanto mais ressuscitamos e exploramos esses temas, mais compreendemos os tesouros enterrados neles.

A Lua escura é a Lua minguante amplificada. A finalidade e o encerramento coincidem com esse período. Trata-se do fim do fim. Da fonte da sombra. Do fundo do poço, da ruptura. A destruição se dá com o intuito de criar. Depois que a perda é jogada no fogo, uma vida nova se agita nas cinzas fumegantes. Nossa estrela guia interna nos magnetiza e nos leva a diferentes realidades. A Lua escura envolve visualizar futuros distantes.

Quando se vem trabalhando durante todo o ciclo lunar, a Lua escura é o período em que os principais temas do ciclo podem retornar. Caso isso ocorra, o trabalho de desapego e integração se torna imperativo. Livre-se de quaisquer dívidas, padrões de vidas anteriores e feridas emocionais antigas associados com os temas dessa lunação específica. Assuma a responsabilidade, expresse gratidão e decida seguir em frente de vez. Prometa adentrar uma linha do tempo diferente, ativada com intenções e ações claras.

A energia da Lua escura é semeadora. Durante esse período, começamos a conjurar as qualidades das sementes que serão plantadas na próxima Lua nova. Quando nos dedicamos à jardinagem, muitas vezes desanimamos quando a planta começa a produzir sementes de maneira prematura (o que chamamos de fase de rebrota). Ela não dará mais frutos, porque sua energia está voltada para a criação de sementes. A planta original tem que morrer para dar lugar à nova vida: uma transformação tem que ocorrer. As sementes se desenvolvem e crescem no escuro. Toda criação começa no escuro.

A Lua escura é altamente generativa.

É quando fazemos amizade com o desconhecido.

É quando fazemos amizade com o *nosso* desconhecido.

Quando nos deleitamos com a beleza do escuro, acessamos nossos próprios segredos espirituais.

Na Lua escura estão as sementes de um novo mundo.

O MOMENTO DA LUA ESCURA

A Lua escura nasce às três da manhã e se põe com o nascer do Sol. Ela segue o Sol de perto nessa parte de sua órbita. A Lua nos *parece* escura entre um dia e meio e três dias e meio.[1]

Há algumas maneiras de observar o momento da Lua escura. Uma é fazê-lo durante, tecnicamente, a Lua "nova" — como não conseguimos ver a Lua, ela é "escura". A Lua "nova" na verdade é observada quando se nota o primeiro sinal de brilho, tecnicamente já na fase da crescente. Muitos consideram a Lua escura como o período de três dias antes da Lua "nova" astrológica/astronômica.

O que vai determinar como se observa a Lua escura é você e como se sente. Experimente considerar os três dias antes da Lua nova a Lua escura; no ciclo seguinte, experimente considerar a Lua escura a Lua nova "oficial". Se é Lua "nova" e você se sente furioso e exausto sem motivo, a Lua "nova" pode ser a sua Lua "escura". Com o tempo, você vai entender em que momento sua Lua escura pessoal se dá.

Assim como acontece na Lua nova, sua Lua escura pode consistir em diferentes atitudes para cada dia. No primeiro dia, você pode querer prestar atenção no que está acontecendo com você e anotar no seu diário. No segundo dia, pode tentar fazer um feitiço ou um ritual relacionado às informações do dia anterior. No terceiro dia, pode querer descansar ou fazer atividades para se preparar para a Lua nova que virá.

SE A LUA ESCURA É DIFÍCIL PARA VOCÊ

Não é surpresa que o período e as energias da Lua escura sejam desafiadores para alguns — é difícil navegar em meio a intangibilidades, finais, morte e o desconhecido, independentemente de onde nos encontramos em nossa vida. Se a Lua escura é especialmente difícil para você, talvez tenha nascido durante a Lua cheia ou nova, ou talvez esteja em fase de Lua crescente ou cheia, profundamente envolvido com construção e crescimento. Descanso e tudo o que é místico podem não fazer sentido para você. Se for o caso, seu trabalho na Lua escura deve ser apenas fazer uma pausa e um balanço de tudo o que realizou até então.

Se você é alguém que tem muito trabalho a fazer com o próprio ego, pode ser difícil pegar leve aqui. O ego desequilibrado tem uma necessidade patológica de se proteger, e, com essa necessidade, vêm muitas constrições. Examine por que você precisa se sentir seguro mesmo quando isso tem um custo, por que você precisa se sentir protegido mesmo quando isso impede oportunidades. Você é capaz de aceitar que muitas vezes não se tem o controle que se gostaria de ter? É capaz de aceitar que tudo sempre chega ao fim, de alguma maneira?

Se a Lua escura é difícil para você, talvez seja porque seu relacionamento com as sombras já é bastante íntimo. Depois que passamos por situações trágicas e sobrevivemos, pode haver um medo compreensível de que qualquer coisa negativa que venha à tona nos leve para baixo. Aqueles que interromperam padrões destrutivos e se recuperaram do trauma tendem a buscar paz, silêncio, tranquilidade (por um bom motivo). Se for o seu caso, aposte em suas habilidades de enfrentamento ou priorize o prazer. Uma maneira de definir a cura é como a habilidade de superar desafios intensos e ainda assim se amar. Mesmo quando o clima lá fora está feio, podemos nos tratar com compaixão e proteger a nós mesmos.

A Lua escura é o momento de entrar em contato com seu poder inerente. Com o poder vem a responsabilidade. Distanciar-nos de nosso próprio poder ou negar que tenhamos algum é um comportamento que assumimos para evitar a morte do ego. Criar caos, procrastinar, ocupar-se demais, apresentar um comportamento doentio ou escapista, ser passivo-agressivo, ter limites pouco definidos ou frágeis, envolver-se em relacionamentos dramáticos, esperar por permissão dos outros ou validação externa para fazer ou tentar algo significativo para si mesmo são algumas das maneiras de abdicar ao poder pessoal. Todos nos envolvemos em alguns desses tipos de comportamento em certos momentos de nossas vidas. Mas, se muitos desses comportamentos parecem ser nosso padrão, pode ser hora de erradicar qualquer apego excessivo a inquietações energéticas sérias — e literais — criadas por você.

Quando nos confrontamos com esses aspectos complicados do eu e tentamos transformá-los em uma paisagem fértil em possibilidades, somos apoiados por nossa própria energia da Lua escura. A destruição consciente facilita o crescimento. A dor transformada em significado revela as lições da perda. Na Lua escura aprendemos que podemos fazer as coisas mais difíceis. Ela é um símbolo de nossa capacidade de sobrevivência e resiliência, que também é nosso poder e nossa autoatualização. Os presentes guardados nas profundezas nos oferecem as mais amplas possibilidades.

QUANDO VOCÊ SE ENCONTRA NA FASE DA LUA ESCURA

Se você está em um período de Lua escura, pode querer se livrar de tudo o que tem. Os sentimentos correm como mercúrio quente: você fica furioso e quer botar fogo em tudo. Talvez passe por momentos de tristeza incontroláveis e sinta uma angústia profunda, mas nem saiba exatamente por quê. Pode haver uma tendência a se reerguer, como uma fênix, passando a uma fase brilhante. Visões incríveis e surtos de criatividade podem ressoar em sua aura, suas conversas mais audíveis podem ser epifanias psíquicas poderosas. É um momento intenso, incômodo, inspirador — como qualquer ciclo de derramamento.

A experiência de passar por uma fase de Lua escura pode ser relacionada com passar por um despertar espiritual e uma transformação profundos, o que também pode ser chamado de crise espiritual, crise curativa ou crise de identidade. O processo é desorientador e isola a pessoa. Está além da linguagem, porque é muito maior que meras palavras. Como explicar uma morte que também é um despertar? Não há volta. Depois que passamos por um período de Lua escura, somos irrevogavelmente transformados. O resultado é uma inclinação maior a servir a humanidade. O pessoal se torna coletivo.

Se você está em fase de Lua escura, talvez não saiba mais qual é seu estilo. Talvez esteja entre duas identidades. Não tenha pressa de conhecer a pessoa que você está se tornando. Você vai se descobrir alérgico a situações mesquinhas, levianas e outros desperdícios de tempo. Você quer a verdade. Quer profundidade. Despedidas serão necessárias. Nem todo mundo deve ser convidado para seu próximo capítulo.

Quando você está em fase de Lua escura, já conheceu muitos criadores e mestres. Montanhas foram escaladas e pesadelos foram superados, e esses encontros moldaram sua evolução. Títulos, aprovação e as armadilhas do mundo material se tornaram drasticamente menos importantes. Você foi além das construções falsas para criar um mundo onde seu verdadeiro eu e sua espiritualidade florescerão.

A LUA ESCURA É PARA ONDE VAMOS NO SUBMUNDO

A Lua minguante é onde começamos nossa descida. É uma jornada ativa para o submundo. Em muitas culturas antigas, o além era o submundo, e não o paraíso. As pessoas viajavam para cavernas para realizar cerimônias e jornadas xamânicas, simulando a aproximação da morte. Aspectos obsoletos do eu eram deixados no submundo, com o intuito de se retornar a uma vida desperta mais íntegra e sagrada.

A jornada ao submundo requer coragem e interesse na escavação. A descida é rumo ao vasto interior; ao nosso reino de faz de conta pessoal, onde precisamos matar nossos próprios dragões e dançar com nossos próprios demônios. Quem nos tornamos quando voltamos dessas profundezas será diferente de quem éramos quando partimos. O eu futuro é um destino.

O mito de Inana, antiga deusa suméria, nos oferece a oportunidade de cura da descida na Lua escura. Antes de Perséfone, antes de Ísis, antes de Afrodite, havia Inana, a Rainha do Céu. Ela era a deusa do sexo, da fertilidade, da justiça e da guerra. Também era conhecida como a primeira filha da Lua.[2]

Inana desce ao submundo para visitar sua irmã, Eresquigal, Rainha da Morte. Insatisfeita com a visita da irmã, Eresquigal tenta impedir sua entrada. Inana, ricamente adornada em seus melhores trajes, tem que passar por sete portões, ou desafios, depois dos quais se vê completamente nua, diante do trono da irmã. Eresquigal a condena à morte e a mantém três dias presas a um gancho de carne. Com a ajuda de sua conselheira, dois seres sem gênero e seu pai, Inana é ressuscitada e resgatada. Quando ela volta para o trono, encontra o marido nele. Em vez de chorar sua perda, ele assumiu seu reino, de modo que ela o expulsa. Depois de muitas dificuldades, Inana retorna à vida mais íntegra e poderosa que nunca. Ela conheceu a rejeição, a traição e a morte. Foi desprovida em todos os sentidos da palavra. Rendeu-se por completo. E então se torna a Rainha do Céu e da Terra.[3]

O mito de Inana é anterior a qualquer mito masculino de descida ao submundo. As mulheres são figuras centrais nele. Em muitos mitos em que deusas entram no submundo, é porque elas são arrastadas ou levadas contra sua própria vontade, em geral por uma figura masculina (como no caso de Hades e Perséfone, ou de muitos outros mitos gregos em que não há consentimento). Inana viaja para o submundo porque quer, curiosa e pronta para se conectar com sua sombra.

Ela passa três dias e três noites morta. As experiências de seu período de Lua escura têm seu início no desejo de visitar o misterioso submundo. No processo, vários relacionamentos se alteram por completo — o mais importante, com ela mesma. Quando Inana está tão nua a ponto de perder a pele, sua morte é seu renascimento.

Esse mito pode atuar como um guia para nossas próprias descidas. Inana passa por sete portões e remove um item de sua vestimenta a cada um deles.

Isso pode servir de metáfora para nossa própria viagem. Hábitos e crenças são camadas de inquietações que nos impedem de viver de maneira autêntica. A que falsidades nos apegamos como se fossem reais? O que tem nos distraído desse trabalho tão importante? Que histórias nos mantêm presos em um transe de desmerecimento?[4]

O mito também ilustra quanto honestidade e vulnerabilidade são exigidas para facilitar o crescimento e a cura. Na Lua escura, desafie-se a ser honesto quanto a quem realmente é. Reconheça todo o seu brilhantismo, força e genialidade. Acredite que possui a coragem para encarar seus próprios demônios e dragões e superá-los. Visualize o que será possível quando se conectar completamente com seu poder pessoal.

A descida pode ser uma iniciação voluntária ou involuntária. Um processo voluntário em geral começa quando somos instados a fazer uma grande mudança. Se conseguirmos identificar como estamos prontos para nos expandir, prestamos atenção em tudo o que nos bloqueia e nos livramos disso primeiro. O processo de cura de uma velha ferida pode começar. Estamos prontos para voltar a nos unir com nossa intuição e através da exploração subconsciente ou do mundo dos sonhos. Somos Inana, fazendo uma visita ao submundo para conhecer nosso eu irmão. Sabemos que ele pode ficar bravo ou ressentido com nossa intrusão. Seres do submundo preferem não ser incomodados, preferem reinar das profundezas de nossa psique, sentados em seu trono entalhado.

Descer voluntariamente exige comprometimento com o trabalho interior. Exige terapia, grupos de apoio, escrita de diário, meditação, diálogos, trabalho de perdão, auto-observação declarada, cura do sistema nervoso e o enfrentamento de verdades duras.

Com frequência, somos arrastados para baixo contra nossa vontade. Depressão, doença, uma perda profunda, términos, vícios, revelações desconfortáveis e outras situações dolorosas com frequência iniciam a descida. Se for esse o caso, a regra número um é oferecer oceanos de compaixão a nós mesmos. Muitas vezes nos culpamos. Quase sempre, no entanto, estamos fazendo o melhor que podemos. Todas as maneiras como a humanidade lida com a injustiça da vida virão à tona. Infelizmente, a vida não é equilibrada;

coisas ruins acontecem com pessoas maravilhosas. Procure ajuda externa de todas as maneiras possíveis. Cuide de suas feridas e ofereça a si mesmo oceanos de compaixão. Com o tempo, tente identificar o que a situação atual está lhe ensinando.

Pense nos recursos que a situação pede que você acesse. O que esse desafio quer deixar claro para você? Quais são suas habilidades de enfrentamento? Há alguma maneira de fazer essa situação virar a seu favor? Reflita sobre como a dificuldade ajudou a focar o que é mais importante para você. A descida elimina tudo o que era frívolo; com o tempo, acaba sendo um presente. Construa um plano de ação para o que deve ser feito de maneira diferente, para seguir em frente. Seja claro quanto ao que deve ser feito agora.

A iluminação vem com a jornada pelas diferentes áreas da psique, do subconsciente ao sonho, do ego à consciência, da imaginação à superconsciência. Há muita luz a ser encontrada no submundo, só precisamos aprender onde olhar. As visões reunidas no escuro trarão à tona revelações futuras.

A LUA ESCURA É O MOMENTO DE LIDAR COM O MAIS DIFÍCIL

O sofrimento é muitas vezes acompanhado de vergonha; a vergonha é muitas vezes instigadora de muito sofrimento. Ela pode ser encontrada praticamente em qualquer lugar: na mídia, na propaganda, nas crenças e nos padrões de nossa família de origem, no ambiente de trabalho, na comunidade espiritual e no mundo de modo geral. A vergonha costuma estar associada a humilhação, silêncio e ódio de si mesmo. Seus cúmplices são o racismo, a gordofobia, o classicismo, a transfobia, o capitalismo e o machismo. São a culpa, o constrangimento e a paralisia que mantêm a vergonha de pé. Quem a impõe é o perfeccionismo e a competitividade. Muitas vezes, a vergonha toma a forma de pessoas que reforçam nossos sentimentos de desmerecimento. Às vezes fazemos esse papel, quer saibamos disso ou não.

A vergonha é uma das emoções mais universais. Ela pode te impedir de seguir adiante com seus sonhos. Pode nos silenciar e nos levar a acreditar que qualquer abuso que sofremos se deve a nós. Ela tira o nosso poder, não importa quão longe tenhamos chegado.

A vergonha é uma maldição que nos atinge de maneiras tangíveis e intangíveis. Se deixada quieta, ela se alimenta de si mesma. Há modos de escapar da maldição da vergonha. A vulnerabilidade e a conexão funcionam como antídotos. O silêncio é o melhor fertilizante da vergonha; expresse sua verdade e observe como ela murcha. A risada, o humor, a diversão, a tolice e a alegria espantam a vergonha. Focar tudo o que você tem até seu coração se sentir quentinho e brilhando apaga a chama da vergonha. Conexões com sua expressão criativa única ou sua prática espiritual aliviam a vergonha, assim como se cercar de uma rede de apoio positiva.

Diferencie suas ações de seu valor intrínseco. Sim, talvez você tenha cometido um erro. Pode ter sido algo péssimo, que magoou outras pessoas ou te deixou chateado. Talvez tenha sido um pouco chato. Mas isso não faz de você menos incrível, menos valioso. Se precisa assumir alguma responsabilidade, faça isso. Peça desculpas, faça algum tipo de compensação e dê um jeito de não repetir o erro. Aja em relação ao erro. Aceite que os outros podem não estar prontos para aceitar seu pedido de desculpas ou para esquecer facilmente. Siga em frente, com a sabedoria adquirida.

Percebi que, na minha vida, a vergonha tende a aparecer quando estou prestes a me tornar mais expansiva, quando estou pronta para ocupar mais espaço. Como sofri abuso no passado, meu subconsciente e meu ego me dizem que me manter discreta significa me manter segura. Descobri que é quando estou prestes a mudar de nível que a vergonha e a dúvida aparecem para me incomodar. Meu subconsciente procura por provas de que devo me manter escondida, de que sou indigna do meu trabalho duro, de que não sou merecedora, por isso entro em uma espiral de vergonha. Fique atento a como e quando a vergonha aparece para você. Aceite isso como uma informação, e não como um motivo para desistir.

Durante a Lua escura, como parte de seu mapeamento lunar, você talvez queira verificar se a vergonha está te segurando. Onde temas relacionados a ela surgem em sua vida? Como você usa a vergonha, para se punir ou para punir os outros? Quais são os padrões de pensamento limitantes e recorrentes que estão te limitando? Reflita durante esse momento mais tranquilo, com o intuito de obter uma perspectiva diferente ou mais informações sobre como a vergonha surge ou segura você.

O perdão é um presente que damos a nós mesmos[5]

O perdão é uma prática valorosa quando estamos lidando com coisas difíceis. Às vezes, se você já trabalhou bastante e tentou um monte de coisas diferentes, mas ainda assim sente algo te prendendo, talvez seja o momento do perdão.

Algumas pessoas acham que perdoar é como receber de volta à sua vida alguém que te causou mal. Não é. É uma questão de se livrar de um fardo que você nem sabia que estava carregando.

Às vezes ficamos esperando por um pedido de desculpas que nunca virá. Com todas as fibras de nosso ser, acreditamos que merecemos isso — e às vezes merecemos mesmo. Mas ele nunca vem. E o ressentimento se espalha dentro de nós, como mofo. O ressentimento envolve emoções complicadas. Anseio. Abandono. Raiva. Precisamos voltar nossa atenção a essas emoções, abrir-nos para elas e lhes dar amor. Essa consciência serve como um indicador de onde podemos aliviar o estresse que impomos a nós mesmos.

O poder do perdão é tamanho que libera cordões energéticos e traz mais ternura e compaixão ao coração. Em vez de ficar estagnado no passado, o perdão nos coloca no presente.

É nosso hábito ser nosso crítico mais severo. Temos inúmeras coisas contra nós mesmos. Em geral, ninguém é mais duro conosco do que nós mesmos. Ainda que você não consiga explicar por que talvez tenha que se perdoar, é importante manter uma prática consistente de autoperdão. Sentar-se uma vez ao mês e fazer uma longa meditação do perdão durante a Lua minguante ou escura é um bom hábito a se cultivar. Perdoe seu eu passado. Perdoe seu eu presente. Sussurre: "Eu te perdoo. Eu te amo." Libere essas partes de você. Abra mão do que não é mais seu dever carregar. Provavelmente nunca foi, aliás.

Outra parte do trabalho curativo envolve aceitar em vez de perdoar. O perdão compulsório pode parecer ativador e nem sempre é apropriado.

Se houve abuso ou violência, ou um péssimo tratamento, talvez o perdão não seja uma opção e não deva mesmo ser. Talvez ser capaz de acessar sua raiva e se apropriar dela lhe pareça empoderador, o que é uma dádiva por si só. O objetivo do perdão é reivindicar uma energia poderosa. Outro modo de fazer isso é através da aceitação. Não se trata de aprovação, não se trata de tolerar um comportamento terrível, e sim de reconhecê-lo. É compreender e aceitar o que aconteceu, ou compreender e aceitar que tipo de pessoa alguém é, para assim poder tomar a decisão de se desemaranhar da energia alheia e seguir em frente. A aceitação é muito poderosa na cura. Como Lily Tomlin disse, o perdão é desistir de qualquer esperança de um passado melhor.

É NA LUA ESCURA QUE LIDAMOS COM A MORTE

Há níveis e camadas de morte. Há mortes sutis, como quando uma fase de indagação ou interesse se encerra. Há mortes que te deixam entorpecido, de modo que o processamento da ferida só ocorrerá com o tempo. Há mortes exuberantes, como orgasmos, fogueiras, páginas queimando, expressões de "já chega" e "até nunca mais!". Há mortes que se anunciam muito antes, como uma mudança de pronome ou nome, o fim de um relacionamento tóxico, ou de uma identidade que não serve mais.

Parte da capacidade incrível dessas mortes mais metafóricas de despertar a ansiedade se deve ao fato de não sabermos o que nos espera do outro lado. Nossa consciência pode reagir às circunstâncias de maneira defensiva. Descobrir como manter a calma enquanto essas mortes metafóricas ocorrem nos ajuda a nos reconectar com nosso sistema. Quando nos mantemos presentes no choque, desenvolvemos a capacidade de ser flexíveis. Nós nos dobramos em vez de quebrar.

Também há a morte literal, que a maior parte de nós reconhece como primária: o fim da vida, o término permanente da existência de um organismo. É minha crença, com base nas passagens de entes queridos de clientes e meus, que a consciência se vai depois que o corpo para de funcionar. O corpo retorna à terra, sua fonte, de onde todos viemos, enquanto a consciência assume uma forma diferente, em reinos diferentes.

A energia não pode ser destruída, apenas transformada. A morte não é o fim do legado de alguém. Isso desde que tenhamos pessoas que vão se lembrar de nós, e pessoas que vão se lembrar dessas pessoas. Se você está de luto por alguém, isso significa que foi abençoado com o amor dessa pessoa. Criamos legados que sobrevivem em muito a nossos corpos. Sobrevivemos através dos atos de amor que empreendemos, das invenções que oferecemos, das receitas que compartilhamos e através das famílias que criamos — biologicamente ou por escolha. O que representa mais um motivo para ser cuidadoso e exato em suas intenções, suas palavras e a energia com que contribui em determinado espaço.

No monumental *Mulheres que correm com lobos*, a estudiosa Clarissa Pinkola Estés apresenta o conceito de Vida/Morte/Vida.[6] A ideia é de que o tempo prossegue e nada que é vivo morre de verdade. Os estados do ser são alterados constantemente. A matéria é transformada. Nossos períodos de dormência, de morte, se transformam em vida. A Lua morre todo mês para poder renascer.

Se mortes metafóricas são dolorosas para você, pode ser útil meditar sobre a vida e o renascimento. Que nova vida essa morte representará? Lembre-se sempre de que, quando algo se vai, outra forma de amar vem. Vida/Morte/Vida é um círculo, não uma linha reta.

Entramos e saímos da morte e da vida, o tempo todo. Às vezes com outras pessoas, nunca totalmente sozinhos. Mesmo na morte, não estamos sozinhos. Entramos no reino de nossos ancestrais. A recordação de nossas ações se entrelaça com as lembranças amorosas daqueles que nos influenciaram. Enquanto houver amor, ninguém nunca morre.

Nosso ego nocivo deve morrer para que possamos renascer

A energia da Lua escura facilita a morte do ego. Todo mundo tem um ego e todo mundo precisa de um — mas de um ego *saudável*. Infelizmente, muitos de nós não aprenderam como um ego saudável deve se apresentar. Muitos não receberam as ferramentas para se sentir seguros, de modo que nosso ego se torna um escudo, um mecanismo de defesa, o que leva a um ego pouco saudável que age como mecanismo de separação. Não ser controlado e limitado pelas partes nocivas do nosso ego é uma luta para muitos.

Tente identificar a "sensação" do seu ego no corpo e quando ele tende a se inflamar, tornando-se protetor ao custo da abertura e do crescimento. Pode ter relação com dinheiro, críticas ou reconhecimento. (O ego da maior parte de nós pode ser ativado de múltiplas maneiras.) Em geral, a única maneira que o ego conhece de nos manter a salvo é através da fuga, da defensiva ou da negação.

Para sobreviventes de traumas, para aqueles que se viram roubados de seu poder em repetidas ocasiões, mudanças muitas vezes podem parecer a morte do ego. Depois de se libertar e recuperar seu poder, aqueles de nós que sofreram abuso às vezes optam por reforçar os limites de todas as suas escolhas. Dizer "não", ater-se a rotinas e ao conhecido, é uma forma de se recuperar. Fazer isso reforça a autonomia e a segurança. De modo algum estou sugerindo que as pessoas que precisam de arenas seguras ameaçam isso. Caso se sinta atraído pelo renascimento, algo deve morrer para possibilitar isso. A sugestão é procurar pequenas mudanças, que pareçam seguras. Mudar a ordem da rotina diária. Mudar aquilo que você faz para se divertir. Modificar a forma como medita. Meditar *sobre* a mudança.

Uma maneira de buscar a morte ativamente é através da morte de identidades fixas. Estamos sempre mudando, sempre crescendo em múltiplas identidades ao mesmo tempo. As várias maneiras como o ego é testado — através de constrangimento, disrupção, humilhação, vulnerabilidade, rejeição — ameaçam tirar as máscaras que vestimos. As paredes que construímos com tanto cuidado — para nos manter separados, para nos isolar, para nos manter a salvo — entram em ruínas quando encaramos qualquer tipo de morte. Nesses momentos, somos lembrados de que a segurança não é algo dado. A ilusão de segurança pode inibir nosso crescimento. Uma recompensa de dissolver nosso excesso de apego a uma identidade constritiva é a ideia de que podemos ser qualquer pessoa, podemos nos tornar quem quisermos.

A morte de aspectos pouco saudáveis do ego promete uma experiência pessoal que é muito maior, mais duradoura e significativa do que se tivéssemos mantido nossas defesas erguidas. A essência de quem somos — nossa consciência central — tem espaço para contribuir. Com nosso eu autêntico revelado, caímos na real. Então nomeamos o que é mais importante para nossa reinvenção e nos concentramos nisso. Outro eu emerge. Depois outro. A morte e o renascimento, o ciclo Vida/Morte/Vida, continuam em andamento ao longo de nossa existência.

O luto é parte dos processos contínuos de vida e morte

O luto não é algo a ser resolvido ou ignorado. É algo a ser trabalhado, a ser ouvido, algo que devemos permitir que ocupe espaço. Luto é envolvimento, outro professor na sala de aula da vida.

Todos temos que lidar com o luto em algum momento. Por aqueles que perdemos. Pelo passado, seja por pura nostalgia ou porque foi cruelmente roubado de nós. Pelos nossos ancestrais e pelo que passaram para nos trazer até aqui. Pela violência, pela injustiça e pelo sofrimento desnecessário. Por povos inteiros, explorados e maltratados. Pela terra, pela flora e pela fauna, poluídas e devastadas.

Ficamos de luto pelo que nunca tivemos. Pelo que nunca nos deram. Por quem nos disseram que éramos. Pelo medo e pela escassez que a sociedade ou nossa família despejou sobre nós.

O luto também pode ser existencial. Pode ser vago e obscuro, mas ainda assim estar profundamente entranhado em nós. Se você vem de um grupo que foi perseguido, os resquícios do sofrimento são transmitidos a você pelo seu DNA.[7] Se você é parte da diáspora, convive com o luto que vem do sofrimento profundo que acompanhou pessoas que foram colonizadas, com toda a violência e o apagamento que isso implica.

Quando o luto se instala, não vai embora até ser reconhecido. E não há como apressá-lo. Trata-se de um processo contínuo, e que devemos tratar como tal. Esperar que um dia acordemos bem resolvidos com os sentimentos que acompanham a perda só leva a mais dor. É só quando aceitamos que o luto será uma presença constante em nossa existência que a dor se transforma em uma cura mais profunda.

O luto aparece de maneiras inesperadas. Às vezes, depois de um grande sucesso, podemos nos pegar tristes ou entorpecidos. A linha do tempo desse sentimento não é lógica. Testemunhar e trabalhar com a atemporalidade da Lua, com a atemporalidade da magia, pode nos ajudar a compreender isso. Podemos retornar a um cenário doloroso, reformulá-lo e deixar certos apegos para trás. Ainda podemos incluir nossos entes queridos em nossa vida, mesmo que tenham morrido. Podemos falar com eles, escrever-lhes cartas, compartilhar nossa vida com eles. Lembre-se de que muitos de nossos ancestrais, de sangue ou não, querem que sigamos em frente e levemos uma vida que seja um testamento das lições que eles nos ensinaram.

Fique de luto pelo que precisar e quando precisar. Não há hierarquia ou manual quando se trata de luto que parecerá feito sob medida para você. (Os livros de Elisabeth Kübler-Ross são um começo, assim como *O ano do pensamento mágico*, de Joan Didion, *The Smell of Rain on Dust: Grief and Praise*, de Martín Prechtel, e *Bluets,* de Maggie Nelson.) O luto é um processo somático, que deve ser vivido no corpo. Ele precisa chegar até nosso sistema nervoso e sair por seus dutos lacrimais. Ele deve ser vivido visceralmente, por isso, não reprima suas emoções. Não se force a "voltar à vida normal" ou a ser a mesma pessoa que era antes do evento traumático em questão. Deixe que o sentimento tome conta de você como deve tomar. Permita-se desenvolver um relacionamento com ele até que você assuma o controle novamente. Isso ajuda a suavizá-lo. Em determinado momento, há uma integração, que leva a revelações e uma qualidade de vida melhor.

Considerar os arquétipos do luto — símbolos de tristeza, sofrimento e raiva — pode nos ajudar a compreender e empatizar com nossa dor. Pense nas harpias, criaturas aladas que levavam almas com o vento tempestuoso, lamentando-se. Em Lilith, a primeira mulher de luto, que viu sua expressão ser rejeitada pelo marido, foi punida por Deus, perdeu milhares de filhos por dia e ficou sozinha em um mundo vazio. Em Hécate, que desliza sobre a extensão do mundo liminar e do submundo, arrastando o manto preto sobre as lápides, acompanhada de cães rangendo os dentes, suas tochas como faróis na noite. Ela é o consolo de quem existe entre dois mundos. Com o tempo, Hécate foi rebaixada de sua posição de governante de todos os mundos a governante do Inferno e depois uma subdivindade forçada a vagar. Ela expressa uma forma particular de luto feminista: o luto pelo poder reprimido, roubado, marginalizado.

Essas imagens de feminilidade devastada pela dor nos apresentam as maneiras como ela nos modifica. Feito de garras, dentes, partes monstruosas e inúmeras cabeças, o luto nos transforma em corpos surrealistas com dor. Esses arquétipos dialogam com o fato de que somos física e psiquicamente ampliados pelo sofrimento e pelo trauma. Procure em contos e histórias de sua própria cultura por ensinamentos os arquétipos feministas de luto de seus ancestrais. Há vários exemplos do luto personificado na arte, como a música de Nina Simone, Alice Coltrane e Nick Cave.

Preste atenção a como o luto se mostra para você e o que ele precisa que você saiba. Deixe que ele informe sua vida. Deixe que te transforme. Deixe que te abra. Deixe-se levar por ele. Talvez o sofrimento te torne mais brando, mais forte. Talvez te inspire a exigir justiça, a se conectar com outros, talvez te ajude a proteger sua alegria.

A LUA ESCURA É A ENERGIA DO VAZIO

Temos medo da morte porque ela está além dos limites da nossa imaginação. Além da morte, está aquilo que não somos capazes de conceitualizar. Está o vazio. E o vazio é infinito.

Onde há infinito, há alegria. "Não há alegria no finito", Chandogya Upanishad nos lembra.[8] O finito pode ser controlado; é exato e, portanto, limitado. O finito não reconhece a infinidade de onde brota nossa consciência. O infinito é caótico, é confuso. Há apenas possibilidades, além das leis, do dinheiro, do tempo linear.

Em grande parte do Oriente, o zero é um símbolo forte, que não pode ser destruído e é autônomo. É um número entre o positivo e o negativo, um equilíbrio. Zero é o túnel, o portal, a espiral cósmica que ocorre na natureza: a terra, as órbitas, a Lua. O vazio é um lugar frutífero.

O nada é como o nada do espaço, que na verdade é tudo.

A magia ama o vazio

Muito embora abraçar o vazio possa ir contra nossos impulsos, fazer isso amplia em muito nossa magia. A magia mais poderosa acontece no vazio, no espaço liminar.

O desapego pode estimular o crescimento. O desapego de um resultado bastante específico em nossos trabalhos mágicos fornece à energia mais oportunidades de florescer. Abra a mente para expectativas concretas e resultados ainda mais fantásticos virão.

Em geral, evitamos o vazio. Gostamos que o espaço seja preenchido, que nossa agenda esteja lotada, de empilhar objetivos. A máquina do capitalismo nos diz que esse é o caminho do sucesso: que sucesso é isso, que valor é isso. O feitiço se quebra quando aceitamos que de vez em quando vamos vagar na terra do desconhecido. Incorporar o desconhecido para criar uma arte, ideias e uma liturgia imaginativas e inovadoras.

Novas combinações se dão no desconhecido. Quando não sabemos o que vem a seguir ou mesmo o que desejamos que venha a seguir, um dos trabalhos mais importantes que podemos realizar é abrir espaço e tempo, nos permitir ficar confortáveis no vazio.

Construir uma ponte de um lugar finito a um lugar infinito. Reestruturar nossa mentalidade para que estejamos em um relacionamento com nossos desejos, em vez de ser controlados por eles. Aceitar radicalmente onde estamos: a dor, a doença crônica, a decepção. Independentemente de qual seja o bloqueio, ele também consiste em uma informação que nos conduz a um espaço mais generoso. Um lugar de não existência. Um lugar onde começar.

Quando praticamos o desapego saudável, nossa vida espiritual e mágica tende a crescer. Nossa magia é mais atraente quando encontramos o universo na metade do caminho do que quando a perseguimos com uma rede. Trate sua magia da maneira como gostaria de ser tratado. Dê a seus desejos o espaço de que precisam. Permita que as formas lhe ensinem as lições que você precisa aprender ao longo de seu caminho infinito.

Reserve um momento para brincar. Brincar envolve qualquer coisa de que você goste que não dependa de um resultado para valer a pena. Qualquer coisa que não esteja relacionada com "deve" ou "precisa" e que não tenha um prazo. Atividades realizadas apenas pelo prazer, pela conexão e pela expressão. Faça uma lista delas e exerça-as mais.

Cria algo e depois destrua. Faça coisas que são invisíveis para todos, menos para você, todos os dias, por muitas semanas. Lembre-se de um momento em que muitas coisas eram desconhecidas para você. O que resultou dessa fase? O que há de mistério em você, para você?

No vazio, descobrimos o que funciona para nós e apenas para nós. O que quer que seja não é a mesma coisa para nenhuma outra pessoa. Pode nem ser a mesma coisa que funcionava para você um ano atrás. Mas será exatamente o que você precisará levar consigo na próxima perna da sua jornada. No vazio, aprendemos a flutuar. Encontramos nosso futuro eu, nossa versão mais sábia — e ouvimos cuidadosamente ao que quer comunicar.

Todo caminho é desconhecido. Mesmo aqueles que parecem já parecem ter sido trilhados terminam em um lugar que não conhecemos totalmente. Mesmo se conseguirmos aquele emprego "bom", mesmo se fizermos o que se esperam de nós, mesmo se fizermos as escolhas "certas", a vida continuará nos lançando bolas cósmicas. Mesmo quando tentamos não arriscar, as coisas desmoronam. Por isso é importante trabalhar com a energia da Lua escura para se fazer essas importantes perguntas.

O que quero realizar espiritualmente antes de morrer? O que quero realizar criativamente antes de morrer? O que estou curando? Quais são as coisas mais importantes na minha vida? Quais são minhas necessidades emocionais, físicas e espirituais? Como meus dons únicos podem fluir por mim? Que sabedoria estou buscando nesta vida?

Quando conseguimos responder a algumas dessas perguntas sinceramente, é porque conquistamos uma intimidade verdadeira com nosso eu. A confiança e a compreensão são a base. Pôr em prática as lições da Lua escura é seguir nossa própria sabedoria, é aplicar tudo o que aprendemos, deixando espaço para surpresas inesperadas.

A Lua escura é a parte do ciclo lunar em que adentramos nossa própria autoridade. É possível dar sentido ao acúmulo de padrões, tempo e sonhos. Nessa autoridade, há poder. Esse poder é baseado na confiança. Conforme completamos e fechamos nosso próprio ciclo, voltamos para casa, para nós mesmos.

Atividades e rituais para experimentar na Lua escura

Aprenda a ver no escuro. Se o exterior é seguro, encontre um lugar muito tranquilo e vá para lá sozinho. Sente-se no escuro e olhe para as estrelas. Perca-se na poesia, nos contos de fada, nas histórias para crianças. Faça um funeral para o ódio de si mesmo. Escreva uma coisa de que precisa se livrar até a próxima Lua escura, depois assista ao papel se dissolvendo num copo de vinagre. Exclua a palavra "arrependimento" do seu vocabulário. Foque o que é importante com mais frequência do que o que não é nem um pouco importante. Faça uma lista de atividades que drenam sua energia consistentemente e elimine pelo menos uma delas da sua vida até o último dia da Lua escura. Desligue o celular por horas ou dias. Faça uma desintoxicação de tudo o que você acha que sabe, de tudo o que acha que é. Reflita sobre o vazio. Conecte-se com diferentes anciãos e sábios do panteão cósmico — ou aqueles de sua vizinhança ou família. Conecte-se com sua bruxa interna e com sua bruxa externa. Incentive-se a imaginar o vazio.

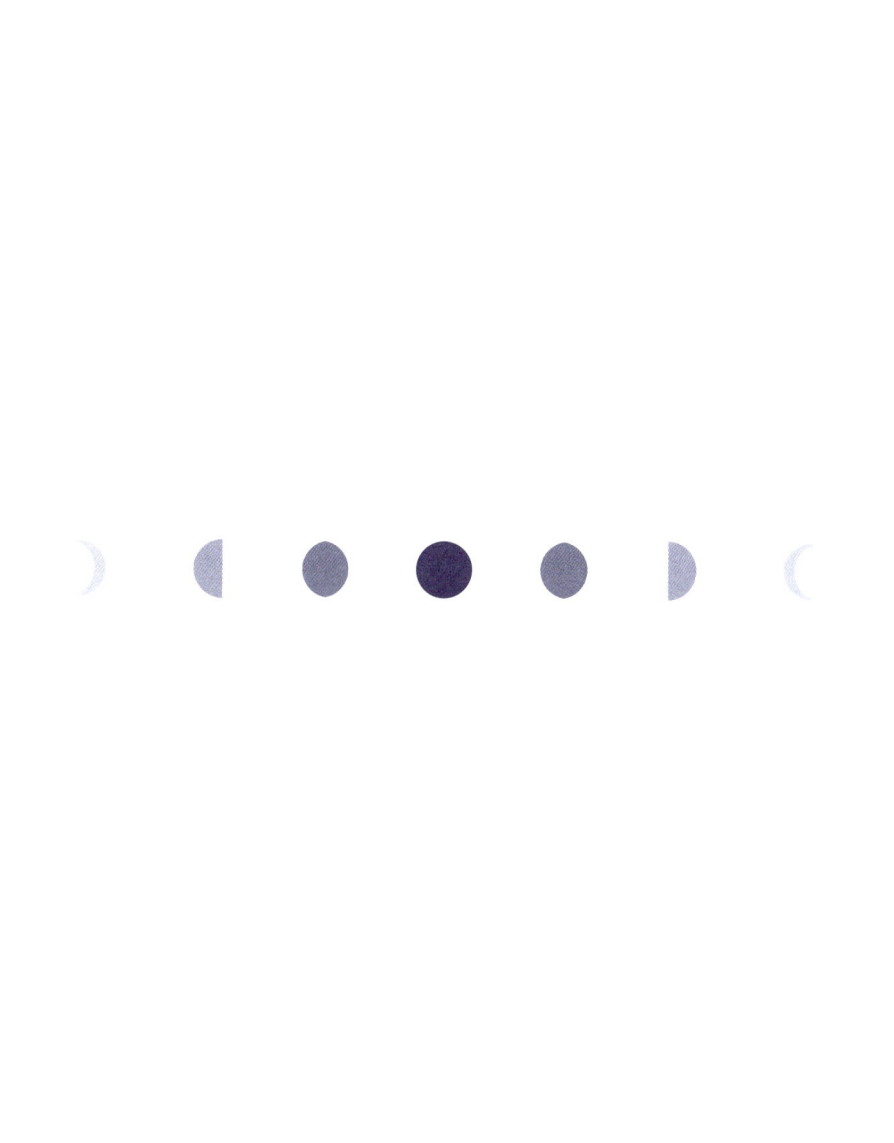

Magia da Lua escura

A magia da Lua escura é uma parte da magia da Lua minguante. Qualquer trabalho de feitiço relacionado aos temas da Lua minguante que você realizar nesse momento terá um impulso a mais. No entanto, a Lua escura também tem energia, feitiços e rituais próprios. É nesse momento que cortamos a corda com o velho para criar radicalmente. Faça seu feitiço de Lua escura de acordo com isso.

Tradicionalmente, a magia da Lua escura é sinônimo de feitiços de banimento e trabalho de livramento.

Se formos ser sinceros, quando fazemos um feitiço, na maior parte do tempo o que queremos é mudar a maneira como nos sentimos. Desejamos paz ou, pelo menos, neutralidade. Ficar furioso com alguém ou com algo que achamos que está atrapalhando nossos objetivos, quando não é o caso, é um sinal de que não estamos precisando de um feitiço de banimento, e sim de terapia. Se você se ressente e se irrita com a maioria das pessoas na sua vida, é hora de descobrir por que se sente assim.

Quando estamos prontos para abandonar algo de uma vez por todas, um feitiço de banimento se aplica. Como sempre, concentre-se em seus pensamentos e comportamento. Depois que se desemaranhar da energia que deseja banir, pode realizar uma cerimônia ou fazer seu feitiço. Sempre, sempre, sempre tome o cuidado de fechar e proteger sua energia depois. Comprometa-se seriamente com parar de pensar naquela pessoa ou situação. Pare de ir a lugares ou de se envolver com o que quer que seja que desperte aquela energia por um tempo. Um feitiço de banimento é fundamentalmente um feitiço de alteração: ele muda de maneira radical um relacionamento que você teve, quer seja com um ex ou com o patriarcado. Pense no seu campo energético como uma ferida se curando. Trate-o com cuidado e seguindo o protocolo adequado.

Pessoalmente, prefiro realizar trabalhos de livramento ou integração durante a Lua escura. Para começar, trabalhos de livramento exigem menos energia. São como dirigir devagar para longe de um lugar que você sabe que nunca voltará a ver, dando a si mesmo tempo para chorar, relembrar e processar a partida. Energeticamente, o banimento é similar a botar uma pessoa para fora da sua casa do nada, trancar todas as portas, botar fogo em tudo o que ela deixou e jurar nunca voltar a falar com ela. (O que, embora dramático, às vezes é necessário.) Um feitiço de banimento pode ser muito parecido com passar pelos cômodos de sua casa e ir descartando tudo o que lembra certa pessoa ou situação, livrando-se energeticamente de todas as marcas conscientes e inconscientes e modificando-as mental e fisicamente, ou seja, destruindo-as e transformando-as em algo melhor. Depois, proteger sua casa, seu veículo e sua pessoa de maneira muito eficaz, para que sua energia se mantenha invulnerável por pelo menos um ciclo lunar. Isso é banimento. O banimento é usado quando você nunca, nunca, *nunca* deseja ver ou experimentar algo de novo. Use esse tipo de feitiço para largar o cigarro ou ao terminar um relacionamento abusivo. Na minha experiência, o banimento exige certa dose de habilidade, certa dose de energia e muita disciplina.

A integração é mais suave. Pode ser trabalho de sombra, mas também pode ser trabalho de amor e descanso. É abrir espaço para que os sentimentos relativos a uma situação sejam reconhecidos e oferecer compaixão nesse aspecto. Assim, paramos de repetir pensamentos e padrões nocivos. Isso exige prática. Com frequência, exige erradicar todos os impulsos punitivos e leis rígidas. O eu vai encolher, desconectar-se, congelar, fugir se receber mais mensagens de que está errado ou de que deve ou precisa ou tem que. Às vezes, nossas percepções precisam ser examinadas e alteradas com uma pausa e uma pergunta: E se eu parar de fazer isso? Quando esse estado de espírito mais se apresenta? Como posso deslocar essa energia, essa emoção? Do que meu corpo precisa? Devo desligar meu cérebro e apenas respirar por um momento? A integração nos dá esse espaço.

A magia da Lua escura envolve criatividade, práticas produtivas e um trabalho de visualização profundo. É um momento muito frutífero para fazer feitiços que você gostaria que se enraizassem profundamente em sua psique. É a energia da carta do Louco no tarô. Você está prestes a dar um grande salto, então quais instintos você quer como guias? O período apoia feitiços para conexão com a intuição ou o subconsciente, assumir riscos, expressar-se de maneira diferente, esclarecer sonhos e novas musas. Feitiços de reinvenção e renascimento correspondem a esse momento. Extraia o vislumbre de seu eu futuro melhor do éter começando a sonhar com como poderia ser. A Lua escura é um belo espaço para experimentar com formas inovadoras de criar, expressar e ser. Tente algo que sempre quis. Medite para se conectar com outros mundos, outros seres, os planetas. Criar estados sempre começa com a imaginação desenfreada.

Seu altar da Lua escura

A forma que seu altar da Lua escura vai assumir pode variar muito. Estamos no desconhecido, no ermo. Seu altar pode ser os momentos passados aos pés das extensas raízes de um pinheiro que atraia sua atenção em especial durante suas andanças. Pode ser gritar no seu carro. Talvez você queira se debruçar sobre sua intuição nesta fase e seguir o que ela tem a lhe dizer.

Se você está em fase de Lua escura, pode se aproveitar disso para construir um altar que será mantido como um lugar sagrado para se conectar com essa energia. Como em todas as outras fases lunares, seu altar pode existir apenas na sua mente. Ele pode se mover por você como uma cascavel, levando para mais perto do abandono através da dança interpretativa. Seu altar pode simbolizar qualquer coisa que você esteja pronto para oferecer para que o vazio transforme de maneira produtiva.

Algumas correspondências mágicas com a Lua escura

É importante para qualquer praticante desenvolver seu próprio conjunto de correspondências a depender de como interpreta cada fase da Lua. Seguem algumas sugestões que podem fazer sentido para você. Sinta-se livre para ignorar o que não faz e acrescentar o que quiser. Algumas correspondências da Lua escura coincidem com correspondências da Lua minguante. Violeta, datura, espinhos; cinzas vulcânicas, pedra-pomes, carvão; shungite, azeviche, hematita, vanadinita, lepidolite, rodonita, pedra da lua negra, merlinita, dumortierita; sal negro, água salgada, vinagre; ossos, couro vintage; buracos negros; as cartas da Morte, a Temperança, a Torre, o Julgamento nos arcanos maiores e os dez nos arcanos menores do tarô.

Divindades que correspondem com a Lua escura: Shiva, Kali, Hécate, Baba Yaga, Medusa, Lilith.

Arquétipos que correspondem com a Lua escura: o trabalho e a vida de Nina Simone, Toni Morrison, Diamanda Galás, Hilda af Klint e Pamela Colman Smith.

Guias animais que correspondem à Lua escura: fênix, gatos e garras de gato, tubarões e dentes de tubarão, cobras e pele de cobra, leopardos, lagostas, caranguejos-ferradura, exoesqueletos de esperança, sinfonias de grilos, corvos.

FEITIÇOS DE LUA ESCURA

Um feitiço para banir a confusão e a dúvida

Você pode usar este feitiço como modelo para banimento do que quiser. Comprometa-se a fazer as mudanças de comportamento que garantirão que esse feitiço será um sucesso.

Você vai precisar de:

- Pelo menos duas horas, determinação e concentração
- Uma caneta
- Uma vela preta pequena que não queime por mais que algumas horas
- Um alfinete pequeno para entalhar a vela
- Uma tigela pequena ou copo cheios de água
- Cinco pedacinhos de papel
- Uma turmalina negra pequena
- Um cristal de quartzo pequeno

Antes do feitiço:

Esclareça bem o que vai banir. Alguns exemplos são: comportamentos que desperdiçam tempo, a dependência da desorganização, comportamentos autopunitivos, como ficar acordado até muito tarde, a crença em noções misóginas de sucesso etc. *Escolha apenas uma coisa.* Você pode fazer esse feitiço, ou criar um feitiço similar, uma vez por mês, na Lua minguante ou escura.

Preparação:

Escreva aquilo que você está banindo em cinco pedacinhos de papel, um para cada elemento. Coloque a vela no centro do seu altar, com cada pedra de um lado.

Execução:

Centre-se e faça seu círculo, ou comece o feitiço como costuma fazer. Entalhe na vela o que deseja banir, em forma de palavra ou símbolo.

Carregue a vela com a energia daquilo que você deseja banir. Sinta que deixa seu corpo e passa à vela. Faça tantas respirações profundas — com ênfase na exalação — quanto precisar para sentir parte da energia se desapegando e passando à vela.

Acenda a vela.

Diga: "Com o poder do fogo, estou banindo _____! Fogo, queime essa energia em mim e transforme em energia boa!"

Risque o que escreveu no papel até que não dê mais para ver e queime na vela acesa.

Diga: "Com o poder da água, estou banindo _____! Água, lave essa energia em mim e a dissolva em algo purificador!"

Risque o que escreveu no papel até que não dê mais para ver e coloque na tigela de água.

Diga: "Com o poder do ar, estou banindo _____! Ar, leve essa energia embora e a substitua por paz!"

Risque o que escreveu no papel até que não dê mais para ver, rasgue-o em pedacinhos e sopre.

Diga: "Com o poder da terra, estou banindo _____! Terra, absorva essa energia e transforme em algo nutritivo!"

Risque o que escreveu no papel até que não dê mais para ver e amasse até formar uma bolinha.

Diga: "Com o poder do meu núcleo, estou banindo _____! Conjuro minha vontade de manter minha promessa!"

Risque o que escreveu no papel até que não dê mais para ver e faça furos com o alfinete.

Você pode acrescentar um canto que inventou ou gritar: "Vá, vá, vá! Está banido, banido, banido! Vá embora, vá embora, vá embora! Nunca retorne, nunca retorne, nunca retorne!", até sentir que a energia recuou.

Enquanto a vela queima, aproveite para pensar em momentos em que a energia banida poderia retornar. Imagine-se lidando com ela. Imagine-se ignorando-a, passando direto por ela, ou não permitindo que tenha controle sobre você. Faça isso pelo menos três vezes.

Identifique onde em seu corpo você a sente. Pode ser uma área que precisa de mais amor, livramento e atenção. Leve suas mãos a essa parte do corpo e envie amor e neutralidade a ela. Tensione todo o seu corpo, depois relaxe. Faça algumas respirações muito profundas. Movimente a energia por seu corpo e para fora dele.

Invoque uma sensação de alegria ou harmonia. Você pode pensar em uma cor de que gosta. Permita que essa energia preencha seu corpo todo.

Imagine sua mente se livrando da desordem e substituindo-a com um objeto ou palavra de aterramento.

Agora, imagine-se com uma nova energia. Essa energia vem como resultado de permitir que o que é banido se vá. Imagine-se fazendo o que quer, encontrando com pessoas que ama, nesse estado mais livre. Imagine-se em cenários específicos, mais saudáveis, mais alinhados à sua alma. Faça isso pelo menos três vezes.

Agradeça a todos os elementos que auxiliaram você e a outros ajudantes, o universo, a fonte, um poder superior.

Feche o círculo.

Ao deixar o feitiço, imagine partes vibrantes de sua alma fluindo para dentro de você; você volta a si mesmo com mais clareza. É uma pessoa poderosa, alguém focado. Prometa a si mesmo que não se envolverá mais com caos, confusão, conflito ou drama.

Enterre ou queime todos os pedaços de papel, assim como o que restar da vela, em algum lugar distante de sua casa.

Carregue sua turmalina com você por pelo menos uma semana, para se lembrar de erguer seu escudo protetor.

Uma vez por dia, medite com o quartzo transparente.

Direcione sua energia ao que é verdadeiro para você quando estiver em seu estado mais neutro ou tranquilo. Caso se sinta exausto ou tiver a sensação de que saiu dos trilhos, respire profundamente, feche os olhos e pense em uma cor, uma palavra, um pensamento ou uma imagem que o faça se sentir tranquilo.

Feitiço para fortalecer a intuição

Este feitiço promove uma grande conexão intuitiva entre você e a carta de tarô escolhida, infundido sua pessoa com os dons específicos do arquétipo da carta. Você pode fazê-lo em qualquer momento de qualquer dia de qualquer fase do ciclo lunar.

Preparação:

Escolha uma carta de tarô que comunique poder, confiança e clareza. Pode ser uma carta que reflete a habilidade de receber informações com facilidade. Talvez você escolha a Sacerdotisa, por exemplo, a carta que corresponde diretamente a habilidade psíquica ou intuição. Outras cartas associadas com essa habilidade incluem as Rainhas, a Estrela, o Louco, a Imperatriz, o Papa, o Carro, o Eremita, o Enforcado, a Lua e os ases — sinta-se livre para usar a que mais te agrade.

Faça seu altar. Rodeie a carta de objetos que ecoem a energia que você escolheu iniciar.

Se estiver trabalhando com a Sacerdotisa, algumas de suas correspondências mágicas são: pedra da lua (de todos os tipos), selenita, quartzo transparente, quartzo herkimer, lemúria, lápis-lazúli, prata, coral; artemísia, agripalma, datura, camomila, jasmim, lavanda, rosa, ylang; água, golfinhos, baleias, quaisquer animais que vivem no mar, quaisquer animais que se transformam ou trocam de pele, como cobras, rãs e sapos; preto e todos os tons de azul; romãs.

Caso se sinta instado a usar uma ou mais velas no seu feitiço, elas podem ser brancas, pretas, azuis ou prateadas.

Mesmo que escolha outra carta, você ainda pode usar alguns desses ingredientes, uma vez que todos correspondem a elementos da intuição. Você também pode criar suas próprias correspondências com a carta em questão.

Antes de fazer o feitiço, escreva especificamente sobre com o que a carta pode te ajudar. Transforme isso em um cântico, uma música ou um pedido ao arquétipo da carta, que você entoará durante o feitiço.

Execução:

Faça seu círculo e crie um espaço seguro. Permita que seu corpo relaxe e se abra. Acenda uma vela ou queime incenso, se for parte de seu ritual.

Escolha sua carta e a absorva. Do que mais gosta nela? É o que você ama em si mesmo. No que essa carta é boa? É no que você é bom. Aceite esses pontos maravilhosos a seu próprio respeito. Essa é a verdade. Sua intuição escolheu a carta, e sua intuição é a verdade.

Abra-se para qualquer mensagem da carta. Ouça, observe. Tome notas. Devolva a carta ao altar.

Leia o feitiço ou cântico, ou cante a música. Faça isso até sentir a energia se deslocar, então tente se movimentar como o arquétipo da carta faria. Mude de postura e assuma aquela da carta. Respire profundamente e traga a energia da carta para seu corpo. Talvez ela tenha as cores da carta. Talvez você aproxime os símbolos da carta de sua aura ou de seu terceiro olho, talvez se imagine comendo sementes de romã, flertando com a Lua, falando com as estrelas. Posicione-se energeticamente no reino de sua carta.

Quando sentir a energia fluindo ou mudando, vai saber que se integrou com as energias da carta em algum nível. Agradeça às energias da carta.

Use as energias da carta de maneiras grandes e pequenas ao longo do dia. Dialogue com ela. Escreva em seu diário. Pesquise o simbolismo da carta, busque suas mitologias, procure por quaisquer contos, mitos ou divindades de sua cultura ou mesmo de sua família ou história pessoal que se relacionem com as energias da carta. Deixe as energias da carta penetrarem suas células e se entremearem a suas ações. Torne a carta sua ajudante por pelo menos duas semanas.

Um ritual para o nada

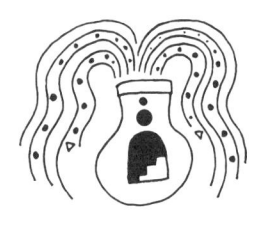

Este ritual não exige nada além de um lugar calmo, silencioso e confortável. Talvez você queira que alguém o leia para você, ou prefira lê-lo em voz alta. Uma gravação desta meditação pode ser encontrada em: themoonbook.com [em inglês]. Seu objetivo é evocar o vazio.

Concentre-se em sua respiração. Ela não precisa seguir um ritmo específico, mas permita que ocupe todo o espaço necessário dentro de seu corpo e de seus pulmões, indo das solas dos seus pés ao topo da sua cabeça. Passe um tempo se conectando com sua respiração, com o entra e sai, com os espaços intermediários. Explore para onde sua respiração quer ir, onde pode estar tensa. Explore para onde ela precisa ir e veja o que acontece. (Pausa.)

Agora imagine um círculo à sua volta. É um círculo energético. É um círculo que te protege. É um círculo que mantém toda a sua energia dentro de seus limites, e o restante fora. Conforme fecha os olhos, consegue sentir quão longe do seu corpo esse círculo precisa estar? Preste atenção nisso. (Pausa.)

Certifique-se de preencher seu círculo com sua respiração. A cada expiração, expanda o ar, fazendo com que atravesse sua pele e passe ao círculo de proteção, o limite que te envolve. A cada inspiração visualize uma energia nova do céu penetrando seu corpo e o preenchendo.

Você pode relacionar cores à sua respiração. Ou sons. Atente ao que sua respiração precisa de você. Atente ao que você precisa de sua respiração. (Pausa.)

Permita que todos os seus pensamentos, sonhos, desejos preencham o espaço de seu círculo, assim como toda a conversa mental. Deve estar tudo ali, à sua volta, dentro de você. Dedique um momento a descobrir o que se sobressai. Note se há algum peso, se há uma energia predominante ali. (Pausa.)

Imagine uma lufada de vento tirando tudo de seu círculo, tirando tudo de seu corpo. Imagine tudo deixando-o. Com isso, de repente você tem todo o espaço de que precisa. Você se sente limpo. Entrou no vazio da clareza. (Pausa.)

Devagar, com facilidade, seu corpo mergulha na terra. Você se vê em um túnel subterrâneo, envolto em rochedos, bolsões e curvas. A terra está viva, e você se sente aterrado, concreto, tangível.

Você está seguro e explora. Vê-se em um cômodo pequeno com paredes de terra, uma construção natural da caverna. Em um nicho, há um objeto secreto. Confira o que é. Segure. Ouça. O cômodo se torna um túnel, que se torna um portal para o exterior. Você segue a luz, que o leva para cima. (Pausa.)

Você irrompe na superfície, deixa a terra, e seu corpo fica mais leve. A cada respiração, você sobe mais e mais, até estar no céu, flutuando como uma nuvem.

Imagine sua consciência se dissolvendo e te deixando ciente de que seus pensamentos são e não são seus. Imagine-se conectado a fontes dentro e fora de você. Imagine que qualquer resistência à ideia de que você é parte de tudo e de que tudo é parte de você se desfaz. Você é mesmo tudo, e tudo é parte de você.

Quanto mais você se torna tudo, mais você se torna nada. Você é o nada, e o nada é você. Ambos são verdade. Quanto mais verdadeiro isso for, mas verdadeiro você é. Fique absolutamente imóvel e note qualquer consciência nova que surja. Continue respirando. Continue enchendo seus pulmões de ar. (Pausa.)

Sua consciência deixa o céu lentamente, você se ergue lentamente na atmosfera e adentra o espaço. Vê as estrelas, as nebulosas, os planetas. Vê o Sol, a Lua, e se dá conta de que, assim como você é uma parte de si, assim como é uma parte da terra, assim como é uma parte do céu, é também uma parte do espaço. Você se permite dissolver lentamente. Você se vê, e todos os seus pensamentos, ações, dores, todo o seu sofrimento e amor se transformam em partículas minúsculas de matéria e flutuam para longe.

Uma leve sensação de calma inunda você. Diga a seu subconsciente que, depois que acordar, qualquer epifania ou mensagem virá depois desse período de Lua escura na sua vida. Agradeça ao tudo por lhe mostrar o nada. Agradeça ao nada por lhe mostrar o tudo.

Respire fundo três vezes. Faça uma contagem regressiva começando com treze. Abra os olhos, alongue-se e retorne a si.

Tarô da doula da morte

Essa sequência de tarô tem o objetivo de ajudar a facilitar, nomear e representar as partes do processo que criam espaço para as qualidades transformacionais da morte. Reserve-se pelo menos 45 minutos para tirar as cartas e processá-las.

Você vai precisar de: um baralho de tarô, um caderno e uma caneta.

Assuma uma posição confortável em um lugar tranquilo. Respire devagar e com calma algumas vezes. Você pode embaralhar as cartas depois de cada uma que tira ou só uma vez, pelo tempo que quiser, depois tirá-las em sequência. Enfileire todas as cartas.

Carta 1: O que precisa partir.
Carta 2: Que resistência ou luto se apresenta.
Carta 3: Como trabalhar com essa resistência ou luto.
Carta 4: O que o espírito quer lhe dizer; outra perspectiva.
Carta 5: A cura que aguarda do outro lado.

Reflexões para a Lua escura

Quais foram minhas maiores realizações nessa estação ou nesse ciclo lunar?

O que minha dor me ensinou?

Como posso mudar meu relacionamento com a dor e o sofrimento?

O que está morrendo na minha vida? Para que essa morte vai liberar espaço no futuro?

O que devo entregar?

Como devo lidar com transições?

Como me manter esperançoso na escuridão?

Quem estou pronto para ser?

A que se refere o trabalho da minha vida?

Quais são os principais temas, padrões e energias da minha vida?

Quais são meus sonhos mais desvairados e empolgantes para o futuro?

Quais são meus sonhos mais desvairados e empolgantes para o coletivo?

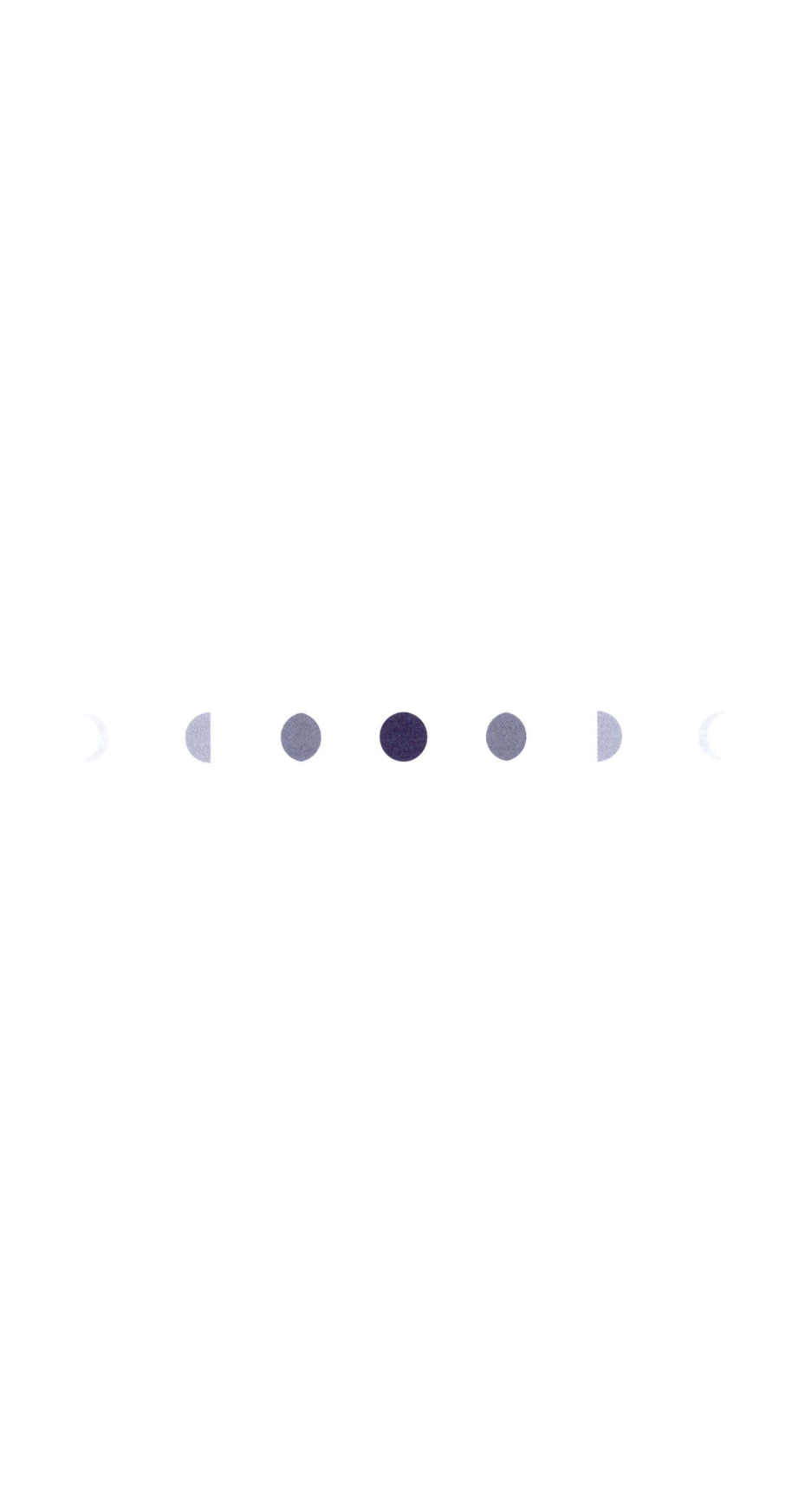

Erudição e conhecimento lunar básico

Eclipses, Luas azuis e mais

ECLIPSES

O que é um eclipse?

Um eclipse ocorre sempre que o Sol, a Lua e a Terra se alinham de maneira que o Sol ou a Lua fiquem temporariamente obstruídos. Há dois tipos de eclipse: o solar, que só pode acontecer na Lua nova, e o lunar, que só pode acontecer durante a Lua cheia. A palavra "eclipse" vem do grego *ekleipsis*, que significa "não aparecer" ou "deixar de existir".[1] A referência é à luz obstruída ou aumentada, que é essencial para a vida e a visão. "Eclipse" também significa deixar ir, atravessar ou passar por algo.

Eclipses vêm em pares: sempre ocorre um eclipse solar na Lua nova e um eclipse lunar na Lua cheia, com cerca de duas semanas de intervalo. (Às vezes, a ordem é inversa: o eclipse lunar vem antes, na Lua cheia, e o eclipse solar vem depois, na Lua nova.)² Esse período, que vai mais ou menos de uma semana antes a uma semana depois, é chamado de "temporada de eclipse". Eclipses são frequentes, ocorrendo entre quatro e sete vezes por ano.

Interpretação dos eclipses na história

Desde os primórdios da história registrada, eclipses inspiraram admiração, medo e reverência. Como poderia ser diferente? Muito embora um eclipse solar não dure mais que oito minutos e um eclipse lunar não dure mais que cerca de quatro horas, o tempo parece parar e entramos em transe com o espetáculo visual que acontece acima de nossas cabeças.³

Na antiguidade, os humanos procuravam explicações para guerras, mortes, fome e outros eventos extraordinários. Muitas vezes, eles eram atribuídos aos eclipses — ainda que uma semana, um mês ou até um ano depois. Eclipses são mesmo algo extraordinário de se testemunhar, de modo que é compreensível que nossos ancestrais relacionassem eventos específicos a eles.

Humanos também evitam se responsabilizar pelas coisas. Preferem atribuir um significado cósmico superior a acontecimentos trágicos e tumultuados. Com o tempo, eclipses foram relacionados à morte de reis e papas, ao fim de dinastias e a outras circunstâncias caóticas como doenças, fome, golpes e revoluções.

Há também uma conexão astrológica. Muitos reis e governantes europeus recorriam a astrólogos para saber quando tomar decisões importantes ou quando entrar em guerra e para prever mortes, deles próprios ou de outras figuras importantes, como papas. Nessa época, eclipses muitas vezes previam a morte de pessoas poderosas. (Principalmente o Sol era relacionado a reis e outros governantes masculinos poderosos.) Na astrologia védica, Rahu e Ketu são pontos matemáticos carregados: nodos no céu onde o Sol e a Lua se cruzam. Na Pérsia, era um monstro que comia a Lua. No Tibete e na China, era um dragão que comia o Sol e a Lua.⁴

Eclipses também eram usados para controlar os outros. Astrônomos conseguiam mapear quando eles ocorreriam, e outras pessoas usavam essas informações de maneiras nefastas. Antes de um eclipse solar, reis e sacerdotes do Egito Antigo castigavam seu povo, pedindo expiação de seus pecados e malfeitos. As pessoas realizavam sacrifícios e ofereciam contribuições, com a esperança de cair nas boas graças de Rá, o deus Sol. Quando um eclipse ocorria, as pessoas redobravam seus esforços e fortaleciam sua lealdade a sacerdotes e reis, considerados os únicos intermediários dos deuses.[5]

Muito do medo atual dos eclipses vem de um longo histórico de correlação entre eles e caos e punição. Também corresponde à visão patriarcal — e de alguns astrólogos antigos — da Lua como uma entidade maléfica. Acompanhar um eclipse pode ser assustador. Você pode causar danos aos olhos olhando para o Sol por tempo demais durante um eclipse, como Sócrates alertou a Platão.[6] A Lua de sangue, um visual comum durante um eclipse lunar, parece um mau presságio. A Bíblia interpreta eclipses como um sinal do fim dos tempos: "O mundo será transformado em escuridão, e a Lua em sangue, antes do grande e terrível dia da vinda do Senhor" (Joel 2,31). Não é de admirar que as pessoas fiquem tensas com eclipses!

Nem todas as religiões, no entanto, consideram os eclipses algo ruim. Os muçulmanos recitam uma prece especial durante o fenômeno, os budistas tibetanos acreditam que quaisquer atividades realizadas durante um eclipse são ampliadas enormemente, e defendem a realização de práticas de cura e apoio voltadas a si mesmos ou aos outros.[7]

Certamente precisamos rever nossas atitudes em relação a eclipses. Agora que sabemos do que se trata e com que frequência ocorre, podemos trabalhar com eles — em vez de alimentar superstições. Eclipses podem dar um toque ligeiramente diferente ou amplificado, como um planeta retrógrado, uma carta de tarô invertida, ou granizo em vez de chuva. Isso pode causar choque, irritação ou inspirar. Pode te dar mais motivos para fazer uma pausa, pensar em seus padrões e estar presente para si mesmo e o mundo à sua volta.

Eclipses são sempre inocentes, assim como todos os eventos celestiais. São as pessoas que se sentem tão descontroladas em grande parte do tempo que projetam o bem, o mal, o feio e o assustador no palco cósmico. É engraçado como nos vemos como superiores aos antigos e seus costumes arcaicos, mas muitos de nós sustentam as mesmas superstições, ainda que através das telas que mantemos sempre à mão.

A energia do eclipse pode ser intensa e às vezes até dolorosa. Muitas vezes é o contraste que chama nossa atenção, nos faz olhar para cima e nos ajuda a fazer correções de curso muito necessárias em nossa vida. Tudo sempre pode ser visto ou como uma maldição ou como uma oportunidade.

Eclipses como bênção, eclipses como ruptura

Eclipses podem ser um momento de ruptura. Podemos trabalhar com, em vez de contra, a energia deles. Para se alinhar com a energia do eclipse, comece fazendo o que faria em praticamente qualquer prática lunar: rastreando e observando. Preste bastante atenção a seus pensamentos, suas emoções, sua energia e quaisquer eventos externos que se façam notar durante a temporada de eclipse. O que se destaca para você, física, emocional, intuitiva e simbolicamente? Algum evento externo extraordinário ocorre? Escreva tudo em seu diário. Se qualquer epifania lhe ocorrer enquanto você está tocando o seu dia e vivendo a sua vida, escreva no bloco de notas de seu celular ou grave uma mensagem de voz para si mesmo.

Sua experiência com eclipses pode ser similar com o que ocorre na Lua nova ou cheia, mas com uma energia bastante amplificada. As emoções podem ser extremas. Sua energia pode ser sugada ou impulsionada. Repare em sua experiência por pelo menos uma temporada de eclipse e por até um ano para compreender seus padrões. Você pode reunir os eclipses em períodos de seis meses, um ano ou um ano e meio, os quais em geral estão relacionados em termos de temas ou padrões maiores. Se tiver conhecimentos de astrologia, pode rastrear o que acontece quando um eclipse ocorre em seu signo solar, ascendente ou lunar, ou que está sendo ativado em seu mapa.

A cura emocional está disponível para nós em qualquer eclipse, mas especialmente nos lunares. Devemos reformular coletivamente o trauma e processar emoções poderosas como um trabalho produtivo, construtivo e libertador. Porque se trata mesmo disso. Eclipses podem nos ajudar com nosso trabalho de transformação, mostrando nossas sombras e apontando para onde precisamos curar.

Algumas perguntas a se fazer durante a temporada de eclipse:

Onde estou decidindo não me sabotar mais?
De que parte negligenciada de mim mesmo estou pronto para cuidar?
Que comportamentos, meus e de outras pessoas, não são mais aceitáveis para mim?
O que devo me dar porque realmente preciso?
Que padrões estão ocorrendo neste momento e como isso se relaciona com a decisão ou ação que devo tomar?

A energia do eclipse é uma energia amplificada

A energia amplificada pode ser utilizada como um impulso para te ajudar a tomar uma atitude ousada. Inicie processos importantes de encerramento e abandone hábitos ruins. Se estiver atento, esse momento pode te ajudar a desenvolver sua metacognição. Ao fazer isso, perspectivas e mentalidades mudam.

A temporada de eclipse vai intensificar o que já está presente. Vai mostrar com o que precisamos lidar para seguir em frente. É melhor pensar na temporada inteira — desde uma a duas semanas antes do primeiro eclipse, o intervalo entre ambos e uma ou duas semanas depois do segundo — como um período distinto e estar pronto para desacelerar ou acelerar de acordo.

Energeticamente, a temporada de eclipse pode nos deixar exaustos. Nosso corpo físico pode ser afetado. Podemos pegar uma gripe, ficar com dor de cabeça ou ter maior dificuldade de dormir que o normal. Preste atenção no que seus vários corpos — o emocional, o físico e o espiritual — precisam.

Eclipses estão relacionados a sombras, de modo que nossas sombras nos serão reveladas. Atendendo somaticamente a nossos gatilhos e dando espaço para nosso sistema nervoso processar, podemos permanecer em nosso corpo. Ao fazer isso, podemos escapar da armadilha da nossa programação subconsciente.

Faça a temporada de eclipse funcionar para você, identificando e reconhecendo suas necessidades. Concentre-as e comunique-as claramente. Ouça e respeite as necessidades dos outros. Faça algo para sua criança interior. Dê início a uma nova maneira de pensar ou transforme o autocuidado muito necessário em um hábito.

Um eclipse pode lhe fornecer respostas ou informações de que precisa para seguir em frente de alguma maneira. Ainda que isso seja doloroso, como pegar um amigo mentindo ou não receber o aumento que lhe foi prometido no trabalho. A temporada de eclipse pode oferecer revelações profundas e ricas sobre você mesmo: suas necessidades, seus medos, seus pontos mais vulneráveis e seus limites. Também pode ser angustiante, opressiva e fazer parecer que muitas mortes percorrem seu sistema nervoso ao mesmo tempo. Encontros com a verdade podem ser intensos. O mais importante é como nos tratamos.

Eclipses podem ser portais. Podem acelerar processos se formos muito claros e tomarmos decisões e agirmos de maneira apropriada. Se estamos focados naquilo com que precisamos lidar e que devemos acompanhar, eclipses podem nos ajudar — como um propulsor positivo, ainda que turbulento, que vai nos levar a uma realidade diferente.

Podemos levar várias semanas, seis meses ou até alguns anos para observar as lições e bênçãos de eclipses. Alguns astrólogos os relacionam a períodos de seis meses. A maior parte dos eclipses nas mesmas famílias de signos ocorre com cerca de seis meses de distância, com um eclipse lunar e solar acontecendo em signos opostos. Por exemplo, se há um eclipse solar em leão em agosto, um eclipse lunar em leão deve ocorrer cerca de seis meses depois. Quando ocorrer um eclipse solar, pense em como você estava seis meses antes. Que temas e padrões vinham à tona na sua vida? Alguns dos mesmos temas aparecem para você agora? Em que novos começos você gostaria de embarcar? Que fins devem acontecer para abrir espaço?

Fins e começos são sinônimo de eclipses. Se a necessidade de começar um novo capítulo se anunciou há muito, a temporada de eclipse é o momento de parar de adiar e tomar as decisões apropriadas. Mesmo que você não faça isso, os eclipses podem ocorrer e te livrar de algumas partes de sua vida de que não precisava mais. Esses fins e começos podem ser representados por uma decisão de se mudar, uma mudança de fato, um término, uma perda ou um conflito. Ficar de saco cheio — de suas próprias besteiras e até do fato de estar de saco cheio — definitivamente se encaixa na categoria de começos e fins. Pode ser útil usar essas situações como experiências educacionais. Permita que te ajudem a tomar decisões devidas há tempos.

As pessoas a sua volta passarão por colapsos e revelações. Podemos ficar especialmente desaterrados durante a temporada de eclipse, e quando as pessoas se sentem inseguras e desconectas se tornam ainda mais reativas. Seja gentil consigo mesmo e com os outros. Não tire conclusões precipitadas nesse momento. Quando em dúvida, faça uma pausa. Avalie se precisa de mais informações. Evite fazer projeções ou suposições infundadas. Faça perguntas em vez de sair acusando outra pessoa. (Esse na verdade é um conselho para a vida toda, cortesia das experiências da temporada de eclipses!)

Também podemos utilizar a temporada de eclipse como um momento para "compensar o tempo perdido" em uma ou mais áreas da nossa vida. Como as temporadas em geral ocorrem a cada seis meses, é a oportunidade perfeita para olhar para trás, revisar e refletir. Relembre tudo de significativo que ocorreu com você desde a última. Tente ligar os pontos.

Eclipses acabam com linhas do tempo. Passado, presente e futuro se entrelaçam nesses momentos. Isso facilita desemaranhar certos fios de diferentes cronologias. Podemos desenredá-los e escolher o mais chamativo para levar conosco. A habilidade mágica de acessar o passado, o presente e o futuro de uma vez só também ajuda a amarrar pontas soltas. Muito de como usamos esse tempo depende de sua crença no livre-arbítrio. Podemos facilmente ser sugados pelo passado tanto quanto catapultados para o futuro. Às vezes, temos que olhar para trás para seguir em frente. De tempos em tempos, somos encorajados a dar um salto sem pensar duas vezes e adentrar um território não mapeado. Dentro do futuro/passado/presente da temporada de eclipse há grande potencial para curar linhas do tempo específicas e criar a mudança buscada.

ECLIPSES SOLARES

Eclipses solares só ocorrem durante a Lua nova. São de três tipos diferentes: eclipse solar parcial, eclipse solar anelar e eclipse solar total. Um eclipse solar parcial ocorre quando a Lua não passa diretamente na frente do Sol: ele continua visível, em geral parecendo uma crescente. Quando a Lua passa diretamente na frente do Sol, ocorre ou um eclipse solar anelar ou um eclipse solar total. No eclipse solar anelar, um anel de luz ainda pode ser visto. Isso ocorre quando a Lua está na parte mais distante de sua órbita, de modo que parece ligeiramente menor que o Sol. A maior parte dos eclipses são parciais. No eclipse solar total, o Sol é completamente coberto. Isso ocorre quando a Lua está mais próxima do Sol em sua órbita. Ocorrem pelo menos dois eclipses solares a cada ano. Podem ocorrer até cinco, embora isso seja raro.[8]

No eclipse solar, o Sol (uma estrela, nossa consciência) não está totalmente alinhado à Lua (o corpo celestial mais próximo de nós) e nem completamente alinhado à Terra (nosso lar, nosso mundo). É isso que cria a sombra que afeta nossa percepção. Nossa consciência é influenciada. Nosso cérebro permanece elástico. Os caminhos sempre podem ser rearranjados. Pode-se recorrer a diferentes fontes e espaços a qualquer momento. Basta um pouco de experimentação, uma suspensão do desejo de controlar os resultados. Basta ouvir uma música diferente, aprender outra língua. Conectar-se a algo diverso. Voltar a se conectar consigo mesmo.

No eclipse solar, a Lua — nossas emoções, nossa psique, nossa magia e nosso subconsciente — obstrui o Sol — nossa consciência, nossas ações, nossa identidade, nosso ego. No eclipse solar, podem ocorrer revelações internas que acabam afetando profundamente nosso comportamento. Um eclipse solar pode misturar as coisas externamente para nos despertar. Esteja pronto e disposto a se abrir a qualquer coisa diferente e alinhada que venha em sua direção nesse momento: pode ser uma porta aberta.

O astrólogo Dane Rudhyar acreditava que em um eclipse solar na Lua nova o presente é obscurecido pelo passado. Isso nos permite ver claramente algo importante do passado e confrontá-lo. Uma consciência elevada nos permite seguir em frente.⁹ Em geral, eclipses solares tendem a estar relacionados à ação, à tomada de decisões, ao renascimento e à criação.

Algumas perguntas para se fazer em um eclipse solar:

Como posso responder de maneira diferente a quaisquer obstruções que surjam em meu caminho? Isso está conectado a uma questão atual em outra área da minha vida? Como posso mudar minha energia, minhas emoções e meu comportamento em relação a isso? Como posso ter outra perspectiva a respeito? O que precisa ser deixado no passado? Que escolhas corajosas estou pronto para fazer? Que ações precisam ser tomadas?

Pequenas maneiras de trabalhar com um eclipse solar

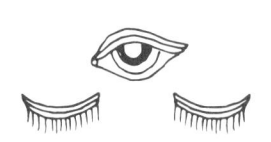

Reflita sobre o Sol. Qual é sua relação com ele? Qual é a sensação da clareza de consciência? Amplie sua perspectiva. Se você se afastasse do filme da sua vida, quais seriam as partes mais interessantes? Que cenas não passariam pelo processo de edição? Seja claro quanto a como vai fazer uma mudança de comportamento importante. Deixe claro se é o momento de desistir ou se uma pausa se faz necessária. Se está empacado, continue levantando perguntas até chegar a uma resposta que lhe pareça verdadeira. Limpe. Livre. Inscreva-se em um curso, diga a um amigo que sente muito, faça aquela declaração de amor. Crie um ritual dedicado a curar uma questão específica. Faça um altar para sua criança interior.

MAGIA DO ECLIPSE SOLAR

De modo geral, muitos praticantes aconselham não fazer feitiços durante a temporada de eclipse, por considerar a energia do momento caótica e imprevisível. Como sempre, incentivo você a seguir sua intuição. Descobri que a energia do eclipse funciona bem na hora de curar velhas feridas, desentulhar e apresentar diferentes perspectivas. Na minha vida, a temporada de eclipse coincidiu com mudanças, contratos, encerramentos, términos e capítulos novos. A magia do eclipse pode nos ajudar a dominar a mudança e nos ensinar a nos entregar. Magia é a habilidade de alterar a consciência ou a energia. Isso não inclui apenas trabalho de feitiço. A magia do eclipse solar pode ser a decisão de ser mais inventivo e mais bondoso. Pode se relacionar a mudanças literais ou metafóricas. A transformações específicas no relacionamento. A magia do eclipse solar pode ser simplesmente se preparar para dar passos saudáveis e apoiados adiante.

Alguns dias antes do eclipse solar, comece a fazer listas. Seja sincero consigo mesmo. Onde deseja estar daqui a um mês, seis meses, um ano? Se isso é difícil para você, tente visualizar seu melhor dia. O que você faria em um dia ideal? Se sua vida já é bastante mágica, pense no que está trabalhando para ter mais intimidade consigo mesmo ou com o mundo.

De que maneiras seus dons, as expressões de sua alma, precisam se revelar? O que precisa sair da sua vida? Que atividades, ações e comportamentos você pode focar para integrar mais de si mesmo ao seu mundo?

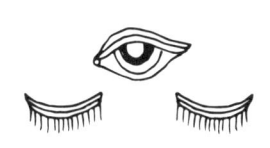

Escolha algumas palavras-chave em que pensar. Foque uma ou duas ações a realizar, começando ainda durante a temporada de eclipse, para trazer esses temas à sua vida.

Preste atenção no eclipse solar. Algo surge dentro ou fora de você? Isso se relaciona com qualquer visão superior?

Convide a entrar todo o amor de que precisa, toda a conexão que deseja, toda a paz que está pronto a cultivar, toda a visibilidade que pretende abarcar, toda a criatividade que quer que borbulhe dentro de você. Esteja presente para si mesmo nesse sentido. Imagine sua vida inteira, do nascer ao pôr do sol, como um ritual criado para apoiar tudo o que você chamou. Suas atividades diárias são lembretes de suas intenções.

Feitiço para não ser um obstáculo em seu próprio caminho

Às vezes, a magia mais poderosa é não ficar em seu próprio caminho. Todos colocamos bloqueios internos e subconscientes para sentir e agir como nossas melhores versões. Talvez você queira fazer esse feitiço durante o eclipse solar, para movimentar a energia e começar a tomar decisões alinhadas com aonde precisa ir e quem precisa se tornar.

Você vai precisar de: um pedaço pequeno de cornalina, uma vela vermelha, amarela ou laranja, uma folha de papel, um post-it e uma carta de tarô que represente movimento, como o Cavaleiro de Paus, o Carro ou o Sol.

Prepare seu altar de modo que a carta de tarô fique no meio do caminho entre a vela e a pedra.

Faça seu círculo.

Acenda a vela.

Escreva na folha de papel três hábitos ou rotinas diárias a que dará início depois de fazer o feitiço. Isso representará pequenos avanços no campo da disciplina que apoiarão a nova fase.

No post-it, escreva uma palavra afirmativa de que precisará se lembrar quando deparar com resistência ou dúvida. Por exemplo: *Coragem! Amor! Ação!*

Deixe claro todas as qualidades que vai incorporar. Diga: "A partir de agora, prometo me manter fora do meu próprio caminho."

Olhe para a carta de tarô e se imagine nela, ou se imagine se tornando a energia dela. Imagine todas as coisas que você quer fazer, todos os modos como deseja ser. Segure a pedra e medite o tempo que precisar.

Feche o círculo. Nunca deixe uma vela queimando sozinha.

Comprometa-se com suas três rotinas por pelo menos um ciclo lunar. Lembre-se de que o começo é sempre mais difícil. Se falhar um dia, recomece no outro, sem se punir. Carregue sua cornalina e sua palavra afirmativa consigo, como amuletos de encorajamento.

Tarô do eclipse solar

Essa é uma sequência simples para experimentar no eclipse solar. Você pode embaralhar as cartas uma única vez e tirar todas ou embaralhar antes de cada uma. Disponha as cartas da esquerda para a direita ou de cima para baixo.

Carta 1: O Sol: Na direção de que devo ir?
Carta 2: A Sombra: Que bloqueio do passado devo abordar?
Carta 3: A Lua: Que dons internos vão me ajudar?

ECLIPSES LUNARES

Eclipses lunares ocorrem apenas na Lua cheia. Um eclipse lunar ocorre quando a Terra bloqueia os raios de Sol. A sombra da Terra sobre a face da Lua tem uma área central mais escura, chamada de umbra, e outra mais clara e externa, chamada de penumbra.[10] Há um escurecimento da Lua, em geral clara, que muitas vezes parece vermelha, laranja, marrom ou amarela. É por isso que às vezes se chama o eclipse lunar de "Lua de sangue" ou "Lua vermelha". A cor se deve à poluição da luz e outras variáveis. A escala de Danjon mapeia as diferentes cores.[11] Às vezes, a Lua cheia é quase toda apagada, em um eclipse total. Eclipses lunares podem acontecer no máximo três vezes no ano. Cada eclipse é diferente; no entanto, as características de um se repetem a cada dezoito anos — no que chamamos ciclo de Saros. Esses eclipses se dão à mesma distância da Terra, no mesmo momento do ano.[12]

Há três tipos de eclipses lunares: o eclipse penumbral, o eclipse parcial e o eclipse total. O eclipse penumbral é um tipo de eclipse parcial, quando a Lua fica apenas na sombra secundária da Terra, a penumbra. É o eclipse mais sutil em termos visuais — às vezes, esse tipo de eclipse nem é visível a olho nu.

O segundo tipo é o eclipse parcial "comum", quando a Lua entra na parte principal da sombra da Terra na Lua, a umbra. A cor da face da Lua se altera visivelmente. Eclipses penumbrais e parciais são os tipos mais comuns.

O terceiro tipo é o eclipse total, quando a Lua fica completamente dentro da sombra principal da Terra. A sombra não a obscurece por completo, mas é nesse momento que vemos algumas das cores mais impressionantes na face da Lua. Esse também é o tipo de eclipse lunar mais longo: a Lua pode ficar por inteiro na sombra umbral por até uma hora e meia, enquanto a passagem pela parte da penumbra da sombra leva no máximo uma hora.[13]

Um eclipse lunar pode ser uma oportunidade particularmente poderosa de nutrir sua Lua. Cuide de suas emoções, sua água, seu lado selvagem, sua feminilidade e sua criança interior. Priorize nutrir essas partes de sua Lua. Se você não tem certeza de como fazer isso, o eclipse lunar pode ser um bom momento para explorar.

Outro uso do eclipse lunar pode ser na cura emocional. A temporada de eclipse pode destacar que feridas e sombras estão prontas para receber atenção. Invoque seus guias, forças maiores ou ancestrais. Peça por orientação ou mensagens que te ajudem de maneira que você possa ver e sentir nos próximos dias.

O astrólogo Dane Rudhyar sugeriu que no eclipse lunar o passado é obscurecido pelo presente.[14] Padrões passados profundamente enraizados — nossos ganchos e defesas emocionais, nossas mais antigas ou mais profundas feridas — podem ser reconhecidos e aceitos. É o momento de não ser mais controlado por histórias passadas. O que fazemos no momento presente é acentuado pela energia do eclipse lunar. Nossas ações e intenções criarão uma nova linha do tempo.

O eclipse lunar pode elevar suas habilidades psíquicas ou fazer com que você se sinta mais conectado com uma consciência universal. Também pode fazer com que você se sinta mais no limite, ligado e ansioso.

A temporada de eclipse é um ótimo momento para se distanciar de sua vida. Se você está cansado de apagar um incêndio depois do outro, se a mundanidade da sua vida está começando a fazer você se sentir no filme *Feitiço do tempo*, pode ser o momento oportuno para começar a desempacar. Identifique aquilo de que gosta e aquilo de que não gosta. Pode ser hora de eliminar o que quer que esteja drenando sua energia. Emoções são energia.

O que está lhe roubando uma energia preciosa? Não há como recuperar o tempo perdido.

Quando facilito círculos ou dou aulas, muitas vezes começo convidando todo mundo a dizer do que mais precisa no momento e incorporar aquilo ao longo do nosso tempo juntos. Isso pode ser o oposto de como a pessoa costuma se comportar na vida "normal". Se uma pessoa é tímida, mas quer experimentar a sensação de falar em grupo e ser ouvida, eu a convido a tentar. No eclipse lunar, nomeie o que você gostaria de tentar mudar em sua resposta automática. Leve isso para o círculo de sua realidade e receba os benefícios de outras maneiras de ser.

Pequenas coisas para tentar durante o eclipse lunar

Passe pelo menos uma hora do dia do eclipse lunar fazendo algo para os outros. Relegue velhos hábitos ao passado usando o passado verbal. *Antes eu julgava as pessoas, mas agora não faço mais isso. Eu costumava me fechar em situações de conflito, mas estou trabalhando para me manter disponível e curioso no momento presente.* Olhe para trás e veja se é o momento de recuperar sonhos esquecidos, mas que ainda valem. Olhe para trás para descobrir como gostaria que uma jornada em particular se encerrasse. Defina o que você precisa fazer para colocar um ponto final numa relação dolorosa. Imagine novas linhas do tempo se abrindo para você. Ligue para as pessoas e lhes diga por que exatamente você as ama. Descanse. Esteja presente, vulnerável e disposto, com a suavidade de seu poder. Comprometa-se totalmente a aceitar um paradigma milagroso.

MAGIA DO ECLIPSE LUNAR

Como acontece com os eclipses solares, se você perguntar a um grupo de bruxas como relacionar trabalho com feitiço e eclipses, vai receber respostas variadas. Tradicionalmente, o conselho é não fazer feitiços durante um eclipse, mas acho importante ampliar o que a magia significa e trabalhar com a energia lunar de maneiras que sejam apoiadas. Seguem algumas sugestões.

Trabalho de sombra

Trabalho de sombra e magia de sombra já foram discutidos aqui. Viajar ao submundo, o trabalho de transe e o exame de nossos demônios contam como isso. Magia de espelho: olhar-se no espelho por um longo período como forma de receber mensagens e amparar o amor-próprio. O trabalho de sombra leva a importantes avanços internos.

Adivinhação

Nos eclipses lunares, talvez você queira se utilizar de objetos divinatórios como cartas de tarô e pêndulos para acessar sua intuição. Misture as maneiras como se envolve com essas ferramentas. Olhe para um cristal transparente e veja em que mundo entra. Leia a borra do café no fundo de sua caneca. Faça seu próprio conjunto de runas. Peça a seu pêndulo algo que nunca pediu. Concentre-se intensamente em sua carta de tarô preferida e tente notar algo de novo nela.

Quebrando maldições e fazendo feitiços de reverso

Eclipses são um ótimo momento para quebrar maldições e facilitar feitiços de desbloqueamento. Uma maldição pode ser definida como uma sensação pesada que você tem, ou uma energia estagnada ou densa. Uma maldição pode ser um padrão prejudicial que te impede de viver em expansão. Também pode ser um bloqueio que parece acompanhar algum tema relacionado ao que você realmente deseja na vida. Na maioria dos casos, maldições vêm de dentro e devem ser quebradas de dentro para fora. Faça isso com qualquer uma que esteja segurando você. Desprenda-se. Do passado. Da dependência do medo e da autopunição. Uma maneira de quebrar maldições é aprender a se amar. Outra é assumir seu poder. Outra é priorizar a alegria e o prazer.

Crie seu próprio feitiço para quebrar maldições. Amasse um tomate ou quebre um ovo em uma encruzilhada na noite do eclipse. Pegue uma faca ou uma lâmina de obsidiana e corte quaisquer cordões energéticos que ligam você à maldição. Escreva uma carta detalhando todas as maneiras como você não está mais ligado à maldição. Peça a forças maiores ou a quaisquer guias e divindades prestativos para ajudá-lo a se livrar da maldição. Queime e enterre a carta.

Feitiços de reverso têm o intuito de neutralizar a energia da pessoa e libertá-la. Ainda que você não consiga pensar em nada nem ninguém te atrapalhando, um feitiço de reverso age como um reinício cósmico e energético. Ele libera a sua energia e recarrega você. É como uma lousa sendo apagada. Um feitiço de reverso pode ser bastante específico: "Desimpedir qualquer bloqueio criativo para o próximo ano." Ou pode ser mais aberto: "Desimpedir toda e qualquer barreira a me amar por completo."

Você pode fazer um feitiço de reverso como quiser, mas segue uma sugestão de um bastante completo, que exige tempo, esforço e energia, mas funciona. Ele exige uma preparação de alguns dias.

Você vai precisar de: tempo, itens para limpeza da casa, quartzo transparente, turmalina, uma vela de uma cor que faça sentido para você, seja multicolorida, branca, preta, azul ou prata. Opcional: uma bucha, sal, alecrim, agrimônia, lavanda ou outras ervas de limpeza e proteção.

Primeiro, limpe sua casa, e não só uma ou duas gavetas, armários e guarda-roupas. Desentulhe. Se não puder limpar a casa toda, pelo menos limpe e desentulhe o cômodo em que fará o feitiço e o banheiro, porque precisará tomar um banho ritual.

Monte seu altar. Talvez você queira colocar quartzo transparente representando clareza e turmalina negra para absorver energias negativas e protegê-lo.

Faça seu círculo e se centre. Entalhe um símbolo de reverso na vela, como uma cruz. As bruxas às vezes usam um círculo com várias linhas saindo, como se fossem raios de sol, para representar as vias sendo abertas em todos os níveis. Você pode desenhar na vela com uma agulha ou com uma caneta. Carregue a vela com sua intenção e a acenda.

Defina o que você vai reverter e escreva em um pedaço de papel. Você pode falar em voz alta ou gritar também. Queime o papel na chama da vela.

Passe um tempo respirando e focando a chama. Imagine toda a energia estagnada deixando seu corpo e o espaço, indo para a chama e se transformando.

Depois de fechar o círculo, vá para a banheira. Você pode usar alecrim e sal, e levar o quartzo transparente consigo. Traga à tona quaisquer medos ou dúvidas relacionadas à sua intenção. Esfregue o corpo vigorosamente com sabão ou sal, usando a bucha ou uma luva esfoliante. Imagine toda a energia estagnada deixando seu corpo, e o passado escorrendo com a água para o ralo. Quando a banheira estiver vazia, levante-se, abra o chuveiro e entre debaixo da água fria.

Depois do feitiço, beba bastante água e descanse bem. Se surgir qualquer situação simbólica do que você está tentando reverter, ignore ou lide com ela de maneira totalmente diferente.

Exercício para o eclipse lunar

Uma maneira de colaborar com o eclipse lunar é trabalhar com as cartas de tarô como símbolos de autonomia e escolha. Pegue a carta ou as cartas que mais simbolizam as qualidades que você sente que precisa abraçar no momento. Que cartas simbolizam aquilo que você está pronto para trabalhar com o intuito de se sentir mais seguro, mais protegido, mais amado? Escolha uma cor de uma carta escolhida e se vista com ela. Você pode encontrar um símbolo na carta para usar como talismã mágico ou para servir de lembrete do que agora é capaz de receber. Deixe as cartas escolhidas em seu altar, escreva a respeito delas no diário e interaja com elas por pelo menos alguns minutos por dia. Permite que te auxiliem a contar uma nova história.

Sequência de tarô do eclipse lunar

Esta é uma sequência criada para te fazer pensar no quadro geral. Reserve-se um período tranquilo para ficar em silêncio com suas cartas.

Embaralhe as cartas até sentir que é hora de parar. Posicione-as em círculo, no sentido anti-horário. Coloque a carta 1 em cima.

Carta 1: O que a Lua quer que eu saiba nesse momento?
Carta 2: Que oportunidades de cura se apresentam quando confio na minha voz interior?

Carta 3: Como minha sombra se apresenta no momento?

Carta 4: O que ganho reconhecendo essa sombra?

Carta 5: Qual seria um ensinamento útil das minhas lições de vida atuais?

Carta 6: Que ajuda e apoio estão disponíveis para mim no momento?

Carta 7: O que devo deixar para trás?

Carta 8: O que o poder superior, a fonte ou meus guias querem que eu saiba quando e onde focar minha energia?

OUTROS SABERES LUNARES

Superluas e microluas

Superluas acontecem quando a Lua cheia ou nova está mais perto da Terra em sua órbita. Essa Lua parece 14% maior e pode parecer até 30% mais iluminada que a Lua cheia média.[15] O mais perto que a Lua pode chegar da Terra é 363.300 km. Para efeito de comparação, o mais longe que a Lua pode chegar da Terra é 405.500 km.

"Superlua" é um termo astrológico, incomum na astronomia. Ele foi usado pela primeira vez pelo astrólogo Richard Nolle, em um artigo de 1979 para a revista *Dell Horoscope*.[16] Ele definiu a superlua como uma Lua cheia ou nova em 90% de sua aproximação máxima da Terra. Nos últimos dez anos, conforme a astrologia atraiu mais interesse, o termo passou ao uso geral.

Das doze ou treze luas cheias que costumamos ter no ano do calendário gregoriano, e de mais ou menos o mesmo número de Luas novas, cerca de três ou quatro entram nessa classificação. Sua energia pode ou não ser afetada por elas — você terá que se sintonizar com a energia daquela superlua em particular.

A microlua ocorre quando a Lua nova ou cheia coincide com o ponto em sua órbita mais distante da terra, conhecido como apogeu. O resultado é uma Lua cheia que parece 14% menos que o normal, o que ocorre cerca de uma vez ao ano.

Luas azuis

A Lua azul assume muitos significados diferentes. A expressão em inglês "*Once in a blue moon*" [uma vez numa Lua azul, em inglês] foi cunhada cerca de quatrocentos anos atrás e expressava descrença, raridade ou uma sensação de improbabilidade, como "uma vez na vida e outra na morte". Com o tempo, passou a ser aplicada para qualquer ocorrência fora do comum.[17]

A definição original é de que a Lua azul é a terceira Lua cheia em uma estação astronômica com quatro Luas cheias. Em geral, um ano tem quatro estações astronômicas, com três meses e três Luas cheias cada. Por essa definição, a Lua azul envolveria uma Lua a mais na estação. Isso ocorre mais ou menos a cada dois anos e meio, de acordo com a Nasa. O termo provavelmente se originou na agricultura.[18] O "azul" [*blue*] da "Lua azul" talvez tenha vindo da pronúncia equivocada da antiga palavra inglesa *belewe*, cujo significado é "trair". A ideia era de que uma Lua cheia adicional era uma traição ao ciclo lunar padrão.

Uma definição mais recente transformou a definição original. Agora, diz-se que a Lua azul é a segunda Lua cheia no mesmo mês do calendário gregoriano. Quem declarou isso foi James Hugh Pruett, em um artigo de 1946. A definição pegou e as pessoas começaram a usá-la mais amplamente, especialmente quando a informação (equivocada) foi usada por um programa de rádio nacional em 1980.[19] A Lua azul astrológica — diferente daquela do calendário — é aquela que ocorre pela segunda vez com o Sol no mesmo signo do zodíaco.[20]

Que definição usar? A língua e as definições estão sempre evoluindo, como evidenciado pela etimologia da Lua azul. A original é uma anomalia, que você pode usar como quiser. A definição mais recente de Lua azul também faz sentido. Já experimentei sensações amplificadas quando há duas Luas cheias no mesmo mês do calendário: todo o período parece ter uma carga extra! Lembre-se de que todas essas categorizações são construções com o intuito de nos ajudar em nossa observação. Use o que funcionar para você e abandone o que não funcionar.

Luas negras

Há duas definições diferentes de Lua negra, ambas se referindo a um tipo de Lua nova. Dependendo de a quem pergunte, a Lua negra pode ser a terceira Lua nova da estação astronômica com quatro Luas novas ou a segunda Lua nova no mês do calendário gregoriano.

De qualquer maneira, a Lua negra é muito rara. Quando definida como a segunda Lua nova em um único mês do calendário, ela ocorre a cada 29 meses, e só pode ocorrer em meses com 31 dias. Se definida como a terceira Lua nova de quatro na estação astronômica, que costuma ter apenas três, é ainda mais rara: ocorre apenas a cada 33 meses.[21]

Às vezes, as bruxas usam a Lua negra para direcionar a energia mais poderosa dessa Lua nova a novos começos e objetivos. Uma coisa particularmente interessante na Lua negra é que em geral ela cai no último dia do mês, de modo que, se você for capaz de acessar essa energia, pode começar o mês seguinte — geralmente no próximo dia — com um impulso a mais na energia correlacionada ao ciclo lunar.

Lua fora de curso

Quando a Lua está "fora de curso", isso significa que ela não está em nenhum signo astrológico, o que pode durar de minutos a horas ou alguns dias. Os astrólogos não recomendam começar nada nem tomar decisões que possam ter repercussões duradouras durante a Lua fora de curso. Muitos dizem que é o momento de descansar ou de não fazer nada. Algumas bruxas aconselham a não fazer trabalho de feitiço durante a Lua fora de curso, caso se situe os feitiços astrologicamente.

Nesse momento, são recomendadas atividades envolvendo encerramento ou repouso. Cochile, descanse, organize, revise, edite, conclua projetos, medite ou encontre amigos.[22] Na minha opinião, a Lua fora de curso é tão comum que não faz sentido parar tudo quando ela vem. Não sinto nenhuma diferença na energia quando a Lua está fora de curso: a ideia de que a Lua responda a algo ou seja impactada por não estar em um signo me parece duvidosa. Nossos ancestrais não sabiam quando a Lua estava num signo e em qual era, ou se ela estava fora de curso, e sobreviveram. Nós também sobreviveremos. Minha interpretação preferida da Lua fora de curso é a da artista e leitora de tarô Eliza Swann, que conceituou esse momento como a Lua livre dos signos e de qualquer outra coisa, um espaço desimpedido onde se é livre.

Juntando tudo

O trabalho do amor

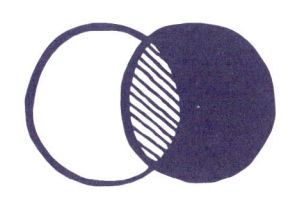

Este livro ofereceu uma visão geral de algumas das maneiras que há de interpretar o trabalho com a Lua. A esta altura, você talvez já tenha começado a rastrear sua energia e a notar como cada fase lunar ressoa em você. Talvez você tenha feito um mapa lunar e começado seu próprio processo. Talvez tenha experimentado alguns dos feitiços, rituais ou sequências de tarô sugeridos para cada fase. Talvez seu relacionamento com tudo o que se relaciona com a Lua oscile, venha e vá. Não há nenhum problema nisso.

Você está aqui agora porque quer resultados. Resultados poderosos e duradouros. Você está pronto e disposto. Se quer resultados, deve ser consistente. Se quer transformação interna e externa, deve se esforçar. Se quer os melhores resultados possíveis, deve se envolver com uma fase lunar inteira, do começo ao fim. No mínimo.

Comprometer-se com uma lunação inteira seguindo as ações recomendadas será enormemente benéfico para você. O processo foi pensado de modo a considerar todos os aspectos da mudança. Se energia, mentalidade, bloqueios internos, comportamentos e hábitos não forem abordados, podemos ficar repetindo os mesmos padrões que nos impediram de atingir a autoatualização. Em muitos de nós, a autoconfiança foi corroída ou prejudicada. O comprometimento com uma prática sólida é uma maneira de restaurá-la.

Em geral, trabalhamos os mesmos temas mais amplos ao longo de muitos ciclos lunares. Desprogramar leva tempo, reprogramar leva tempo, construir confiança leva tempo. Também é recomendado revisitar um tema por uma lente diferente: a natureza da nossa autoindagação acompanha nosso crescimento e evolução. O mapeamento e trabalho lunar relacionado à escassez, por exemplo, parecerá diferente quando você ainda estiver tentando ganhar o bastante para se sustentar versus quando você já estiver conseguindo cumprir suas metas de renda. Como acontece ao se ler o mesmo livro uma vez por ano ou se ver o mesmo filme várias vezes, você perceberá coisas diferentes a cada vez que se utilizar desse processo.

Mesmo quando não se está necessariamente interessado em passar por mudanças gigantescas a cada lunação, compreender seus próprios padrões energéticos é incrivelmente útil. Dar-se espaço para seguir sua intuição e suas inclinações naturais considerando-se as fases da Lua é uma maneira de nos aterrarmos. Isso nos brinda com o alívio da aceitação. Quando estamos tristes, choramos sem julgamento — nem sempre há necessidade de análise. Nem sempre precisamos descobrir o motivo: às vezes, choramos porque, para nós, a Lua escura corresponde à liberação emocional.

Tudo é um relacionamento. Nós nos definimos através de relacionamentos. No passado, os humanos tinham um relacionamento íntimo com a natureza — muito mais íntimo do que a maioria de nós tem agora. A explicação é, em parte, que nossa sobrevivência dependia disso. Nosso cérebro foi programado para notar padrões, uma das razões que levaram ao crescimento de nossa espécie, à tecnologia agrícola e à astrologia, por exemplo. Também levou a um relacionamento intensificado com nossos arredores, que por sua vez levou à espiritualidade, religiões e tradições culturais, nos quais a humanidade encontra significado. Voltar-se para a prática de notar padrões nos conecta com o presente. Um relacionamento com os ciclos cósmicos nos garante que nossos próprios ciclos são parte de uma antiga ordem natural.

O trabalho lunar pode ser assustador, porque encaramos os medos e esperanças enquanto habitamos um estágio intermediário. Por meio do meu trabalho e do trabalho de centenas de pessoas, percebi que emoções dolorosas como o medo e o luto inevitavelmente vêm à tona. Encontrar recursos saudáveis e sistemas de apoio é essencial. (Também é outro grande benefício deste trabalho.) Manter-se firme na decisão de escolher a si mesmo e seu objetivo, dia após dia, de alguma maneira, apesar do tédio ou da dúvida, será uma de suas tarefas. Bloqueios e resistência internos muitas vezes são um sinal de que se está fazendo o trabalho. Encontre maneiras de se manter motivado e continue investindo em si mesmo.

Seguem-se alguns pontos sobre o processo da magia lunar para ter em mente. Ao embarcar em seu caminho particular, observe o feio, o inesperado e toda a beleza indomada com que deparar. Depois de trabalhar de perto com a Lua por alguns ciclos, você poderá criar sua própria lista de itens a ter em mente.

O QUE TER EM MENTE DURANTE O PROCESSO

1. **Se fosse fácil, todo mundo faria.** Comprometer-se com um caminho espiritual não é fácil. Sob o patriarcado supremacista branco, comprometer-se consigo mesmo e com seus sonhos pode parecer uma traição. Trata-se de um processo não linear pontuado de vitórias *e* desafios de todos os tipos. Você vai ter que encarar seus demônios. Mentalidades precisarão ser examinadas e reprogramadas. Hábitos e comportamentos terão que ser fundamentalmente modificados. Certos relacionamentos talvez tenham que mudar também, ou você pode ter que deixá-los para trás. Você terá que se reencontrar e voltar a si mesmo repetidamente. É um trabalho difícil — um anátema da cultura das soluções rápidas em que estamos imersos. Mas, com toda a certeza, *você consegue*. Está totalmente

equipado para assumir seu poder e vivenciar a expressão autêntica de sua alma. Na verdade, nasceu para isso!

2. **Você encontrará resistência.** Inúmeras vezes. Dia após dia. Vozes mentirosas na sua cabeça tentarão te encher de dúvidas. Vozes que vão te dizer que mudar é impossível. Que você é um impostor, que não merece ocupar o espaço que ocupa, que não sabe o que sabe. Dirão que é velho demais, que seus desejos são inatingíveis. Todo mundo enfrentará resistência. Resistência é a prova de que se está fazendo algo importante. Um sinal de que um avanço é iminente é quando tudo parece impossivelmente difícil ou assustador. Não gosto de dizer isso às pessoas envolvidas, mas é verdade. Considerar a resistência parte do processo ajudará a enfrentá-la. Aborde a resistência e encontre maneiras de seguir em frente. (Descansar é certamente uma maneira de avançar.)

3. **Haverá luto.** Durante qualquer processo de humanifestação, haverá luto. Talvez você lamente "o tempo perdido", ou seu eu passado. Isso é normal. Acontece porque o cérebro ainda não está em compasso com a alma. Também é um sintoma da "culpa do sobrevivente", as emoções conflituosas que alguém sente quando supera as expectativas ou conquistas da família, dos pares ou as suas próprias, a princípio voltadas para a autoproteção. Quando curamos certo padrão, no começo isso pode deixar um buraco em nossa vida, como um fantasma. Nosso corpo animal e nosso corpo emocional interpretam isso como uma perda. O luto não é necessariamente algo que precisamos analisar ou interpretar. É algo que precisa ser nomeado e processado. Dê espaço a ele e não o julgue. Não o use como motivo para não avançar em seu processo.

4. **Você vai precisar abrir espaço para seus desejos, um espaço maior e mais flexível do que acha que precisa.** O espaço de que precisa será forjado a partir das qualidades do seu desejo. Esse espaço precisa ser adaptativo, e não rígido. Talvez você precise passar o tempo em múltiplos espaços. Use sua intuição para alocar espaços energéticos, espaços emocionais

e espaços temporais para seus objetivos e seu processo. Sempre precisa haver um espaço extra para o que quer que deseje crescer magicamente dentro deles. Considere-se um espaço também. Tente ser responsivo, mas com uma estrutura específica e benéfica. Pense em como seria deixar as coisas entrarem e saírem de você, sem se agarrar a elas. Ser um canal transparente, pronto para receber e transmitir. É um truque para viver no momento e para se manifestar. Parte dessa prática inclui abrir mão e se entregar. É difícil superar a programação controladora, baseada na escassez, mas se deixe seduzir o bastante pelas recompensas para tentar. É completamente possível se tornar um canal transparente. Do tipo que não é de ninguém: é um presente do universo.

5. **Esteja pronto para abraçar muitas complexidades.** Esse processo exige suspender certas expectativas, ao mesmo tempo que se está presente e afinado com seus mais profundos desejos todos os dias. Você deve alternar entre uma visão panorâmica e os ínfimos detalhes. Pode ser surpreendido pela profundidade de seu poder mágico durante uma fase lunar, e na outra se sentir emocionalmente neutro. Saber que nenhum estado dura para sempre torna mais fácil sobreviver aos momentos difíceis. Nesta cultura, somos muitas vezes programados a acreditar na profunda escassez. Para atingirmos o sucesso ou a vitória, outra pessoa não pode atingir. Mesmo fora do capitalismo aberto, a competição está presente de diferentes maneiras: comparações, julgamentos, sabotagem. Os humanos procuram por métricas de aceitabilidade e qualidade em toda parte. Quem opera fora dessa métrica, quem se recusa a jogar o jogo, quem é inaceitável de alguma forma, está ameaçando os que se mantêm na matriz.

Perpetuamos essas ideias dentro de nós mesmos. Colocamos limites e embargos em nossa própria alma. Podemos ter uma coisa, mas ela tem que vir ao custo de outra. Podemos ser uma coisa, mas temos que sufocar ou reprimir outro aspecto de nós mesmos. Revelar-se por inteiro, permitir-se ser complexo e às vezes contraditório, é um dos maiores presentes (a presença) que podemos nos dar. Você pode ser bem-sucedido, neurodivergente, feliz, atrapalhado, tímido, corajoso — tudo ao mesmo tempo.

Pode estar deprimido e ainda assim ter desejos. Pode ter pensamentos negativos em relação a si mesmo e ainda ter um emprego invejável e um companheiro que te adora. Pode abandonar certas identidades enquanto ainda desfruta de aspectos fundamentais do eu. Você pode.

Esse processo interrompe o pensamento do tipo "isso ou aquilo" e o pensamento binário ao aceitar todas as partes do eu, incluindo aquelas que podem nunca ser reconciliadas ou curadas. Encoraja a autoaceitação e vai além do olhar problemático da meritocracia. Apresentar e aceitar complexidades variadas simultaneamente é uma habilidade inestimável que você aprenderá como resultado do processo.

6. **Encontrar métricas claras de sucesso será imperativo, assim como maneiras de permanecer motivado.** Esse processo todo exige discernimento quanto à aparência que o sucesso assumirá. Qual é o resultado que você busca e quais serão os indicadores dele? Isso é duplamente importante para objetivos mais interiores ou focados na cura, como desenvolver o amor-próprio ou ser feliz. Encontre uma maneira de medir seu sucesso. Manter-se motivado será outra parte vital de seu plano. Somos atraídos pela gratificação imediata. Haverá desconfortos. (Como você viu nos itens de 1 a 3 desta lista.) Uma parte do seu plano deve ser pensar em maneiras de se recompensar por ter mantido suas promessas. Pensar no processo como um experimento é mais útil do que vê-lo como um meio para um fim.

7. **Você pode não se reconhecer depois.** Quem você é certamente mudará. Durante o processo, ou depois, talvez você descubra que não se conhece. Tente não se rotular rápido demais. Preste atenção no que te atrai e no que não te interessa mais. Permita-se descobrir outra identidade, também temporária. Permita que sua inteligência natural te guie aos jardins e cenas com que se sente conectado agora. Pode haver uma tendência a ceder a outros a autoridade sobre seus próprios resultados. Foi essa pessoa, esse livro, isso ou aquilo que ajudou você. É claro que não operamos no vácuo: como seres relacionais, precisamos de apoio e ajuda dos outros, e

precisamos agradecer e dar o crédito àqueles que nos auxiliaram. Contudo, *você* é o responsável pelos resultados que atingiu. Independentemente de qualquer dúvida, ansiedade ou confusão, no fundo é você quem sabe o que é melhor para você. Procure ver essa versão de si mesmo com curiosidade. Permita que conhecer essa diferente versão de seu eu seja agradável.

8. **Confie nas bênçãos que receber.** Seu trabalho resultará em sucesso extraordinário e dádivas inesperadas. Você obterá resultados além de seus desejos mais desvairados. Coisas que você não sabia que queria, mas de que precisava, virão. Quando esperamos traição e dificuldade, porque foi com isso que convivemos em grande parte de nossa vida passada, encaramos bons resultados como um golpe de sorte. Reações comuns são hipervigilância, cautela e uma incapacidade de aceitar o positivo. É normal não acreditar ou confiar no amor, na bênção, na facilidade, mas permanecer fechado a isso não ajuda em nada. Tente confiar nas dádivas que recebe. Procure normalizá-las. Procure esperá-las. São suas para que desfrute delas, e outras mais ainda estão a caminho.

MINHA HISTÓRIA: UMA PRÁTICA ESPIRITUAL

Os lembretes anteriores podem servir de guia — e são uma boa dose de verdade — em suas experiências com a vida lunar. Também é útil compartilhar exemplos dos resultados tangíveis do trabalho. Seguem-se algumas histórias minhas e de meus clientes e alunos que ilustram processos específicos e seus resultados. Embora nossos caminhos sejam só nossos, há uma universalidade nesse tipo de trabalho lunar. Os objetivos às vezes podem ser um cavalo de Troia em um processo de cura mais profundo: conforme a crença em suas próprias capacidades aumenta, a força vital antes comprometida é restaurada. Perseguir desejos materiais ou mais superficiais leva a uma reprogramação do padrão subconsciente e a conexões espirituais profundas. Minha história pode ser parecida com a sua, ou talvez você se sinta inspirado por uma das outras.

Comecei a trabalhar com os ciclos lunares à maneira tradicional: como um filhote de bruxa infeliz. Precisava desesperadamente de resultados. Lançava feitiços aqui e ali, sem nenhum foco. Meus desejos não tinham qualquer relação com minha realidade — eu não trabalhava com minha esfera de influência. Minhas ações no mundo real não estavam ligadas aos esforços dos meus feitiços. Havia pouco ou nenhum acompanhamento em relação ao que eu queria depois que o feitiço era lançado. Como resultado, pouca coisa mudava. Ou apenas o bastante para que eu acreditasse em magia, até que meus deslizes comportamentais me levavam de volta ao início metafórico. Eu estava pronta para romper com o padrão de causar dano a mim mesma. Estava pronta para conhecer a abundância e acessar meu próprio poder. Comecei a sincronizar meus feitiços com a Lua. Os resultados começaram a se revelar muito mais.

Com os anos, passei a sincronizar meus esforços psicológicos, comportamentais, emocionais e subconscientes com as correspondências mágicas e práticas com as fases da Lua sugeridas. Decidi trabalhar com um desejo maior ao longo das diferentes fases de um ciclo lunar. Os resultados foram notáveis.

Em 2012, depois de quatro anos aperfeiçoando o trabalho que havia desenvolvido, comecei a ensinar o que havia aprendido por todo o país. Um pouco depois, em 2015, a Lua me disse para escrever livros de atividades em tempo real, proporcionando aos leitores sugestões de como trabalhar com cada fase. Fiz isso. Muito embora não fosse escritora, muito embora não quisesse publicar livros de autoajuda ou magia, canalizei, projetei, escrevi e distribuí seis livros de atividade *Many Moons* ao longo de três anos, além de continuar com meu trabalho normal.

Meu trabalho lunar me trouxe muita alegria e abundância. Também tive que encarar a dor e a tristeza que acompanham a cura ao longo do processo. O trabalho com limites, dizer adeus a certos relacionamentos importantes porque não havia apoio, investir na terapia para tratar o trauma e arranjar tempo para o luto profundo foram aspectos brutais, mas necessários desse processo. Fiz grandes melhorias em muitos aspectos diferentes do eu: trabalho, criatividade, autoestima, mentalidade e mais. É aqui que o efeito cascata acontece. Curar diretamente a raiz de uma questão gera energia e facilita a mudança positiva em áreas ou temas relacionados, o que por sua vez afeta outros aspectos de nossa existência. Quando consegui compreender que questões de escassez estavam na raiz do que eu achava que eram "apenas" problemas relacionados a trabalho ou dinheiro, me dedicar a isso não apenas mudou aspectos do meu trabalho e minha conta bancária, mas o quanto eu me valorizava. Uma autoestima saudável e a filosofia da abundância que agora sigo foram consequências inestimáveis dessa abordagem.

O trabalho lunar tem um aspecto misterioso. O resultado específico é sempre desconhecido. Ele exige escuta ativa em diferentes níveis. Ao realizar o trabalho, devemos nos atentar à nossa intuição.

Nossa intuição deve nos ajudar a nos curar. Quando a ouvimos, recebemos informações sobre aonde ir a seguir em nome da cura. Os passos que damos em direção a nossos anseios intuitivos a facilitam. A cura nem sempre parece boa. Nem sempre se alinha com as definições de sucesso de nossa cultura. Um subproduto de ouvir nossa intuição pode ser encarar a perda, passar por provações e ser testado. Pergunte a si mesmo: O que pode ser curado agora? Defina isso para você, e só para você. Proceda adequadamente.

Quando entramos na espiral do tempo da Lua, vemos quantos aspectos diferentes de nossa vida estão conectados. Todos os rios que correm para o mesmo mar. Nossa intuição nos dá mais dicas quanto a que focar, que cura está disponível para nós, por que caminho seguir.

Eu não realizaria esse trabalho se não tivesse sido testemunha, repetidamente, do efeito positivo que tem nas pessoas. Nos últimos seis anos, tive a sorte de acompanhar e guiar milhares de pessoas quanto a como trabalhar com a Lua com o objetivo de se autoatualizar de diferentes maneiras. As histórias de algumas delas virão a seguir. As narrativas descrevem um período de seis semanas, que é quanto duram minhas aulas: duas semanas de ensinamentos e estabelecimento de objetivos, depois um ciclo lunar inteiro. Os participantes focam um tema ou objetivo específico. Suas histórias envolvem amor-próprio, lidar com a dor física, honrar a criatividade, encontrar um trabalho significativo e mudar os medos e a ansiedade relacionados a dinheiro. Com sorte, elas inspirarão você e ajudarão a ver em que consiste colaborar com a Lua. Note que, como dou aulas em diferentes momentos do ciclo lunar, os depoimentos começam em diferentes fases lunares. Isso prova que você pode começar a hora que quiser e ainda assim ver resultados.

A HISTÓRIA DE SILAS: PRIORIZAR A ABUNDÂNCIA ARTÍSTICA E CRIATIVA

O objetivo de Silas era focalizar sua prática artística. Ele queria ter mais tempo para dedicar a sua arte, que não era seu trabalho integral, e priorizá-la energeticamente. Silas mantinha um diário lunar de seu estado físico, emocional e energético. Meditar diariamente já estava em sua prática, e ele passou a fazê-lo diante de um altar lunar, que alterava a cada fase da Lua. Conforme escrevia em seu diário, ficava mais claro como queria que sua arte se expressasse.

Lua nova. Nessa fase, Silas anotou tudo o que desejava para sua arte. Planejou visitas a estúdios de artistas que conhecia. Identificou três obras específicas que queria fazer. Também determinou que trabalharia em sua arte duas vezes por semana, por pelo menos três horas. Silas viajou bastante a trabalho nesse período, de modo que realizou grande parte do trabalho de visualização mais produtivo no avião.

Lua crescente. Durante essa fase, Silas se dedicou a trabalhar em sua arte em si. Ele se candidatou a uma residência. Embora não tenha sido aceito, fazê-lo ajudou a esclarecer seu trabalho de tal forma que ele acabou tirando férias e realizando sua "residência" ali mesmo. Assim, teve tempo de concretizar o trabalho que conceitualizara na Lua nova. Trabalhar em algo que acreditava lhe deu coragem de entrar em contato com artistas que admirava, o que acabou levando a uma visita ao estúdio de um artista que também era crítico da residência que Silas não conseguiu. Silas se deu conta de que sua arte estava em tudo o que fazia — no design, na escrita, na poesia —, porque, independentemente de qualquer coisa, ele era um artista.

Lua cheia. Nessa fase, Silas celebrou a abundância. Fez um ritual de gratidão profundo, que coincidiu com uma discussão também profunda com uma antiga professora, uma líder proeminente na área de atuação integral dele. Ela pediu para incluir o trabalho de Silas em uma palestra que ia dar. Depois perguntou sobre um livro por cujo design ele era responsável. Por acaso, Silas o carregava consigo, e, quando o deu à antiga professora, ela pediu que o autografasse. Silas interpretou isso como um momento poderoso de Lua cheia, que fechava um círculo.

Lua minguante. Nessa fase, Silas se concentrou em abrir mão das crenças limitantes relacionadas a sua prática artística. Também relaxou e descansou. Focou o prazer e a meditação. Desfrutou da sensação de ser um artista. Silas notou que foi quando se mostrou mais produtivo com o menor esforço. Também ganhou mais dinheiro do que nunca naquele mês. Deu uma palestra bastante lucrativa e conseguiu novos clientes no trabalho.

Silas tinha muitas coisas desafiadoras a reconhecer. Conseguir tempo para sua arte em meio à sua vida já movimentada era difícil. A resistência da síndrome do impostor veio com tudo. Ele também tinha que ficar de olho no dinheiro durante aquele ciclo, o que despertou emoções complexas. Silas teve que lidar com o medo e a dúvida principalmente na Lua escura e na minguante. Ele também observou que era na Lua escura que ficava mais sem dinheiro, informação que o ajudou depois. E sentiu arrependimento e tristeza por não ter feito aquilo antes.

O envolvimento com a prática lunar mudou a vida de Silas em termos financeiros, emocionais, físicos e espirituais. Ele se conectou e se aproximou de muitos artistas ativos. Passou a se sentir mais conectado com seus entes queridos e seus ancestrais, e a se sentir mais presente quando se trata de suas próprias necessidades e de seu verdadeiro eu. E o mais importante: ele sabe que é um artista e um bruxo da arte de maneiras que não sabia antes.

A HISTÓRIA DE DEYANDRÉ: APROFUNDANDO-SE NOS DESEJOS E NA CRIATIVIDADE

O objetivo de DeYandré para seu trabalho de manifestação no ciclo lunar era dar início a uma empresa no ramo da moda. Ela se desafiou a viver o que queria inspirar: adornar sua energia, divertir-se ao se vestir e valorizar a autoexpressão. Com essa intenção, abriu-se de maneira pública.

Lua nova. Nos bastidores, DeYandré criou um "manifesto lunar" e plantou as sementes de seu crescimento pessoal e do crescimento de seu negócio. Ela definiu a intenção de publicar um look nas redes sociais todos os dias do ciclo lunar que coincidisse com seu humor e fosse inspirado na fase da Lua.

Lua crescente. Durante a Lua crescente, DeYandré se comprometeu com sua intenção e compartilhou consistentemente um look diário, além de expandir a presença de seu negócio nas redes sociais. Medo, resistência e insegurança surgiram durante essa fase e na Lua nova, enquanto ela trabalhava em seu objetivo. Dúvida e desconforto também. Ela não achava que estava pronta, e se sentia exposta. Também tinha que lidar com a síndrome de impostora.

Lua cheia. Nessa fase, as dificuldades se tornaram valorosas lições. DeYandré celebrou seu progresso. Ela se permitiu ser vista e ocupar espaço como uma mulher negra. DeYandré recebeu essa dádiva de braços abertos e reconheceu o valor da vulnerabilidade.

Lua minguante. Nessa fase, ficou mais difícil tolerar a raiva em relação aos antigos hábitos, padrões e crenças limitantes. Ela traduziu as complicações e a resistência em lembretes para continuar presente para si mesma e seu crescimento pessoal.

DeYandré reconheceu que a beleza negra é um ato radical que precisa ser compartilhado de maneira autêntica. Ela reivindicou o amor-próprio investindo tempo e energia em um objetivo pessoal e se sentiu apoiada por algo maior que si mesma — o que lhe permitiu se desapegar do ego e contribuir com o coletivo. No processo, sua coragem, sua confiança e sua paz cresceram. Como DeYandré se identifica como altamente sensitiva, o trabalho lunar agora lhe é inestimável e se tornou uma prática diária. Desde o primeiro ciclo lunar com que trabalhou, DeYandré iniciou um projeto inspirado tanto pela moda quanto pela Lua. Múltiplas oportunidades a recordaram de seu propósito. Agora, ela tem seu próprio kit de ferramentas espiritual. Através do trabalho com a Lua, DeYandré desenvolveu uma prática de autocuidado, meditação e escrita.

A HISTÓRIA DE CHELSEA: A CURA DA DOR FÍSICA

Chelsea utilizou o trabalho lunar para aliviar uma dor pélvica de que vinha sofrendo fazia muitos anos. Ela queria desenvolver práticas mais saudáveis para cuidar de si, física e mentalmente, e reavaliar seu relacionamento com as redes sociais e com a bebida. No início de seu trabalho lunar, Chelsea teve dificuldade de se livrar dessas muletas. Reformulando e ajustando seu consumo de ambas, ela foi capaz de focar o trabalho em si mesma e ajudou a curar seu próprio corpo.

Lua nova. Chelsea criou uma rotina matinal de meditação, chá, escrita de diário, trabalho com sonhos e atividade física. A vergonha em relação a relacionamentos passados e à maneira como permitia que outros a tratassem logo veio à tona. Assim como vergonha por seu corpo não funcionar direito e medo de nunca ser amada por causa disso. Essas formas de resistência emergiram de imediato, uma vez que vinham fermentando mesmo antes de Chelsea dar início ao processo. Isso a ajudou a concluir que precisava focar o amor-próprio e atividades de perdão durante o trabalho lunar.

Quarto crescente. Nessa fase, Chelsea se concentrou em exercícios de fisioterapia e de fortalecimento do core, e se esforçou para fazer ioga três vezes na semana. Chelsea fez um feitiço de proteção do sacro e praticou o amor-próprio recebendo e aceitando elogios.

Lua cheia. Nessa fase, Chelsea comemorou o fato de que não usava redes sociais desde o início do ciclo! Ela também seguia firme em suas rotinas matinais.

Quarto minguante. Com a entrada da Lua nessa fase, Chelsea refletiu sobre o que havia relaxado em seu corpo e em sua mente desde que decidira focar a cura física e emocional. Ela fez uma cerimônia de corte de cordão para trazer de volta sua própria energia e bloquear relacionamentos que a esgotavam. Também trabalhou com o perdão em relação a um relacionamento passado de que ainda se envergonhava, com o intuito de abrir mão de uma energia que impedia sua cura.

Lua escura. A energia da cerimônia de corte de Chelsea permaneceu durante a Lua escura: ela limpou sua casa, transformou seu quarto em um cômodo sagrado e removeu todos os objetos de relacionamentos passados, livrando-se de seus fantasmas.

Depois que o ciclo lunar — e o curso — terminou, Chelsea continuou trabalhando para melhorar sua dor física, mas, através do trabalho lunar, foi capaz de aceitar que o processo de cura não seria fácil. Para ela, os resultados mais animadores e tangíveis foram a mudança em sua mentalidade relacionada à cura da dor. Antes do trabalho lunar, Chelsea sentia muita vergonha e culpa em relação a lidar com o desconforto em uma área tão particular de seu corpo. O trabalho permitiu que se aceitasse, processasse sua saúde de maneira mais holística e encontrasse pessoas dignas de confiança e prontas para apoiá-la com quem falar a respeito. Trabalhando com a Lua e suas fases, Chelsea conseguiu arranjar tempo para planejar, trabalhar e descansar, e facilitou e ampliou sua conexão com seu eu interior.

Conforme ela mesma escreveu: "Certamente me sinto muito mais tranquila e conectada comigo mesma através desse trabalho. Minha confiança aumentou de modo geral, ao ponto de alguns amigos terem me dito que percebem uma diferença na maneira como me apresento. Sempre me senti conectada com minha intuição, mas só até certo ponto. Esse trabalho me deixou mais confortável em ouvi-la e seguir o que me diz sem dar qualquer desculpa. Com ele, percebi que não estava ouvindo as mensagens que recebia de propósito. Ele me permitiu definir minha magia."

A HISTÓRIA DE JAIME: INCORPORAR A CARTA DA MORTE PARA FACILITAR NOVOS COMEÇOS

O objetivo de Jaime para seu primeiro ciclo lunar era começar a confiar em sua intuição e no universo. Ao longo das fases lunares, esse objetivo passou a envolver autoaceitação e acabou sendo abraçar o vazio. Jaime utilizou o tarô para intensificar seu trabalho com o ciclo lunar, dando estrutura e direcionamento e temas a cada ciclo. Jaime começou seu trabalho na Lua minguante, um momento poderoso para eliminar obstáculos.

Lua minguante e Lua escura. Na Lua minguante, Jaime fez um feitiço com o baralho de tarô e escolheu incorporar a carta da Morte. Ao fazer isso, ela abraçou o processo de livramento e a perspectiva de novos começos, internos e externos. Na Lua escura, Jaime continuou incorporando a energia da carta da Morte, ao mesmo tempo que implementava trabalho de respiração para ajudar a se livrar do medo.

Lua nova e Lua crescente. Jaime lançou um feitiço de atração na Lua nova e o repetiu nos três dias seguintes. Ela deu início ao feitiço ao ver o primeiro sinal da Lua, de modo que ele se estendeu pela fase crescente. Jaime pediu novos começos, novas oportunidades e novos relacionamentos, que aumentariam sua prosperidade financeira, emocional, mental e física. Ela se desafiou a fazer coisas que a assustavam, o que incluiu promover uma aula nova que ia dar, apesar do medo de estar em destaque. Jaime também começou um diário de gratidão, para se lembrar de quão abundante era sua vida.

Lua cheia. Jaime completou um feitiço de expansão da Lua cheia das minhas aulas durante essa fase para expandir quatro áreas de sua vida, com base nos elementos. Esse período também trouxe uma mudança tangível: Jaime decidiu se demitir do trabalho de que não gostava mais e ir atrás de novas oportunidades, abraçando a confiança em si mesma para criar o espaço necessário para o crescimento e novos começos.

Conforme ela mesma escreveu: "Trabalhar por um ciclo lunar inteiro provou que posso confiar em mim mesma, depender de mim mesma. Comecei a ver minha vida refletida nos ciclos lunares. O curso foi um período de Lua nova na minha vida, no qual plantei as sementes do que vejo brotando e florescendo para mim hoje.

"Confiar em mim mesma e no universo foi desafiador. Descobrir como implementar meu objetivo foi um desafio porque foi só depois de definir minha intenção que me dei conta de que há muitas camadas na confiança. Comprometer-se com as práticas diárias era muitas vezes desafiador, porque exigia disciplina e um amor-próprio implacável. Aceitar as mudanças, mesmo as para melhor, foi um desafio e definitivamente envolveu luto. Fazer tantos feitiços em um ciclo lunar também foi um pouco desafiador, mas eu queria muito que as coisas mudassem.

"Uma série de eventos sincrônicos ocorreu, algumas coisas acabaram abrupta e dolorosamente, algumas oportunidades maravilhosas se apresentaram. Eu e meu companheiro acabamos pedindo demissão e abrimos um negócio que nos permite viajar e morar em lugares diferentes, passar o tempo todo com nossos cachorros e fazer nossos próprios horários, ao mesmo tempo que ganhamos mais do que nunca na vida.

"Confio no universo sem a mesma resistência do passado. Tenho um relacionamento mais forte com minha intuição e sou mais capaz de compreender e receber uma dica intuitiva quando ela vem. Tem sido libertador me aprofundar no meu poder pessoal."

A HISTÓRIA DE ERYN: CONJURANDO VALOR E AMOR

Eryn se concentrou no amor-próprio em seu trabalho durante um ciclo lunar. Mais especificamente, concentrou-se em se ver como digna de receber amor. Quando se aprofundou no processo de mapeamento lunar, Eryn sentiu mudanças no reconhecimento de como tinha se abandonado e se negado amor, e em sua inabilidade de ser ela mesma em sua busca por aprovação e aceitação da parte dos outros. Para trabalhar melhor com isso, Eryn decidiu recorrer a uma série de práticas de autocuidado, em especial trabalho respiratório e a priorização da autocompaixão e da compreensão.

Lua nova. Eryn escreveu um manifesto da Lua nova (a partir de um exercício sugerido no meu curso), que destacava todas as maneiras como ela estava comprometida com a prática do amor-próprio. Ela treinou tomar decisões com base no amor, e não no medo de perdê-lo. Também fez um feitiço de atração do meu curso, buscando gratidão e amor.

Lua crescente. Eryn agendou momentos de autocuidado e delimitou melhor suas necessidades. O tarô a ajudou a identificar que a raiz de sua crença era que ela era indigna de amor. Eryn passou a dedicar mais tempo intencional consigo mesma. Acabou se conectando com um novo guia espiritual que se apresentou para ajudá-la com esse trabalho.

Lua cheia. Eryn viu com clareza alguns padrões pouco amorosos que tinha e que não ajudavam em nada. Ela se escreveu uma carta de amor e fez um feitiço de incorporação do amor-próprio, baseado em se dar prazer e honrar seu corpo.

Lua minguante. Eryn se conectou com alguns momentos em que abandonou a si mesma e trabalhou em se perdoar e demonstrar compaixão consigo mesma. Também tirou uma sequência de tarô sugerida na aula para abordar a vergonha que foi incrivelmente poderosa para ela. Fez um feitiço de liberação para se livrar da vergonha de estar sozinha e a crença de que sua falta de valor é condicional. Reformulou crenças sobre si mesma, principalmente relacionadas às condições em que acreditava que merecia amor. Abriu tempo livre para si mesma e começou a dormir mais.

Conforme ela compartilhou: "Foi desafiador ver as maneiras como me abandonei, as maneiras como me neguei amor, as maneiras como tentei mudar para me tornar mais aceitável e receber amor dos outros. Luto e raiva vieram à tona, principalmente em relação a mim mesma.

"O processo mudou minha vida. Algumas coisas que surgiram do processo foram: honrar mais meus desejos, sem me desculpar por isso; uma menor necessidade de agradar aos outros; a habilidade de ser mais vulnerável e me permitir ser vista; ocupar mais espaço na autêntica expressão do meu eu; mais autocompaixão; uma voz mais bondosa na minha cabeça.

"A partir disso (com o trabalho de outros ciclos lunares), meu mundo externo certamente mudou. Meu trabalho se expandiu, a intimidade nos meus relacionamentos se aprofundou, pude estabelecer limites muito necessários (algo com que sempre tive dificuldade) e passei a ganhar mais dinheiro com o trabalho."

A LUA VAI TE AJUDAR A ROMPER COM O PATRIARCADO

Nas histórias que compartilhamos, os temas do empoderamento, da cura e da autoatualização são recorrentes. Eles são característicos do trabalho lunar.

Constituem um trabalho profundo que ajuda o coletivo. Mais do que nunca, o mundo precisa de pessoas mais conscientes e empoderadas. Quando criamos nossos próprios paradigmas de compaixão, os arcaicos e opressivos são quebrados. Quando buscamos resiliência, um poder brando e força, outros gravitam rumo aos modelos coletivos de cuidado e liberação. Conforme enchemos nosso próprio copo, somos capazes de oferecer recursos melhores a quem precisa. Isso tudo ameaça os sistemas patriarcais. O trabalho lunar ajuda a desmantelar sistemas opressivos. Talvez esse seja o motivo pelo qual o patriarcado tem tanto medo da Lua.

O patriarcado capitalista e supremacista branco nos domina com padrões relacionados a mente, corpo e alma que são ultraviolentos e impossíveis de atingir. Isso se vê refletido na mídia, em leis e políticas discriminatórios e agressivos, nos padrões que se espera que pessoas que não são cis, hétero, brancas, magras e que têm deficiências atendam para que possam existir sem violência e abuso. Pelos padrões patriarcais, eu sou um fracasso. Tenho um trabalho estranho que não consigo explicar rapidamente em um jantar, sou queer, tenho déficit de atenção e hiperatividade e uma doença crônica séria, vivo intuitivamente e estou comprometida com o desenvolvimento espiritual. Sempre me concentro no que posso fazer para ajudar o coletivo. Organizar minha vida em torno de prazer, conexão e cura às vezes me faz parecer um salmão em cores psicodélicas nadando contra a corrente.

Ter um código de ética e um sistema de valores diferente da maior parte das pessoas muitas vezes leva a decepções. Não há muitas recompensas externas para quem toma decisões com base em valores e integridade, como recusar ofertas lucrativas ou terminar relacionamentos com pessoas que se comportam de maneira abusiva. Ouvir meu próprio corpo e diminuir o ritmo vai diretamente contra a cultura do "sou mais ocupado que você". No entanto, minha sobrevivência depende de definir sucesso de uma maneira muito pessoal, lunar e mágica. Saber meu valor inerente, desconectado do que posso fazer pelos outros e do que posso produzir, é a estrela-guia que me traz de volta ao alinhamento energético.

A Lua me ajudou a receber um dos presentes mais inestimáveis da minha vida: honrar a mim mesma e me livrar do abuso. Livrar-me do trauma e do abuso será um processo para a vida toda. As ideologias, a autoaceitação e as mensagens que recebei como resultado de investir na magia e na espiritualidade têm sido as bases do meu processo de cura. Investir nesse trabalho continua a me dar esperança e fé nos momentos em que quase mergulho no desespero. As práticas que compartilhei com vocês aqui funcionaram repetidas vezes. Por isso, eu as continuo compartilhando e utilizando.

A Lua me ajudou a romper com o patriarcado. Me ajudou a viver de acordo com minha própria ética e meus próprios valores. Me ajudou a honrar minha intuição e meus talentos únicos. Me ajudou a abrir mão de maneiras abusivas de tratamento que internalizei. Trata-se de um esforço de que me ocuparei a vida toda. É inegociável. Permitir espaço para minha imaginação florescer e me comprometer a apoiar outros em seu processo é reencantar constantemente o mundo.

A LUA NOS CONDUZ AO TRABALHO DO AMOR

O trabalho lunar nos lembra de que tudo começa com o eu e de que tudo começa com o amor. Como bell hooks nos ensinou, amor é ação, antes de tudo.[1] As expressões de amor mudam conforme crescemos. Adquirimos versatilidade na maneira como processamos nossas emoções e nos conectamos com nossa intuição, encenamos um retorno ao eu. Nossa influência no mundo aumenta conforme compreendemos e acessamos nosso poder.

Precisamos nos alimentar para não morrer de fome. A prática do autocuidado requer consideração constante, uma vez que é a prática da nutrição contínua. Ela não é egoísta. Se você não priorizar a si mesmo, quem fará isso?

Ame-se o bastante para se permitir ser amado. Exatamente da maneira como quer. Você sempre pode decidir ir aonde está o amor. Em momentos de tranquilidade, pode mostrar a si mesmo, com ações, como precisa ser amado, e se tornar o próprio amor. O trabalho do amor nos ajuda com o trabalho da vida.

Há muito trabalho a fazer. Temos que lutar pela natureza, pelos animais e pelos humanos, temos que resistir, temos que nos juntar a organizações, fazer doações, assinar petições, fazer cartazes para protestos. O amor nos ajuda a focar nosso investimento energético, nos ajuda a manter nossas visões, nos ajuda a colocar um pé na frente do outro nos momentos mais assustadores.

E há muito mais beleza para absorver: muitos livros para ler, muitos sóis se pondo para acompanhar, muitas músicas para ouvir, para tocar, para escrever, muitos cães para conhecer e acariciar, muitos professores sábios com os quais aprender. Muitas oportunidades de fechar os olhos, sorrir de leve e virar o rosto para o Sol. Se não aproveitarmos a vida, se não absorvemos todo o deslumbre, toda a doçura que pudermos, a tristeza e o pesar com que todos depararemos se tornarão insuportáveis.

A vida é muito, muito curta.

Devemos colocar nossa energia em conexões positivas, cuidado mútuo, apoio, conversas amorosas e todas as coisas que nos iluminam, inspiram e empolgam.

Tenho a esperança de que retornar a um lugar de reverência em sua prática invocará um espaço reverente para todos os aspectos da sua vida. Quer decida continuar com a Lua como sua única guia ou incorporar outras práticas, você sempre pode recorrer a ela como uma âncora. Um lembrete de que tudo bem mudar, evoluir, explorar diferentes lados de si mesmo. Seguir em frente e continuar tentando. Uma afirmação de que a espiral da sua vida é natural e abençoada. De que o trabalho do amor vale cada segundo.

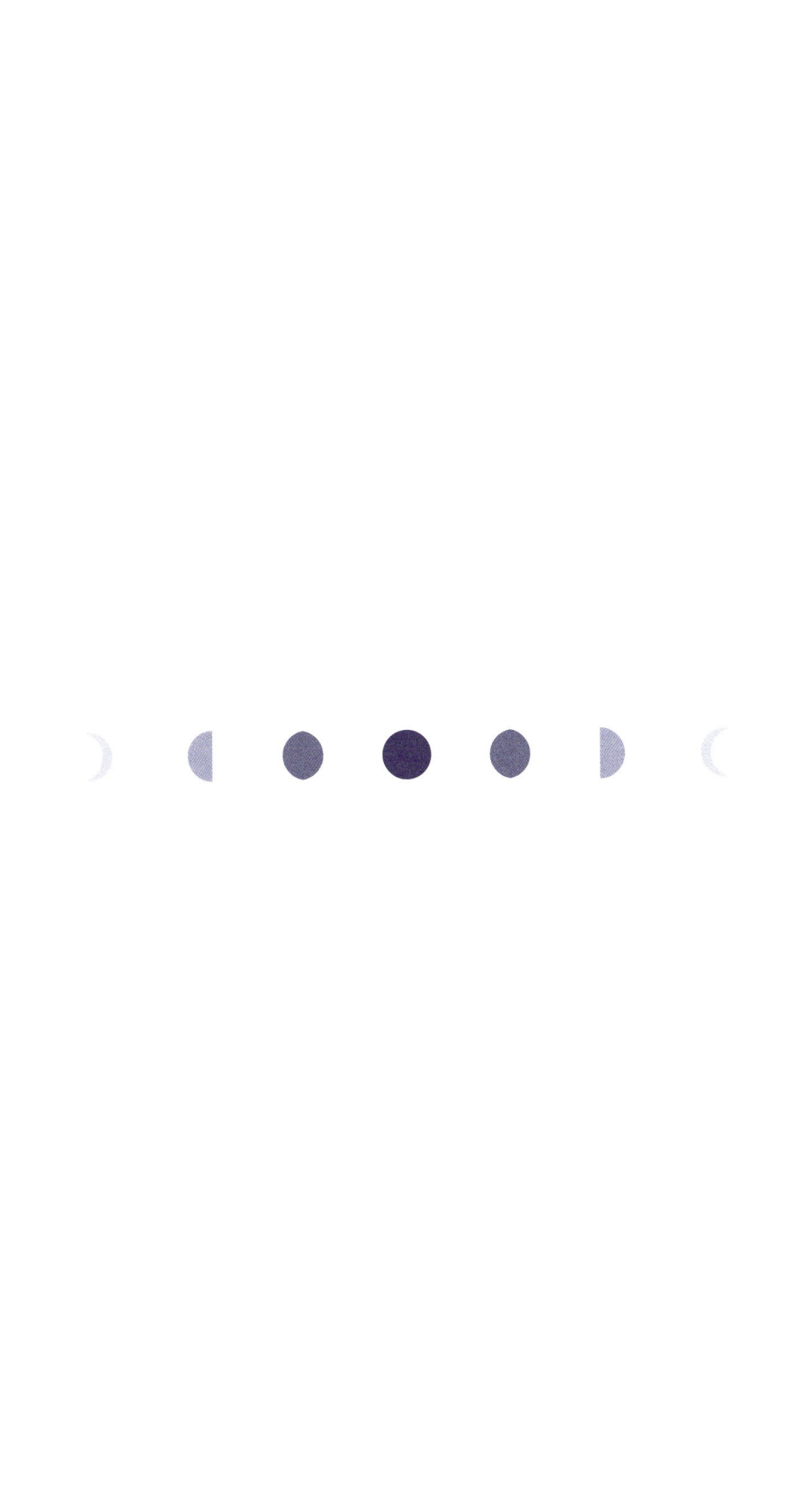

Epílogo

Escrevendo uma carta de amor para a Lua

Passo bastante tempo com a Lua, o que não deve surpreender ninguém. Procuro por ela e a encontro no céu, traço sua forma. Lembro onde se encontra no horizonte todos os dias, espreitando entre os fios elétricos, enquadrada por galhos. Ela nem sempre tem a aparência que espero. Às vezes, seu brilho é diagonal, às vezes ela parece mais escarpada do que eu me lembrava. Outros dias, parece fraca, filtrada pela poluição no céu. Seguir calendários ou aplicativos lunares é um tanto estranho, porque, embora suas fases sejam previsíveis de modo geral, tentar comparar sua aparência em tempo real com os ícones numa superfície plana requer muita imaginação. Às vezes, ela só é apreendida depois, na rede de nossa memória.

Você poderia desenhar a Lua mil vezes e não ser capaz de capturar sua imagem. Talvez seja por isso que tantos ainda tentam fazer isso.

A ciência diz que a Lua é composta de quatro tipos diferentes de minerais. Temos fotos de satélite, fotos de paparazzi na superfície cinza, do vestido mais sem graça do baile cósmico. Sabemos do que ela é feita: basalto e matéria de erupções vulcânicas resfriada. No entanto, ela permanece magnética, um farol para as bruxas, uma amiga sobrenatural. Algo para que rezar. Algo em que acreditar. Às vezes, isso afeta e reflete as marés literais de nossa vida. Saber fatos sobre a Lua não nos impede de desfrutar de seu mistério. Chamamos isso de magia.

Escrevi um livro sobre a Lua sabendo que se tratava de uma tarefa impossível. E escrevi sabendo que parte do processo não apenas iria de encontro a esse fracasso em particular como encontraria uma maneira de mergulhar alegremente nesse oceano, revelando a futilidade de um projeto tão vasto.[1]

Um livro sobre a Lua precisa ser interminável, feito de teias de aranha holográficas instaladas dentro de uma esfera suspensa aberta em selenita por centenas de corvos. Um livro sobre a Lua precisa ter cerca de 3 mil páginas, ser feito de datura e agripalma, pedra da lua e prata. Um livro sobre a Lua nem deveria ser um livro. Uma ópera de vinte e nove dias se desdobrando sobre cada continente, envolvendo todos que ousarem cantar — tenham asas, cascos ou pés e mãos humanos — seria mais apropriada. Um vídeo com pássaros, mortes, cobras trocando a pele, sementes de jasmim brotando sob a terra, imagens ao vivo de baleias migrando, tudo junto e sem parar, projetado na água escura do mar noturno, com plâncton e arraias manta subindo rumo à luz na superfície em um balé subaquático seria mais apropriado.

Escrevi esse livro porque colaborar com a Lua ajudou a salvar minha vida. Como retribuir esse presente inestimável? A Lua me ensinou inúmeras lições, e tentei incluir tantas quanto possível aqui. Uma delas foi passar o conhecimento adiante. Compartilhar com frequência. Colocar a generosidade radical em prática tanto quanto possível. A experiência de cada um com a energia lunar e sua intuição é incrivelmente específica, excitantemente íntima. Desejar que outros amem como quiserem é uma lição na busca de alegria.

Um projeto sobre a Lua é um projeto sobre um monte de outras coisas. Como você chama a magia não interessa, a menos que precise que interesse. Bruxas, adoradores, investigadores. Nossa inabilidade de nos aceitar como parte do coletivo é uma armadilha para a humanidade. A civilização, no sentido colonialista, tenta nos distanciar de nossa intuição. Inventamos histórias sobre o céu que são um espelho de nós mesmos. Do modo como nos tratamos e tratamos os outros. Apesar do abuso inexplicável que praticamos, também criamos estruturas íntegras, comunidades de cuidado e proteção. Sempre. Apesar das perturbações trágicas da dívida e do capitalismo, apesar da terrível violência e brutalidade que empregamos uns com os outros, que nos mantém famintos e pouco criativos, a arte ainda floresce. Nossas músicas e hinos perfeitos conseguem encontrar o caminho da lama para as teclas do piano.

A Lua sempre estará dentro e ao mesmo tempo fora da conversa. O que ela pensa? Nunca saberemos. Não importa. Ela se ergue diante de nós corajosamente, como a Rainha da Noite. Uma dominatrix emocional que nos lembra de que, embora a lógica seja mais valorizada, são nossos desejos, medos e feridas intangíveis que determinam o destino de inúmeras vidas. Se dedicássemos o tempo necessário a considerar seus reflexos mais brilhantes… Nossas próprias percepções… Se nos ajoelhássemos diante dela, diante dos outros, e exclamássemos todas as maneiras como precisamos ser nutridos, abraçados, vistos.

Vejo a Lua como uma amante metafórica. Mãe e amiga. Guia e professora. Algo tão sagrado que eu nunca ousaria pensar em tentar traduzir sua magia, tentar explicar seu mistério vibrante com meras palavras. Quem sou eu para falar de uma selvageria tão maravilhosa? Na maior parte dos dias, simplesmente deixo a vida passar. Em muitos outros dias, levo uma surra dela. A Lua me tira do transe, dos padrões automáticos da vida sem envolvimento. Eu poderia escrever poemas infinitos, pilhas de cartas, abrir a boca para cantar uma harmonia eterna, e ainda assim mal conseguir expressar uma fração do que a Lua significa para mim.

Como conter a eternidade em uma ampulheta?
Como encapsular o infinito em um começo e um fim?

O que é mais misterioso que a Lua? Talvez nós mesmos. A princípio, pensei em escrever em códigos e metáforas estritas, como uma maneira de imprimir o violeta profundo do desconhecido no olho da mente. Mas então, como acontece, saltei no desconhecimento tão profundamente que me tornei um naufrágio de palavras. Só consegui encontrar meu chão através de frases concretas, só consegui encontrar âncoras através dos exemplos da experiência humana. Como qualquer um faria.

A Lua está além da linguagem construída pelo homem, além do ozônio, orbitando em uma língua além da língua. Isso não significa que não escrevamos haicais dedicados a ela. Não significa que não haja um milhão de maneiras diferentes de descrevê-la, todos são dedos apontando para a Lua.[2]

Esse projeto foi um desafio, porque acredito que os livros muitas vezes sejam um prego no caixão de um conceito. Um talismã finito e fechado para um assunto, a vida, o amor, o aprendizado. Nada é finito, tudo se encontra em estado constante de irresolução. Rios correm para o mar, ondas vão e vêm, sempre diferentes. Até mesmo as calotas polares, que acreditávamos que se manteriam congeladas para sempre, estão derretendo.

A Lua é poli. De alguma maneira, é o bastante para todos. Às vezes me pergunto como ela consegue, com tantos olhos nela, há tanto tempo. Não está exausta? Não fica ansiosa com seu desempenho? Mas a Lua se apresenta tão nua e honesta como se não tivesse nada a esconder: o que se vê é o que se tem. Ela é boa com privacidade e limites. Ocupa espaço, vai embora e volta. Sua identidade muda a cada hora, a cada dia. Como a nossa.

Quando um sofrimento ameaça dominar minha alma, eu me volto para a Lua. Ela é Safo, é Selena. É o lobo uivando, é a aranha fazendo sua teia. É cada mulher vigorosa, caçando na floresta um fragmento de si mesma.

Nas mais resplandecentes noites de Lua cheia, particularmente nas estações extremas do verão e do inverno, ela é de tirar o fôlego, quase demais para suportar. Sua bola de cristal opaca e nua é quase demais para testemunha. Ela precisa no mínimo de um vestido de tafetá para encobri-la. É a Mãe Drag de todos nós, brilhando, vibrante, carismática, única, corajosa, talentosa.

Em outros momentos, fico brava com ela: ralho com seu rosto fechado, sua fachada silenciosa, seu portão de prata. Quando busco respostas mais claras, ela não cede. Fico frustrada quando não fala comigo, irritada que não tenha me avisado, que não tenha me dado informações que meu ego muito humano precisava saber. Mas esperar que ela seja sempre uma mãe, sempre me ajude, especialmente quando não estou sendo uma mãe para mim ou me ajudando, é hipocrisia. Ela sempre me ensina sobre trocas e limites. Lidera pelo exemplo.

Nas noites de Lua cheia, ela me deixa exausta. Rezo para ela e para a deusa do sono furtivamente, para que me permitam dormir. No entanto, quanto ela está escura, quando não consigo vê-la, sinto-me um tanto solitária. Tenho que confiar que, ainda que não consiga vê-la, ela está comigo — mesmo quando não consigo ver a mim mesma. Que não preciso possuir uma coisa para amá-la.

Ela está ali como cúmplice da minha alegria e dos meus avanços. Uso suas fases como afirmações e as comemoro pessoalmente. *Claro que estou exausta e com vontade de gritar: estamos na Lua escura. Claro que sinto como se pudesse realizar vinte tarefas em um único dia: é a Lua crescente de abril! Três dias depois da Lua cheia de outubro, um familiar querido morreu, a Lua fez meu coração entrar em luto mais cedo. Dois dias depois da Lua nova de junho, entramos juntos em nossa primeira casa, cheios de júbilo e emoção.* Quando me pego em breves momentos de total abandono, total alegria, ela me apoia. Quando oscilo entre me sentir íntegra ou merecedora de alegria, pergunto a ela:

"Quem sou eu, para me sentir tão livre?"

A Lua mostra os dentes, joga a cabeça para trás, ri e responde:

"Minha vida é longa. A sua é curta. Quem diabos você *não* é?"

Olho para a Lua, com meu corpo tão pequeno e tão suscetível à agonia intensa de um ferimento grandioso. Seu rosto é enorme, feito de colisões. Seus olhos são crateras imensas. *Mare Imbrium* e *Mare Serenitatis*. As sombras criando mitologias. Os impactos criando histórias, a dor levando a arte que todos podemos compreender.

Como chamar um amante que continuamos perseguindo, sabendo que, apesar da reciprocidade, nunca se vai chegar a sua essência, nunca se vai tocar, mas que mesmo assim sempre viverá dentro de nós? Eu chamo de Lua. Outros chamam de amor.

Espero que isto inspire você a escrever uma carta de amor à Lua. Uma carta de amor à *sua* Lua. Leve todo o tempo espiritual necessário. Permita que pareça impossível, alegre e sagrado. Ofereça-a livremente, com precisão e entrega. Permita que sua experiência molde você tanto quanto você a molda. Deixe que seu futuro floresça no mais verdadeiro reflexo do coração de seu oceano.

Agradecimentos

Ao meu amor, a estrela dos meus sonhos, minha rocha, meu sistema de apoio, meu melhor amigo e minha fantasia que se tornou realidade: este livro, meu trabalho e muito da minha cura e, é claro, da minha vida inteira, não existiriam tal como são se não fosse por você. Oliver, você me ama perfeitamente, de muitas maneiras diferentes. Você é a pessoa mais generosa e sábia que já conheci. Você me apoia e me permite seguir em frente. Permite que eu ofereça aos outros o que me oferece. Você é meu maior ouvinte e me responde com a verdade necessária. Nossas conversas e suas sábias contribuições acabam ajudando desconhecidos. Você se dispôs a editar um livro de quinhentas páginas sobre a Lua — e nem se importa muito com a Lua nem gosta de ler. Esse é só um exemplo do apoio incondicional que nunca hesita em oferecer. Estar com você é o maior presente que recebi na vida. Obrigada, eu te amo, obrigada, eu te amo, obrigada, eu te amo.

Ao restante de nossa família nuclear, Gigi e Sacha: nenhuma de vocês lê, mas por incontáveis horas ficaram ao meu lado enquanto eu me debruçava sobre o teclado, muitas vezes frustrada. Embora eu não as tenha levado para passear tanto quanto queriam durante esse período, vocês ainda me deram consolo, alegria e seu amor incondicional. Vocês foram um alívio cômico, um comitê de carinho profissional e cúmplices dos meus intervalos. Amo vocês.

A minha família, que tanto me apoiou. Mãe, o amor e o trabalho que dedicou a nós equivale a milhões de Luas e Sóis. Pai, obrigado por tudo o que fez. Seth, sua disciplina é inspiradora. Nana, você é a personificação do amor, obrigada por ter ajudado a me criar (e quase uma dúzia de filhos e netos). Vovô, você me ensinou tanto, foi tão prestativo e sempre me serviu de modelo de como pode ser o trabalho. Vovó, você já se foi, mas sua coragem e sua orientação estão sempre comigo. Valorizo todos os sacrifícios que fez por nós: não nos esqueceremos deles, assim como não nos esqueceremos de seu amor.

À minha família estendida: tia Sandy, Holly, Matt, Missy, Laurel, Amanda, Haley, Austin, Ellie, Meghan, Samantha, T. J., Abra, Lee, Ellen, Jeff, Ben, Noah, Eli, Norah, Mimi e Adam. Todos vocês me ensinaram muito sobre laços familiares e parentesco, sobre a vida e o humor. Muito obrigada. Amo vocês.

À família do meu companheiro, especialmente Barbie, Suzy, Amy e Gumma. Obrigada por serem calorosos e abertos ao me receber em sua vida e por ter criado esse humano incrível que eu tanto amo.

Kara Rota: muito obrigada por toda a ajuda e por acreditar em mim. Este livro não viria ao mundo sem você. Se não fosse pelo seu esforço e pela sua energia, ele nunca teria a oportunidade de existir. Tenho muita sorte em conhecer você.

Meg Thompson: obrigada por sua bondade e paciência. Só tenho a agradecer a você e a sua missão. Muito obrigada por toda a ajuda e pelos conselhos durante essa jornada verdadeiramente glacial.

Madeline Coleman: como posso expressar meu agradecimento pela maravilha que é você? Você torna *muito* do que faço possível! É brilhante, paciente, muito, muito amada e valorizada. Seus esforços com meu manuscrito me ajudaram a tornar este livro o que ele é. Como sempre, você vai muito além. Em tudo. Agradecimentos não são capazes de expressar o que sinto.

Libby Edelson: você salvou este projeto. Tenho uma enorme gratidão pelo seu intelecto e cuidado. Obrigada.

Gina Young: você ajudou este livro (e a mim) enormemente. Amo suas palestras, sua verdade e você. Obrigada por ser minha amiga e uma verdadeira inspiração em todos os sentidos.

Rhiannon Flowers: grande parte de minha introdução à magia queer feminista se deve a você. Por mais de uma década, você também me ensinou sobre amizade, doçura, humor e magia femme queer. Eu te amo e mal consigo esperar para ler seus livros gays hilariantes.

Jenstar Hacker: te amo! Seu trabalho lunar teve um impacto profundo no meu! Você foi uma das primeiras pessoas a me apresentar à magia queer, tantos anos atrás. Sua amizade é uma das dádivas que tive na vida.

Lago: estou apertando seu braço neste momento, o que significa que te amo.

Jo-Ná Williams: você é a melhor. Obrigada por tudo o que faz. Palavras não podem expressar a sorte que tenho de conhecer você.

Russell Brown: te amo. Obrigada por todo o encorajamento e por ser um dos meus seres humanos preferidos. Também agradeço a Backpack e Marc J. por seus comentários e por serem tão fofos.

Marlee: por grande parte do período depressivo e duro da minha vida que incluiu a escrita deste livro, você foi como um espaço sem julgamento e teve a bondade de me dar a oportunidade de processar um ano muito difícil. Nunca vou me esquecer do seu apoio. Obrigada. Te amo.

Muito da minha linhagem se constituiu a partir de escritores compartilhando seu trabalho — não necessariamente relacionado a magia ou bruxaria, mas com informações inestimáveis sobre como viver. Pema Chödrön, bell hooks, Rabbi Gershon Winkler, Audre Lorde, Rachel Pollack, Mary K. Greer, Laurie Cabot, James Baldwin, Thich Nhat Hanh, Starhawk, Elizabeth Pepper, Mary Oliver, T. Thorn Coyle, Kate Bornstein, Tara Brach, Robin Rose Bennett: todos vocês influenciaram e impactaram minha vida e minha magia profundamente. Obrigada por compartilhar seu trabalho.

Tive a sorte de conhecer, respeitar, receber os ensinamentos e ter sessões de cura e diálogos expansivos com muitos praticantes excepcionais. Shayne Case, Syd Yang, Dori Midnight, Allison Carr, Rash Tramble, Brandie Taylor, Adee Roberson, Liz Migliorelli e Diego Basdeo: obrigada por suas leituras, seu apoio, seus ensinamentos e por serem quem são. Sua existência autêntica e o compartilhamento de seus dons têm sido uma grande inspiração.

Vanessa: muito obrigada por me mostrar o que é uma terapia excepcional e o que ela pode fazer.

A todo mundo que comprou e leu os livros de atividades *Many Moons* originais e que me mandou mensagens simpáticas: seu apoio me fez seguir em frente nesse projeto de três anos.

A todas as lojas que apresentam meu trabalho e apoiam tanto a mim quanto ao meu negócio: obrigada.

Os meus maravilhosos clientes de tarô: se estiverem lendo isso, agradeço. Sua vulnerabilidade e disposição de se apresentar a serviço da evolução me faz ter esperança na humanidade.

Os meus incríveis alunos: ensinar vocês é uma bênção. Vocês é que são meus professores. Aprendo muito com vocês. Obrigada por confiar em mim e acreditar no meu trabalho.

Agradeço a Rahn e a meus outros guias espirituais que serviram como uma fonte de energia espiritual e a todas as mensagens que apoiaram a mim e a outros. Obrigada por me amarem.

A todas as bruxas queer: obrigada por existirem. Não parem. O mundo precisa de vocês.

Notas

O que é a Lua?

1. Nola Taylor Redd, "Was the Moon Formed?", Space.com, 16 nov. 2017.
2. Ewen A. Whitaker, *Mapping and Naming the Moon: A History of Lunar Cartography and Nomenclature*. Cambridge, Inglaterra: Cambridge University Press, 1999.
3. Kim Long, *The Moon Book: Fascinating Facts About the Magnificent, Mysterious Moon* (Boulder, CO: Net Library, 1999), p. 89.
4. Monica Sjööjöonica SjMor, *The Great Cosmic Mother: Rediscovering the Religion of the Earth* San Francisco, CA: HarperOne, 1987, p. 151.
5. Hanne Jakobsen, "What Would We Do Without the Moon?", sciencenormay.no, 12 jan. 2012. Disponível em: https://sciencenorway.no/forskningno-norway-planets/what-would-we-do-without-the-moon/1433295.
6. Matt Jackson, *Lunar & Biodynamic Gardening: Planting Your Biodynamic Garden by the Phases of the Moon*. Nova York: Cico, 2015.
7. George Got, "Weird Things That Have Been Left on the Moon", *Futurism*, 2017. Disponível em: https://vocal.media/futurism/weird-things-that-have-been-left-on-the-moon.
8. *The Old Farmers' Almanac*, Almanac Publishing Company, 203 ed., 2020.
9. Carolyn McVickar, *In the Light of the Moon*. Nova York: Marlowe, 2003.
10. *Ryokan: Zen Monk-Poet of Japan*, trad. de Burton Watson. Nova York: Columbia University Press, 1992.
11. Sjöö e Mor, *The Great Cosmic Mother*, p. 169.
12. Ibid., p. 156.
13. Sung Ping Law, "The Regulation of Menstrual Cycle and Its Relationship to the Moon", *Obstetrics and Gynecology*, 11 jan. 2011. Disponível em: https://obgyn.onlinelibrary.wiley.com/doi/abs/10.3109/00016348609158228?sid=nlm:pubmed).

Bruxas, magia e a Lua

1. Margot Adler, *Drawing Down the Moon: Witches, Druids, Goddess-Worshippers, and Other Pagans in America Today*. Boston, MA: Beacon, 1986.
2. Silvia Federici, *Calibã e a bruxa*. Trad. de Coletivo Sycorax. São Paulo: Elefante, 2017.
3. Robin Rose Bennett, *Healing Magic: A Green Witch Guidebook to Conscious Living*. Berkeley, CA: North Atlantic, 2014.

1. "Sky Tellers: The Myths, the Magic and the Mysteries of the Universe". *Lunar and Planetary Institute.* Acesso em: 10 fev. 2020. Disponível em: https://www.lpi.usra.edu/education/skytellers/moon-phases/.
2. "Lunar Phases and Eclipses", Nasa. Acesso em: 5 fev. 2020. Disponível em: https://solarsystem.nasa.gov/moons/earths-moon/lunar-phases-and-eclipses/.
3. Charlie Rainbow Wolf, "The Eight Phases of the Moon", Llewellyn Worldwide, June 14, 2016. Disponível em: https://www.llewellyn.com/journal/article/2583.
4. "Moon-Related Words & Phrases: A Glossary", Nasa. Acesso em: 10 fev. 2020. Disponível em: https://moon.nasa.gov/observe-the-moon/viewing-guide/glossary/; "Sky Tellers", Lunar and Planetary Institute.
5. Joshua J. Mark, "Wheel of the Year: Definition", Ancient.edu, 29 jan. 2019. Disponível em: https://www.ancient.eu/Wheel_of_the_Year/.
6. Ibid.

Maneiras de trabalhar com a Lua

1. Dane Rudhyar, "A New Type of Lunation Guidance", Rudhyar Archival Project, Astrological Articles, 31 dez. 2007.
2. "How Long Is a Typical Menstrual Cycle?", Womenshealth.gov, 16 mar. 2018. Disponível em: https://www.womenshealth.gov/menstrual-cycle/your-menstrual-cycle.
3. "Do Periods Really Sync with the Moon?", *Clue*, 13 fev. 2020. Disponível em: https://helloclue.com/articles/cycle-a-z/myth-moon-phases-menstruation.
4. "Planetary Rulers of the Zodiac Signs and Final Dispositors", Astrology Club, 28 out. 2016. Disponível em:http://astrologyclub.org/planetary-rulers-zodiac-signs-final-dispositors/.
5. David Frawley, *Astrology of the Seers: a Guide to Vedic/Hindu Astrology.* Déli: Motilal Banarsidass, 2004.
6. Steph Yin, "What Lunar New Year Reveals About the World's Calendars", *The New York Times*, 5 fev. 2019. Disponível em: https://www.nytimes.com/2019/02/05/science/chinese-new-year-lunar-calendar.html.
7. John Matson, "Ancient Time: Earliest Mayan Astronomical Calendar Unearthed in Guatemala Ruins", *Scientific American*, 10 maio 2012. Disponível em: https://www.scientificamerican.com/article/xultun-mayan-calendar.
8. Geoffrey W. Dennis, *The Encyclopedia of Jewish Myth, Magic & Mysticism*. Woodbury, MN: Llewellyn, 2016, p. 291.
9. Jules Cashford, *The Moon: Myth and Image*. Londres: Cassell Illustrated, 2003, p. 258.
10. Ibid., p. 113.
11. Daniel Foor, *Ancestral Medicine: Rituals for Personal and Family Healing*. Rochester, NY: Bear, 2017.

12. Tara Brach, "Relaxing the Over-Controller. Part 1", apresentado em 26 abr. 2017. Disponível em: https://www.tarabrach.com/wp-content/uploads/pdf/2017-04-26-Relaxing-The-Over-Controller-PT1-PDF-TaraBrach.pdf.

A Lua nova: A semente e o espaço

1. adrienne m. brown, *Emergent Strategy: Shaping Change, Changing Worlds*. Chico, CA: AK Press, 2017.

A Lua crescente: Trabalhando e seguindo o curso

1. Gary Forsythe, *A Critical History of Early Rome: From Prehistory to the First Punic War*. Berkeley: University of California Press, 2006.
2. Eknath Easwaran, *The Bhagavad Gita*. Berkeley, CA: Nilgiri, 2007, cap. 2, verso 47.
3. Octavia E. Butler, "Obsessão positiva". Em: *Filhos de sangue e outras histórias*. Trad. Heci Regina Candiani. São Paulo: Morro Branco, 2020.
4. Jennifer Moon ae Mook Attanath, *Principle 1 of the Revolution: Definition of Abundance*, 3 ed. Eindhoven, Holanda: Onomatopee, 2017, p. 10.

A Lua cheia: A alquimia da consciência

1. Hal Arkowitz, "Lunacy and the Full Moon", *Scientific American*, 1º fev. 2009. Disponível em: https://www.scientificamerican.com/article/lunacy-and-the-full-moon/
2. Kim Long, *The Moon Book: Fascinating Facts About the Magnificent, Mysterious Moon*. Boulder, CO: Net Library, 1999, pp. 31, 36.

Magia da Lua cheia

1. Jules Cashford, *The Moon: Myth and Image*. Londres: Cassell Illustrated, 2003, p. 272.

A Lua minguante: O portal para o desconhecido

1. Vigdis Hocken, "The Waning Gibbous Moon", timeanddate.com. Acesso em: 10 fev. 2020. Disponível em: https://www.timeanddate.com/astronomy/moon/waning-gibbous.html.
2. Dane Rudhyar, "A New Type of Lunation Guidance", Rudhyar Archival Project, Astrological Articles, 31 dez. 2007.
3. Patricia L. Barnes-Svarney e Thomas E. Svarney, *The Oryx Guide to Natural History: The Earth and Its Inhabitants*. Phoenix, AZ: Oryx, 1999.

4. O Nap Ministry atua no ativismo desde 2016, defendendo que o descanso é especialmente importante para pessoas não brancas. Saiba mais em https://thenapministry.wordpress.com.
5. Katie J. M. Baker e Jane Bradley, "Tony Robbins Has Been Accused of Sexually Assaulting a High Schooler at a Summer Camp". Disponível em: https://www.buzzfeednews.com/article/katiejmbaker/tony-robbins-accused-sexual-assault-teenager-supercamp.

A Lua escura: Transformação no vazio

1. Kim Long, *The Moon Book: Fascinating Facts About the Magnificent, Mysterious Moon*. Boulder, CO: Net Library, 1999, pp. 33-4.
2. Diane Wolkstein e Samuel Noah Kramer, *Inanna: Queen of Heaven and Earth: Her Stories and Hymns from Sumer*. Nova York: Harper & Row, 1983.
3. Ibid.
4. Tara Brach, "Awakening from the Trance of Unworthiness", Inquiring Mind, v. 17, n. 2, primavera 2001.
5. Suzanne Somers.
6. Clarissa Pinkola Estés, *Mulheres que correm com lobos*. Trad. de Waldéa Barcellos. Rio de Janeiro: Rocco, 2018.
7. "A Painful Legacy", *Science Magazine*, 18 jul. 2019. Acesso em: 20 dez. 2019. Disponível em: https://www.sciencemag.org/news/2019/07/parents-emotional-trauma-may-change-their-children-s-biology-studies-mice-show-how.
8. Abbot George Burke e Swami Nirmalananda Giri, "Narada", Original Christianity and Original Yoga, 15 dez. 2013. Disponível em: https://ocoy.org/dharma-for-christians/upanishads-for-awakening/the-chandogya-upanishad/narada/.

Erudição e conhecimento lunar básico: Eclipses, Luas azuis e mais

1. Fred McDonald, *Folens Combined Thesaurus and Dictionary*. Dublin, Irlanda: Folens, 1999, p.121.
2. "Why No Eclipse Every Full and New Moon?", EarthSky, 1º jul. 2019. Disponível em: https://earthsky.org/astronomy-essentials/why-isnt-there-an-eclipse-every-full-moon.
3. Kim Long, *The Moon Book: Fascinating Facts About the Magnificent, Mysterious Moon*. Boulder, CO: Net Library, 1999, pp. 31, 36.
4. "Rahu and Ketu: The Invisible Planets", Sri Deva Sthanam, 1º mar. 2014. Disponível em: http://sanskrit.org/rahu-and-ketu-the-invisible-planets/.
5. Grady, "When the Dragon Ate the Sun." Disponível em https://www.vox.com/culture/2017/8/18/16078886/total-solar-eclipse-folklore.
6. John Dvorak, *Mask of the Sun: The Science, History, and Forgotten Lore of Eclipses*. Nova York: Pegasus, 2018, p. 117.

7. "A Total Solar Eclipse Was Once All About Fear, but It's Still an Awe-Inspiring Event", Public Radio International, 14 ago. 2017. Disponível em: https://www.pri.org/stories/2017-08-14/total-solar-eclipse-was-once-all-about-fear-it-s-still-awe-inspiring-event.
8. Dvorak, *Mask of the Sun*, p. 244.
9. Demetra George, *Finding Our Way Through the Dark: the Astrology of the Dark Goddess Mysteries*. San Diego, CA: ACS, 1995, p. 113.
10. Deborah Byrd, "What's a Penumbral Eclipse of the Moon?", EarthSky, 9 jan. 2020. Disponível em: https://earthsky.org/astronomy-essentials/what-is-a-penumbral-eclipse--of-the-moon.
11. Fred Espenak, "Danjon Scale of Lunar Eclipse Brightness", Nasa. Acesso em: 13 fev. 2020. Disponível em: https://eclipse.gsfc.nasa.gov/OH/Danjon.html.
12. Long, *The Moon Book*, pp. 33-4.
13. Flint Wild, "What Is an Eclipse?", Nasa, 1º jun. 2015. Disponível em: https://www.nasa.gov/audience/forstudents/5-8/features/nasa-knows/what-is-an-eclipse-58.
14. Dane Rudhyar, *The Astrology of Transformation: A Multilevel Approach*. Wheaton, IL: Theosophical, 1980.
15. "What Is a Supermoon? NASA Solar System Exploration", Nasa, 28 abr. 2019. Disponível em: https://solarsystem.nasa.gov/news/922/what-is-a-supermoon/.
16. "Astrologer Who Coined the Term 'Supermoon' Is 'Delighted' Everyone Uses It", The Atlantic, 31 jan. 2018. Disponível em: https://www.theatlantic.com/science/archive/2018/01/why-is-it-called-a-super-blue-blood-moon/551831/.
17. Tim Sharp, "What Is a Blue Moon?", Space, 15 nov. 2018. Disponível em: https://www.space.com/15455-blue-moon.html.
18. "Supermoon, Blood Moon, Blue Moon and Harvest Moon", Nasa, 30 set. 2019. Disponível em: https://spaceplace.nasa.gov/full-moons/en/.
19. "What Is a Blue Moon? Is the Moon Ever Really Blue?", Library of Congress. Acesso em: February 13, 2020. Disponível em: https://www.loc.gov/everyday-mysteries/item/what-is-a-blue-moon-is-it-ever-really-blue/.
20. "Types of Blue Moons Explained", Blue Moon Information: Lunar Living Astrology. Acesso em: 13 fev. 2020. Disponível em: https://www.lunarliving.org/moon/bluemoon.html.
21. Aparna Kher, "What Is a Black Moon?", timeanddate.com. Acesso em: 13 fev. 2020. Disponível em: https://www.timeanddate.com/astronomy/moon/black-moon.html.
22. Jenni Stone, "Understanding the Void-of-Course Moon", The Mountain Astrologer Editor's Choice Articles, 2003. Disponível em: https://www.mountainastrologer.com/standards/editor'schoice/articles/void_of_course.html.

Juntando tudo: O trabalho do amor

1. bell hooks, *Tudo sobre o amor: Novas perspectivas.* Trad. de Stephanie Borges. São Paulo: Elefante, 2021.

1. Correr para o fracasso é um conceito da poeta Eileen Myles. Li a respeito em: Eileen Myles, "Being Female", The Awl, 14 fev. 2011. Disponível em: https://www.theawl.com/2011/02/being-female/.
2. "Não confunda com a verdade em si. Um dedo apontando a Lua não é a Lua. O dedo é necessário para que se saiba onde procurar a Lua, mas, caso confunda o dedo com a Lua, nunca saberá." Thich Nhat Hanh, *Path of Compassion: Stories from the Buddha's Life*. Berkeley, CA: Parallax, 2008.

Impressão e Acabamento:
GEOGRÁFICA EDITORA LTDA.